掌尚文化

Culture is Future

尚文化·掌天下

国家自然科学基金项目(71562022)；国家社会科学基金项目(19BGL032)；
江西省高校人文社会科学重点研究基地项目(JD20065)

战略性新兴产业集群
协同创新发生机理研究

Research on the Mechanism of Collaborative Innovation
in the Strategic Emerging Industrial Clusters

张敬文　黄　山　徐　莉◎著

图书在版编目（CIP）数据

战略性新兴产业集群协同创新发生机理研究/张敬文，黄山，徐莉著 . —北京：经济管理
出版社，2022.6
ISBN 978-7-5096-8414-6

Ⅰ.①战⋯ Ⅱ.①张⋯ ②黄⋯ ③徐⋯ Ⅲ.①新兴产业—产业集群—产业发展—研究—
中国 Ⅳ.①F269.2

中国版本图书馆 CIP 数据核字（2022）第 090747 号

组稿编辑：张鹤溶
责任编辑：张鹤溶 杜奕彤
责任印制：黄章平
责任校对：董杉册

出版发行：经济管理出版社
　　　　　（北京市海淀区北蜂窝 8 号中雅大厦 A 座 11 层　100038）
网　　　址·www.E-mp.com.cn
电　　话：（010）51915602
印　　刷：唐山昊达印刷有限公司
经　　销：新华书店
开　　本：720mm×1000mm/16
印　　张：14.5
字　　数：260 千字
版　　次：2022 年 6 月第 1 版　　2022 年 6 月第 1 次印刷
书　　号：ISBN 978-7-5096-8414-6
定　　价：98.00 元

序　言

战略性新兴产业是引领国家未来发展的重要力量，对我国形成新的竞争优势和实现经济高质量发展至关重要。2010 年 10 月，《国务院关于加快培育和发展战略性新兴产业的决定》发布，从国家层面强化了战略性新兴产业的重要地位。2016 年 11 月，国务院印发《"十三五"国家战略性新兴产业发展规划》，强调战略性新兴产业代表新一轮科技革命和产业变革新方向，是培育发展新动能和获取未来竞争新优势的关键领域。2021 年 3 月，《中华人民共和国国民经济和社会发展第十四个五年规划和 2035 年远景目标纲要》再次强调要发展战略性新兴产业，着眼于抢占未来产业发展先机，培育先导性和支柱性产业，推动战略性新兴产业融合化、集群化、生态化发展。在新时代，进一步发展战略性新兴产业，对全面提高我国产业竞争水平、综合经济实力和国际分工地位，构建以国内大循环为主体、国内国际双循环相互促进的新发展格局具有重要意义。这是在新的历史起点上加快建设现代产业体系、推动经济高质量发展、开启全面建设社会主义现代化国家新征程的重大战略部署。

当前，战略性新兴产业的自主创新能力不强、创新人才等要素不足、创新发展环境不完善，加上其产业本身具有的高风险性、高复杂性和高不确定性等特征，使单个创新主体很难凭借自身力量在结构性技术创新中发展壮大，传统的技术创新模式已无法满足其发展需求。作为创新集群的代表，战略性新兴产业集群是政府引导，以战略性新兴产业为核心，由相关产业企业、高等院校、科研院所及辅助机构等共同构成，包含战略性新兴技术研发和新兴技术产业化整个过程，具有创新驱动、知识溢出和协同竞合等特征的创新网络，相对于传统产业集群具有政府引导性、创新驱动性、知识密集性、发展传导性和高不确定性等特征。战略性新兴产业集群跨学科、跨领域、跨组织知识较多，主体多样性及环境复杂性使集群内部可能出现不协同，造成集群协同机制运行不稳定。集群协同创新有利于实现创新要素整合和资源集聚，提升战略性新兴产业创新能力，抵御产业创新风险，是实现战略性新兴产业协同创新的重要模式。战略性新兴产业集群内的协同创新不会自然而然发生，那么它的发生机理是什么？协同创新机制对战略性新兴产业集群的创新绩效有何影响？这些都是学界亟待解决的难题。

结合战略性新兴产业技术差异和创新属性，基于动态演化视角，本书按照"要素—机制—绩效—政策"的研究思路，对战略性新兴产业集群主体间协同创新行为的发生机理进行探索。本书研究内容主要包括三个部分：第一部分包括第一至三章。第一章对本书选题的研究背景、研究目的、研究内容及研究方法进行概述。第二章在分析研究理论的基础上，对战略性新兴产业集群、技术创新和协同创新等理论研究成果进行溯源和述评。第三章对战略性新兴产业集群内涵、特征进行界定，分析我国战略性新兴产业的发展现状及存在的问题，借鉴发达国家新兴产业集群发展经验，探索适应我国战略性新兴产业集群的创新发展模式。第二部分包括第四至六章。第四章结合战略性新兴产业知识属性及集群主体知识协同特征，运用演化博弈论对集群企业的知识协同行为展开研究。第五章运用演化博弈模型分析战略性新兴产业协同创新发生机制，并对战略性新兴产业集群的协同创新效率进行测度。第六章在分析战略性新兴产业集群组织学习类型、过程的基础上，探究战略性新兴产业集群组织学习机制。第三部分包括第七章和第八章。第七章通过实证研究验证战略性新兴产业集群创新网络结构、网络能力、知识协同与协同创新绩效间的关系。第八章在梳理战略性新兴产业集群创新政策的基础上，通过总结发达国家产业集群创新政策经验，提出促进我国战略性新兴产业集群创新发展的政策建议。

张敬文

2021 年 10 月

目　　录

第一章 导论

第一节 研究背景及问题提出

一、研究背景

（一）国家创新驱动发展战略的要求

改革开放 40 多年来，我国经济实现跨越式发展，获得举世瞩目的成就，已成为世界第二大经济体。当前我国经济发展进入新常态，但仍面临传统动能不足的困境，需要发展新动能以适应产业变革趋势，转变高投入、高消耗的粗放型经济发展模式，由"要素驱动"向"创新驱动"转变。驱动经济发展的创新包括科技、制度和商业模式创新，其中科技创新是关系发展全局的核心（洪银兴，2013）。科技创新是人类社会发展的重要引擎，是应对许多全球性挑战的有力武器，也是中国构建新发展格局、实现高质量发展的必由之路。我国在《中华人民共和国国民经济和社会发展第十四个五年规划和 2035 年远景目标纲要》中将科技创新摆在更加突出的位置，提出要坚持创新在我国现代化建设全局中的核心地位，努力实现高水平科技自立自强。每一次重大技术创新都会涌现出一批新兴产业，形成新的经济增长点，带动经济进入一段长周期的大繁荣。

以创新驱动为关键特征的战略性新兴产业，以技术重大突破为前提，跨学科、跨产业、跨领域的技术较多，创新活动更趋复杂化和高不确定性，具有广泛的技术扩散效应以及引导科技进步的能力，有利于推动产业经济结构调整和区域创新升级，对我国经济实现可持续发展具有重要影响。但当前我国战略性新兴产业重扩张、轻研发，核心技术受制于欧美等发达国家，位于全球产业链低端环节，缺乏核心技术、自主研发能力弱成为制约我国战略性新兴产业向前沿高端迈进的关键因素（郭天娇、邹国庆，2020）。协同创新是实现产业共性技术和突破重大关键核心技术的重要创新模式，也是深入贯彻科学发展观、落实中长期科技发展规划纲要、提高自主创新能力、完善国家创新体系的关键所在，还是促进战略性新兴产业发展、提升产业技术竞争力的有效途径（张敬文、李晓园和徐莉，2016）。协同是基于资源共享的企业间共生互长的关系，企业协同的核心是价值创造（Ansoff，1987）。协同创新是麻省理工学院学者 Peter（2006）基于开放式创新理论提出的，他指出协同创新是各主体在共同愿景下形成的互动网络，通过思维、信息等方面的交流合作实现目标。随着市场竞争加剧、技术创新复杂性增加，当代创新模式已突破传统的线性和链式模式，呈现出非线性、交叉式、网络化、开放性特征。企业不断跨越组织边界，通过知识转移、信息扩散等方式与其他主体共享信息资源，通过整合创新要素实现技术创新（黄海霞、陈劲，2016）。其中，整合性和互动性是其显著特点（陈劲、阳银娟，2012）。相对其他创新模式而言，协同互动的网络创新效应主要表现为放大效应、互补效应、优化效应和整合效应（石芝玲、和金生，2011）。基于战略性新兴产业的战略性和新兴性，在市场机制和政府调控下协同创新产生的信息流和技术量、技术收益和社会效益以及损益障碍因子等因素对系统协同创新方向的演化具有正向作用（李柏洲等，2021）。战略性新兴产业集群以创新为主要驱动力，协同创新是战略性新兴产业集群提高自主创新能力和创新效率的重要途径。协同创新有利于发挥战略性新兴产业的"引擎"作用和"杠杆"效应，是应对产业结构重塑、创新积聚爆发及新兴产业加速发展态势的有效模式（汪秀婷，2012）。各创新主体战略联盟形成的创新集群效应是构建集群协同创新系统的基石，战略性新兴产业集群协同创新系统不仅是地理空间内相关企业主体的集聚，而且包括与产业发展相配套的创新主体间竞合关系的协同，从而形成相互联动发展的网络经济新格局，以自主性运动实现彼此间的协同合作（回亮瀜、伍玉林，2020）。

（二）战略性新兴产业是实现经济高质量发展的引擎

经济与科技活动全球化是当今社会发展的重要特征，以市场扩张为动力的经济全球化的迅猛发展和以信息技术为核心的新科技革命的爆发，极大改变和影响着世界科技分工和经济结构，世界经济格局将被重塑，这为我国经济实现"弯道超车"提供了难得的重大机遇（周叔莲、王伟光，2001）。国家和地区间的竞争越来越表现为知识生产领域和新兴产业领域的竞争，战略性新兴产业已成为实现经济高质量发展的引擎。我国当下处于经济转型发展的关键阶段，面对复杂多变且充满诸多不确定性因素的国内外环境，经济发展仍面临不少的问题和挑战。2020年以来我国GDP增速同比下滑，但战略性新兴产业呈逆增长态势。

战略性新兴产业是一个动态的概念，随经济社会和环境资源等要素变动而改变。战略性新兴产业以重大技术突破和重大发展需求为基础，是对经济社会全局和长远发展具有重大引领带动作用的产业，代表着产业结构调整的新方向，对未来经济社会发展具有很强的乘数效应。受金融危机影响，战略性新兴产业已成为各国构筑新经济增长点的选择，美国、欧盟和日本等国家和地区相继出台一系列新兴产业扶持政策，大力支持新兴产业发展。在此背景下，我国发布了《国务院关于加快培育和发展战略性新兴产业的决定》，其中明确提出了培育和发展战略性新兴产业是我国未来经济发展的中长期目标。我国战略性新兴产业在十多年发展过程中有力支撑了新旧动能接续转换，新一代信息技术、高端装备、新材料、生物、新能源汽车、新能源、节能环保、数字创意等战略性新兴产业进一步发展壮大，并催生大批新技术、新产品、新业态、新模式。战略性新兴产业作为经济体系中较有活力和增长潜力的组成部分，对国民经济具有强大牵引力，在做大经济增量、稳定经济增长的同时，重构和延伸产业链和价值链，推动产业转型升级，实现经济高质量发展。国务院印发的《"十三五"国家战略性新兴产业发展规划》明确指出，战略性新兴产业代表新一轮科技革命和产业变革的方向，是培育发展新动能、获取未来竞争新优势的关键领域。要把战略性新兴产业摆在经济社会发展更加突出的位置，以创新驱动、引领升级为核心，构建现代产业体系。"十四五"时期是我国战略性新兴产业由快速发展向高质量发展转型的关键时期，因此如何更好地突破战略性新兴产业关键核心技术和共性技术，实现协同创新是当前亟待解决的重要问题。

（三）产业集群是实现战略性新兴产业协同创新的重要模式

当前我国经济发展进入新常态，经济增长方式由要素驱动向创新驱动转变，战略性新兴产业利用产业集群协同创新的要素整合效应和技术溢出效应实现创新要素和资源集聚，提升产业创新能力，抵御产业创新风险。产业集群有利于提升企业获取知识和技术创新的能力，对新兴产业发展具有极其重要的推动作用（Inkpen and Tsang, 2005）。产业集群内的新型研发机构、众创空间、科技中介、孵化器等机构和平台为产业集群内企业协同创新提供相似的技术创新服务，降低协同创新成本（周阳敏、桑乾坤，2020），逐渐成为世界高新技术产业发展的重要模式以及区域经济发展的重要推动力量，如美国硅谷、日本筑波科学城、加拿大卡尔顿高科技区、德国慕尼黑高科技工业园、英国剑桥科学园、法国布列塔尼高科技园、意大利蒂布尔蒂纳国家高科技区、瑞典希斯达电子城等高新技术产业园区等。产业集群化发展为新兴产业成长提供良好的硬件设施和软件服务，有利于加快区域创新步伐、提升区域竞争力和促进区域可持续发展，集群化发展模式成为越来越多国家和地区扶持新兴产业发展的现实选择。作为先进制造业代表，产业集群是战略性新兴产业创新发展的有效模式（张治河等，2014），有利于加速实现战略性新兴产业技术创新和技术产业化发展。产业集群极大地促进了专业化分工，围绕区域主导产业，最大程度完善区域内配套基础设施建设，延伸产业链，有效发挥产业集群发展优势，逐渐成为战略性新兴产业实现高质量发展目标的重要载体。

二、问题提出

创新是知识经济时代的重大命题，要实现创新驱动发展，首要问题在于强化企业创新主体地位，提升企业技术创新效率。在新一轮产业变革中，我国需要应对制造业技术密集度偏低、高端领域自给率严重不足等问题。当前，我国战略性新兴产业尚处于发展阶段，存在创新能力不足、关键核心技术无法突破等问题，加上战略性新兴产业技术发展的不确定性，使产业发展存在新"瓶颈"。

习近平总书记在党的十九大报告中强调，要促进我国产业迈向全球价值链中高端，培育若干世界级先进制造业集群。近年来，我国各地区产业集群蓬勃发展，如北京中关村科技园区、苏州高新技术产业开发区、武汉东湖新技术开发区（中国光谷）、保定高新技术产业开发区（中国电谷）、厦门火炬高技术产业开发区、海南国际科技工业园等。产业集群通过集聚相关产业能有效发挥产业自我发展功能和辐射功能，实现集群内人才流动、知识信息交流、设施共享，为产业建立持续竞争优势。但整体来看，我国产业集群大部分尚处于发展或培育阶段，像北京中关村这样具备较强竞争力的产业集群仍属于其中一小部分，很多产业集群规模偏小、管理体制不健全，集群内企业、高校和科研机构等创新主体自成体系，彼此之间创新互动少，创新资源分散，缺乏有效整合，集群内企业间交互学习现象不多，同时集群内无序竞争导致政府成本过高，影响集群长期发展。

作为创新集群代表，战略性新兴产业集群是战略性新兴产业创新发展的有效模式，有利于加速实现战略性新兴产业技术创新和技术产业化，促进产业升级和区域创新提升。那么和传统产业集群相比，战略性新兴产业集群具有哪些新内涵？其技术创新活动会呈现什么新特征？战略性新兴产业集群内协同创新不会自然而然发生，那么它的发生机理是什么？协同创新机制对战略性新兴产业集群的创新绩效有何影响？这些都是学界亟待解决的难题。

已有研究对集群协同创新进行了有意义的探索，但结合战略性新兴产业属性研究集群协同创新的成果仍较为欠缺，已有研究中静态研究居多，未能充分体现战略性新兴产业技术创新系统的协同性和动态性。其实，在不确定环境下，战略性新兴产业集群主体协同创新是一个动态、交互的过程，从静态视角对集群创新进行研究具有一定局限性，难以解释它们之间的作用机理。因此，在借鉴已有研究成果的基础上，本书基于动态演化视角，结合战略性新兴产业技术差异和创新属性，对战略性新兴产业集群主体间协同创新行为的发生机理进行研究。

第二节　研究目的及研究意义

一、研究目的

（一）界定战略性新兴产业集群内涵及特征

通过对传统产业集群、高新技术产业集群、新兴产业集群进行比较研究，分析不同类型集群关系及特征，结合战略性新兴产业集群创新属性，从整合和互动两个维度对战略性新兴产业集群的内涵进行界定，并进一步分析战略性新兴产业集群创新特征。

（二）探究战略性新兴产业集群协同创新发生机制

在揭示战略性新兴产业集群内涵及特征的基础上，分析战略性新兴产业集群协同创新演化过程及原则；结合战略性新兴产业知识属性及集群主体知识协同特征，研究战略性新兴产业集群知识协同机制和组织学习机制；基于演化博弈理论，分析战略性新兴产业集群创新网络协同创新机制；测度战略性新兴产业集群协同创新绩效，进一步探究战略性新兴产业集群协同创新发生机理。

（三）战略性新兴产业集群协同创新促进策略研究

根据战略性新兴产业集群属性，探讨战略性新兴产业集群协同创新特点。结合当前我国战略性新兴产业集群协同创新发展状况，借鉴国内外相关产业集群发展经验，提出我国战略性新兴产业集群协同创新促进策略。相关研究成果及政策建议能为企业及相关政府主管部门制定发展战略和治理政策提供理论依据。

二、研究意义

战略性新兴产业是关乎国家未来经济发展增长的支柱型产业，对经济社会发展和维护国家安全具有长远且重大的意义，能带动经济社会进步、提升综合国力，有创新驱动、不确定性强、技术更新迭代快等特征。当前关于我国战略性新兴产业集群协同创新发展的研究较少，本书着重对战略性新兴产业集群协同创新发展机理进行研究，具有一定的理论意义和实践意义。

（一）理论意义

发展战略性新兴产业集群是保障经济健康运行的必要手段。以高端装备、新能源以及新一代信息技术为代表的战略性新兴产业，正在逐步改变传统的生产制造、企业经营等运作模式，推动全球价值链重组。与传统产业集群相比，战略性新兴产业集群具有促进多产业融合，推动传统产业转型升级，拉动经济高质量增长等优势。战略性新兴产业集群由企业和相关机构在产业结构和消费结构升级的双重需求下共同组建，战略性新兴产业集群协同创新属于产业集群理论、技术创新理论和战略性新兴产业交叉领域，涵盖较多概念界定和理论模型，目前大多数研究都是以系统动力学、社会组织网络理论进行的描述性和静态研究，未能充分体现战略性新兴产业协同创新的协同性和动态性。其实，在不确定的环境下，战略性新兴产业集群主体协同创新是一个动态、交互的过程，从静态视角对集群创新进行研究具有一定局限性，难以解释它们之间的作用机理。因此，本书基于动态演化视角，将产业集群理论与战略性新兴产业结合起来研究其协同创新发生机理问题，不仅拓宽了产业集群研究边界，也进一步深化和丰富了产业集群和技术创新理论。

（二）实践意义

首先，本书对我国战略性新兴产业集群协同创新有积极促进作用。当前我国对新兴产业集群协同创新发展规律的认识尚不全面，政府干预、相关产业集群重复建设、照搬国外产业集群发展模式引起的"水土不服"等问题仍大量存在，与发达国家产业集群发展状况相比，我国产业集群尚处于产业链低端环节，在国际上知名度较低，在国际竞争中处于弱势地位。通过分析我国战略性新兴产业集群协同创新发展现状以及归纳总结国外知名产业集群协同创新一般性成功经验和产业升级路径，对我国摆脱当前产业集群发展瓶颈具有指导意义。

其次，本书从知识协同机制、协同创新机制、组织学习机制三个维度探究战略性新兴产业集群协同创新发生机理，对于提升我国战略性新兴产业集群协同创新水平，促进传统产业集群转型升级和创新发展具有重要意义，也为政府职能部门加强对战略性新兴产业集群企业协同创新管理提供了参考。

最后，本书以美国、日本等国家知名产业集群或产业园为案例，研究战略性新兴产业集群协同创新具体做法，探索适应于战略性新兴产业发展的创新模式，并进一步探讨政府促进集群协同创新的政策和措施，有利于提高战略性新兴产业集群创新绩效，促进战略性新兴产业可持续发展，对经济发展方式转变和产业结构调整升级也具有重要的现实意义。

第三节 研究内容及研究方法

一、主要研究内容

结合战略性新兴产业集群协同创新属性，本书基于动态演化视角，按照"要素—机制—绩效"的研究思路对战略性新兴产业集群协同创新发生机理展开研究。具体研究内容如下：

（一）战略性新兴产业集群协同创新内涵、特征及影响要素分析

产业集群有利于战略性新兴产业企业对技术创新资源的获取和整合，更好地实现战略性新兴产业协同创新。战略性新兴产业跨领域、跨产业、跨学科技术较多，创新活动更趋复杂化和高不确定性。首先，通过对高新技术产业集群、创新型产业集群、战略性新兴产业集群进行比较研究，分析不同类型集群的关系及特征；其次，结合战略性新兴产业集群创新属性，基于动态演化视角，利用协同演化理论和技术创新理论从整合和互动两个维度分析战略性新兴产业集群协同创新内涵、特征及演化过程；最后，运用系统动力学理论，构建战略性新兴产业集群协同创新内、外部影响因素相互作用的系统动力学模型，进一步分析它们的互动关系和作用机理。

（二）战略性新兴产业集群协同创新发生机理的理论分析

战略性新兴产业集群协同创新是内外部环境影响要素与集群网络内演化动力机制相互交织与影响的复杂过程，各影响要素需要通过集群网络内相应机制的作用才能促进协同创新发生。在对战略性新兴产业集群协同创新发生驱动要素进行研究的基础上，基于动态演化视角，整合演化博弈理论、协同学理论和系统动力

学理论，从知识协同机制、网络驱动机制和组织学习机制三个维度构建协同创新机制作用机理综合模型，分析并探索战略性新兴产业集群协同创新发生机理。

（三）战略性新兴产业集群协同创新绩效影响实证研究

产业集群本身对技术创新绩效不会产生促进作用，只有集群内各要素协同和交互作用才会提升创新绩效（Altenburg，Schmitz and Stamm，2008）。从集群网络结构、集群网络能力、知识协同能力三个维度探讨它们对战略性新兴产业集群协同创新绩效的影响；探究知识协同能力在战略性新兴产业集群网络结构、集群网络能力与创新绩效关系中的中介效应，这将突破以往的直接关系研究，把知识协同能力纳入到集群网络结构与集群网络能力对创新绩效的影响中，将研究层次进一步推向深入。以战略性新兴产业集群企业为实证分析对象，采取实地调研、E-mail调查和校友调研三种方式，通过大样本问卷调查获取横截面研究数据。

（四）战略性新兴产业集群协同创新促进策略

结合前面理论研究，分析当前我国战略性新兴产业集群协同创新存在的问题；比较分析我国战略性新兴产业集群协同创新现状和国内外战略性新兴产业集群协同创新发展经验，从宏观、中观和微观三个层面分别提出战略性新兴产业集群协同创新促进政策及发展建议，以更好地促进战略性新兴产业可持续发展。

二、研究方法

（一）理论研究与实证分析相结合的方法

本书以问题为导向，通过阅读战略性新兴产业、产业集群、协同创新、演化经济理论、动态博弈等专题文献，构建相对完善的战略性新兴产业集群协同创新理论框架，为后续相关研究提供坚实的理论基础。在此基础上，分别对战略性新兴产业集群知识协同机制、战略性新兴产业集群协同创新进行演化博弈分析，基于大样本企业问卷调查，获取与战略性新兴产业集群知识协同绩效、战略性新兴产业集群创新网络协同创新绩效等实证分析相关的关键样本数据，采用多元回归分析、相关性检验、双重差分等方法，验证战略性新兴产业集群协同创新发生机理及创新政策实施效果。

（二）实地调研方法

实地调研法是管理学较为常见的一种科学研究方法，本书主要采用企业问卷调查。问卷调查的企业根据国家对战略性新兴产业的分类，选择高端装备制造业、节能环保产业、新能源产业、新一代信息技术产业、新材料产业等战略性新兴产业的企业为调研对象，样本来源于江西省、福建省、广东省等区域战略性新兴产业企业。

（三）归纳比较与演绎分析相结合的方法

以产业集群理论和协同创新理论为一般理论指导，通过对相关理论进行较为全面的总结归纳，结合国外相关新兴产业集群协同创新发展经验，总结出国外知名产业集群协同创新发展的成功经验。归纳后通过演绎分析，将国外产业集群成功经验扩大，形成产业集群培育和发展的一般性经验总结。演绎后再进一步归纳分析，结合我国战略性新兴产业集群协同创新的发展现状，分析我国战略性新兴产业集群培育发展的途径。通过归纳比较与演绎分析相互补充，逐步深化，形成对产业集群协同创新发展的普遍规律性认知。

第二章　理论基础与研究综述

第一节　理论基础

一、产业集群理论

西方关于集群的研究可以追溯到亚当·斯密，他从劳动分工的角度提出，产业集群是由一群具有分工性质的中小企业为完成某种产品联合而成的群体。马歇尔在《经济学原理》① 中把专业化产业聚集的特定地区称为"产业区"，基于规模经济和外部经济的角度提出，产业集群是企业为追求共享基础设施、劳动力市场等外部规模经济而产生的集聚体。随后韦伯在《工业区位论》一书中，从工业区位论的角度探讨产业集群形成的动因，并首先提出"聚集经济"概念。韦伯将产业集聚分为企业自身简单规模扩张引起的产业集中化和大企业完善组织方式形成显著经济优势的地方性聚集效应两个阶段，并将产业集群归结为技术设备、劳动力组织、市场化因素和经常性开支成本四个方面的因素。克鲁格曼在1991 年发表的《收益递增与经济地理》② 一文中，将经济区位理论与贸易理论相结合，借助模型揭示产业集聚和区域经济增长间的相互关系及内在机理。随后又在 1995 年出版的《发展、地理学与经济理论》一书中对产业集群理论加以补充，弥补了马歇尔和韦伯理论的不足。

---

① 阿尔弗雷德·马歇尔. 经济学原理 [M]. 朱志泰，陈良璧，译. 北京：商务印书馆，2019.

② Krugman P. Increasing return and geography of economics [J]. Journal of Political Economy, 1991, 99 (3): 483-499.

波特（1990）将产业竞争优势决定因素与地理集中因素相结合，用"钻石模型"描述要素的相互关系，并认为钻石体系的基本目的就是推动一个国家产业竞争优势趋向集群式分布，呈现出由客户到供应商的垂直关系，或由市场、技术到营销网络的水平关联。他提出在一个国家经济体系中，有竞争力的产业在空间上呈集群式分布，集群是在某一特定区域下的一个特别领域中相互关联的一组公司、供应商、相关产业和专门化的制度及协会。波特强调地区的竞争联系而非产业联系，把集群作为产业获取竞争优势的组织基础（魏江，2003）。国家竞争优势来源于优势产业，而优势产业的竞争优势来源于产业集群。1998 年波特又发表了《集群与新竞争经济学》一文，系统地提出了竞争经济学的产业集群理论，进一步阐释了集群的概念，强调了集群的竞争优势。波特认为集群优势是多方面的：①集群通过增强公司生产力、推动创新步伐、鼓励新企业形成三种方式影响竞争；②企业加入集群将使它们在寻求投入、获得信息技术及制度、协调相关公司等方面的运作更加有效；③集群为企业获取雇员、供应商和投入要素提供了更好的途径，可以降低交易成本；④集群是取代垂直一体化的更好选择；⑤产生互补性效益，一个集群内成员之间广泛联结而产生的总体力量大于其各部分之和；⑥集群是获取中介机构和公共物品的途径；⑦集群使当地竞争更具动力，集群通常可以更便捷地衡量和比较公司业绩。

产业集群理论要求区域经济发展要发挥区域发展要素中资源整合的协同效应。产业集群发展过程中不仅强调一般意义上的投入要素（包括资本、劳动力、自然资源），而且注重企业家资源培育及其在发展中的作用，注重地方政府、行业协会、金融部门与教育培训机构对产业发展的协同效应。成功的集群地区，除了强调当地的生产与关系网络外，也必须从全球市场取得重要的技术与知识，并且快速吸收及运用这些取得的技术与知识，以获得竞争优势与经营绩效（Maskell and Malmberg，1999；Gordon and McCann，2000；Owen-Smith and Powell，2004；Bathelt，Malmberg and Maskell，2004）。

此外，除积极寻求外来资本、技术、管理经验等要素外，产业集群更强调培育区域自身发展能力，使区域成为有很强学习能力的学习型区域，不断整合自身资源以与外界经营环境相适应，具有动态竞争优势（梅莉，2009）。

二、技术创新理论

创新理论的研究源于经济学家熊彼特，他在《经济发展理论——对于利润、资本、信贷、利息和经济周期的考察》一书中首次将创新概念引入经济学，并把创新界定为"新的生产函数或供应函数的建立",即"企业创新就是把一种从来没有过的关于生产要素的'新组合'引入生产体系"。熊彼特界定的"创新"概念相当广泛,包括以下五种情况:①引进新产品;②引进新技术,即新的生产方法;③实现企业的新组织;④开辟新市场;⑤控制新材料的供应来源(彭纪生、刘伯军,2002)。以上五种情况可以理解为:①产品创新指创造一种新特性,或全部为新产品;②工艺创新指采用一种新方法,这种新方法既可以是尚未通过经验鉴定的方法,也可以是以新的商业方式处理某种产品;③市场创新是指开辟一个新的市场;④原材料创新是指取得某种原材料或半成品的新供应源;⑤组织创新是指实现任何一种新的产业组织方式,既包括产品开发、技术改善等技术创新活动,也包含部分制度创新的内容(潘雄锋,2007)。

同时,熊彼特从创新内在机理出发,揭示资本主义经济运行呈现"繁荣—衰退—萧条—复苏"四个阶段循环状态的原因,说明不同程度的创新会导致长短不等的三种经济周期。熊彼特强调,要具备长期思维,认识到经济发展是一个有机的非均衡过程。

索洛在《在资本化过程中的创新:对熊彼特理论的评论》[①] 一文中首次提出创新成立的两个条件,即新思想的来源及以后阶段的实现和发展,后被称为"两步论"。"两步论"被认为是技术创新概念界定研究上的一个里程碑。随后索洛又提出索洛模型,认为从劳动力和资本上获得的经济增长从长期来看是稳定的,只有技术进步才是经济增长的重要来源。索洛基于1909—1949年美国制造业数据,推算出总产出的88%是技术进步的结果,故提出索洛残差这一概念,即将产业总产出中除去劳动力和资本之外的因素归结为技术进步。

熊彼特的学生和后继者围绕新技术推广、企业规模与技术创新的关系及技术创新与市场结构的关系等开展深入研究,形成以曼斯菲尔德、施瓦茨、卡米恩为代表的"新熊彼特学派"。新熊彼特学派坚持熊彼特创新理论传统,强调技术创新和技术进步在经济发展中的核心作用,认为企业家是推动创新的主体,侧重研究企业的组织行为、市场结构等因素对技术创新的影响,提出了技术创新扩散、企业家创新和创新周期等模型(吴贵生、谢伟,2005)。

Ansoff(1965)将协同学与创新联结起来,揭示通过合作创新可以产生新效用。Haken(1973)研究发现系统内主体间的协调合作行为可以产生"1+1>2"的协同效应。在此基础上,Peter(2006)提出协同创新的概念,他认为协同创

---

① Solo S. Innovation in the capitalist process:A critique of the schumpeterian theory [J]. The Quarterly Journal of Economics, 1951, 65(3):417-428.

新是自我激励人员组成网络小组形成共同愿景，并通过网络平台交流创新思维、信息及研究进展，通过协同合作实现共同目标的过程。陈劲和阳银娟（2012）基于整合和互动强度两个维度探索构建协同创新框架，并论述协同创新理论框架与内涵。通过形成以大学、企业、研究机构为核心要素，以政府、金融机构、中介组织、创新平台、非营利性组织等为辅助要素的多元主体协同互动的网络创新模式，实现知识创造主体和技术创新主体间的深入合作和资源整合，产生"1+1+1>3"的非线性效用（陈劲，2011）。Karim等（2013）指出集群内企业与外部主体协同合作，后期可推动集群可持续发展。陈芳和眭纪刚（2015）结合新兴产业协同创新特征，界定新兴产业协同创新内涵和特征，研究认为新兴产业协同创新是创新主体内在演化动力与外部环境相互交织与影响的复杂过程。Sun和Liu（2010）认为新兴产业在发展初期，由于存在市场风险高、资金不足等问题，在技术和市场方面存在不确定性，政府要对这类型产业的发展进行必要的扶持。战略性新兴产业不同创新主体间的合作方式受不同因素的影响，如企业与高校合作受到创新绩效和政府税收优惠政策的影响，企业与科研机构合作则受R&D强度与企业所有权结构的影响较大（姚潇颖等，2017）。

在当前经济转型的背景下，协同创新是破解我国产业集群"创新悖论"，实现产业集群转型升级的有效途径（倪渊，2019）。研究集群企业在全球产业链上下游的位置、价值链的地位和技术链的特点，可以从全局把握产业集群的发展路径和发展方向，促进集群可持续发展，提升其国际竞争力（赵君丽等，2020）。战略性新兴产业集群作为典型的协同创新系统，利用产业集群可实现多个创新主体非线性互动，实现知识、信息等创新要素有机整合，产生涌现性"协同效应"。协同效应又能帮助企业突破自身创新束缚，获取更低的创新成本和更多的异质性知识溢出，降低创新风险，帮助企业更高效地实现创新目标。

第二节　战略性新兴产业集群研究综述

战略性新兴产业集群是新型产业集群的一种，是推动多个战略性新兴产业协同发展的新组织形态（喻登科、涂国平和陈华，2012）。战略性新兴产业具备高新科技驱动性、新兴市场高需求性、产业多关联性、发展高风险性和自我循环强化等特点，其科学有序发展必须通过集群式发展途径，并与区域经济发展形成互动，才能形成持续的动态竞争优势，适应市场经济挑战（卢阳春，2015）。目前针对战略性新兴产业集群的研究，主要侧重于战略性新兴产业集群形成机制、内涵特征、培育和发展等方面。

一、战略性新兴产业集群内涵及特征研究

地理上的关联性企业最初以产业集聚形式合作，但技术突破的必要性和产品知识的多样性需要不同产业相互配合，从而构建产业集群。产业集群是一个由企业本身、供应商、客户、高校、中介机构以及政府部门等多种成员构成的网络体系（江青虎、余红剑和杨菊萍，2018）。产业集群模式具有较高的产业发展效率和区域带动效益，是实现跨越式快速发展的有效组织模式（蔡绍洪、俞立平，2016）。集中性、结构性、相关性和互补性是集群内部企业在某一特定领域产生知识创新活动的重要前提（Terstriep and Lüthje，2018）。孙国民和陈东（2018）从链的视角提出集群是基于价值链节点的相关市场主体及其服务机构在特定空间集聚的经济形态，即基于价值分割的产业链专业化模块耦合。阚双、郭伏和杨童舒（2018）指出复杂产品主要基于项目团队形成集群机制，各组织之间以合同、协议、培训等形式构建互信机制进行分工、协作和学习。

战略性新兴产业集群是新型产业集群的一种，作为推动多个战略性新兴产业协同发展的新组织形态，可以加速实现战略性新兴产业技术创新和新兴技术产业化，同时能带动区域创新和产业转型升级，是战略性新兴产业培育和发展的有效模式。战略性新兴产业集群以多元主体竞合关系作为发展的基础，是具有动态性及创新属性的关系网络，本质是集群创新主体通过正式或非正式联系而形成的关系网络。在复杂的关系网络中，战略性新兴产业集群企业主体间存在既竞争又合作的关系（张敬文等，2016）。战略性新兴产业集群是基于价值链节点的相关市场主体及其服务机构在特定空间集聚的经济形态，本质上是模块化耦合和分工专业化（孙国民、陈东，2018）。战略性新兴产业集群是由战略性新创企业吸引某一地理区域其他企业及相关支持机构（如高校、科研院所等）形成的集群（龙跃，2018）。

二、战略性新兴产业集群形成机制研究

张治河等（2014）以光谷为例分析战略性新兴产业集群的形成机制，提出发展战略性新兴产业集群需充分利用政府、市场以及其他各种主体和要素的作用。宓泽锋等（2020）实证表明"区域产业分叉"是燃料电池产业集群形成的主要

方式。Giuliani 等（2018）对阿根廷表现不佳的产业集群进行调查，分析产业集群网络变化的微观连通性驱动因素。郭立伟和叶峥（2020）实证分析表明，产业基础、制度环境和资金支持对新能源产业集群的形成具有显著正向影响。朱斌和欧伟强（2016）以 LED 产业集群为例，分析海峡两岸战略性新兴产业集群协同演进的实现模式和运行机制。战略性新兴产业发展成功与否取决于集群各主体间的协同合作（张娜、李波，2019）。菅利荣和王大澳（2019）针对政府调控对战略性新兴产业集群中企业间知识共享的影响，构建"政府—企业—企业"三者间的演化博弈模型。李煜华等（2013）构建战略性新兴产业集群内企业和科研院所创新博弈动态模型，在此基础上分析协同创新动态演化过程。张佳睿（2015）借鉴美国生物医药产业集群发展经验，提出生物医药产业集群发展路径。

三、战略性新兴产业集群培育和发展研究

集群可以加速实现战略性新兴产业技术创新和新兴技术产业化，同时能带动区域创新和产业转型升级，是战略性新兴产业培育和发展的有效模式（龙跃，2018）。李桢和刘名远（2012）认为高新园区是战略性高新技术产业发展的重要载体，通过完善高新园区公共基础设施和公共服务体系，可引导技术、人才、信息、资本向基地园区聚集，形成战略性新兴产业创业和研发基地。创新型产业集群作为符合国家战略导向、满足地方实际需求和保持产业竞争优势的组织形态，能助推新旧动能转换，促进我国产业迈向全球价值链中高端（张冀新、王怡晖，2019）。集群培育也需依托地区产业发展优势（李金华，2020）。在发展战略性新兴产业集群时要注重产业发展配套设施建设，这关系到整个产业链诸多环节的进展情况（李姝，2012）。易明（2010）基于机制、结构、行动和目标指向绩效四个要素构建产业集群治理的基本分析框架。李扬和沈志渔（2010）基于创新属性视角，对战略性新兴产业集群创新规律进行系统性分析。Canals（2005）使用复杂网络方法分析硅谷和波士顿 128 号公路两个高科技地理产业集群的知识扩散行为。曾祥炎和成鹏飞（2019）通过总结世界各国先进制造业集群发展规律，总结出技术革命、政策支持和构建创新生态系统三方面产业集群培育经验。核心企业、地方政府和中介机构应合力推进，形成区域创新网络驱动力、市场与政府驱动力以及全球价值链驱动力的合力，制定和落实发展规划，加强先进制造业集群网络创新、技术创新、品牌创新和国际化创新（冯德连，2019）。Malmberg 和Power（2005）研究认为产业集群内个别企业局部创新会形成创新增强趋势的正反馈效应，从而引发产业链上全面创新。产业集群协同对地区经济稳定健康可持续发展至关重要，有利于产业结构和布局优化，支持资金人才重点流入优势突出的高梯度产业，打造区域品牌（陆丽娜等，2019）。王宏起等（2016）提出战略性新兴产业集群持续发展的动力来源于不断创新，科技资源是集群创新活动的有力保障，集群的研发、成果转化与产业化等创新各阶段，均需要科技资源的有效支撑。孔令丞等（2018）以石墨烯产业为例，提出培育世界级产业集群要从科技创新资源整合、地区产业群错位合作、强化创新成果与产业群合作的产学研一体化三个方面入手。白洁（2017）通过归纳世界级产业集群特征，提出湖北省培育和发展世界级产业集群的对策。牟绍波（2014）在对战略性新兴产业集群创新内涵和网络结构进行研究的基础上，构建战略性新兴产业集群创新网络治理机制。王钦（2011）分析产业集群技术范式变化和相应学习机制之间的关系，揭示了决定产业集群创新能力的微观基础。菅利荣等（2020）结合无标度网络理论构建企业具有适应力进入和反择优退出机制的战略性新兴产业集群网络演化模型，通过仿真分析探讨企业进入和退出机制对战略性新兴产业集群网络演化的影响。

第三节　协同创新研究综述

一、协同创新概念及内涵研究

协同是系统内各子系统间通过协调配合，促使系统由无序向有序发展，进而实现"1+1>2"的复杂过程。协同创新本质上是创新，协同是实现创新的有效方式。关于协同创新内涵目前尚未形成统一定论，但在协同创新的目的上没有争议，即整个创新系统的协调运作，促进企业等个体创新绩效及协同系统整体创新绩效的全面提升。

麻省理工学院学者 Peter（2006）基于开放式创新理论，首次提出协同创新，他认为协同创新就是自我激励人员或组织在共同愿景的作用下组成网络，并利用网络平台分享创新思维、信息及研究进展，通过合作和协同来实现共同目标。协同创新是一个通过协同形成、发展到最终产生作用的过程（Persaud，2005；Serrano，2007；陈劲，2012）。Serrano 和 Fischer（2007）从整合和互动两个维度分析协同创新体系，认为协同创新是一个"沟通—协调—合作—协同"的过程。协同创新是政府、企业、科研院所、中介机构和客户等为实现重大科技创新而开展大跨度整合的创新模式（陈劲、阳银娟，2012）。刘丹和闫长乐（2013）及范群林等（2014）从社会网络视角定义协同创新网络，认为协同多方基于信任与共同目标会形成复杂交织的创新网络。周志太（2019）基于网络视角，提出知识经济时代背景下，协同创新网络具有系统性、协同性、网络性、竞合性、整合性、动态性、开放性、复杂性、异质性、自组织性特性。郑彤彤（2017）从产学研协作视角，指出协同创新是产学研三方基于资源共享、优势互补、成果共享、风险共担，以实现创新资源有效整合，达到创新优势互补、激励群体创造力为目的，开发出具有高度创新性和市场导向性的产品与技术。张艺等（2018）在充分理解国家政府推行协同创新意图的基础上，从微观、中观及宏观三个层次对协同创新内涵进行界定与理解。产学研协同创新是通过政府引导，产学研三方在互助互信、共谋发展的基础上以集中各自优势资源和先进技术的方式共同开展技术研发和人才培养的社会活动（肖兴政等，2019）。陈芳和睢纪刚（2015）结合新兴产业协同创新特征，将新兴产业协同创新界定为创新主体内在演化动力与外部环境相互交织与影响的复杂过程。协同创新是以知识增值为核心，以企业、高校、科研院所、政府等为创新主体，以金融机构、科技中介服务机构等为创新支撑，具有高度行动统一性和整体自组织性的价值创造过程（刘敏，2017）。

二、协同创新运行机制研究

机制是指系统内各要素间相互联系和作用所产生的促进、维持、制约系统发挥功能的内在机能、结构关系和运行方式。协同创新运行机制是在实现协同创新过程中，相关要素形成相互联系的动力、规则和程序的总和（Varrichio et al.，2012）。协同创新运行机制主要包括动力机制、知识转移机制、风险控制机制、利益分配机制、激励机制和绩效评价机制（姜彤彤，2017）。协同创新的顺利开展需要各方认清合作方的角色并积极主动扮演好自己的角色，从而更好地定位并开展合作。要形成较强的协同创新效应，进一步提高创新绩效，必须建立长效合理的运行机制。随着我国创新驱动发展战略的实施，协同创新已经成为促进国家和地区经济发展的重要推动力（王海花等，2021）。Yang（2013）强调，政府要提出国家重大需求任务，企业、大学和科研机构要建立长期、稳定、高效的协同创新机制，并将发展落实到客户需求之中。政府介入度显著影响产学研协同创新运行机制选择（李林等，2020）。Nakwa和Zawdie（2015）认为协同创新网络的进化是由企业间网络开始，发生在以供应链为基础的纵向联系和交易关系或者以集群为基础的横向联系中。王欢芳等（2018）在理解共享理念的基础上，探究战略性新兴产业协同创新各参与主体间的关系，分析其协同创新过程，建立机制模型。司林波（2017）通过分析我国装备制造业发展现状，构建了由驱动力机制、资源供给机制、双源协调机制和合作激励机制构成的协同创新运行机制框架。张哲（2009）通过对产业集群创新要素进行分类并综合分析，以自组织协同动力、集群外部动力、集群内部动力和集群技术扩散动力为子系统，分析动力系统及其子系统的相互作用关系和运行机制。于斌斌和余雷（2015）通过构建演化博弈模型分析集群企业技术创新模式选择的内在动态决策机理。

三、产业集群协同创新研究

产业集群发展主要由企业、高校与研究机构、政府建立联盟关系共同参与推动，在协同创新过程中企业发挥主导作用（陈芳、眭纪刚，2015）。张娜和李波（2019）以集群内企业和科研院所为博弈主体，运用稳定性分析等各种演化博弈理论分析方法建立双方演化博弈模型。杨耀武和张仁开（2009）通过构建产业、技术和区域"三维整合"的产业集群协同创新框架模型，探讨创新驱动型产业集群从"集聚"到"集成"再到"集群"的发展路线图。魏津瑜和孙学珊（2017）基于"互联网+"环境下集群创新趋势，说明"互联网+"与集群创新相融合的综合价值，分别从企业、集群及政府方面研究集群创新发展对策。黄玮强等（2012）通过建立集群创新合作网络演化模型，揭示创新网络自组织演化规律和集群主体创新合作特点。集群企业知识网络双重嵌入有利于实现异质知识资源整合，提升集群企业创新能力（魏江、徐雷，2014）。集群网络的创新积累和创新期望对网络位置、网络能力有显著影响（李宇、张福珍和郭庆磊，2015）。倪渊（2019）以集群网络核心企业作为切入点，从网络能力视角，探索核心企业网络能力是否、如何对集群企业探索式和利用式协同创新绩效产生影响。楚应敬和周阳敏（2020）利用空间自回归模型，发现产业集群推动创新集聚，创新集聚促进产业集群协同发展实现高质量创新。周阳敏和桑乾坤（2020）提出企业引领型模式、人才支撑型模式、平台引导型模式、机构合作型模式等产业集群协同高质量创新模式。韦文求等（2018）以广东省专业镇为研究对象，归纳广东省专业镇协同创新网络建设的四种模式，即公共创新平台驱动型、校（院）地合作驱动型、龙头企业带动型、多要素综合驱动型。吴钊阳等（2018）以电子科技大学（"一校"）与成都高新区高校成果转化产业带（"一带"）融合发展的创新创业示范区为例，构建产业集群协同创新网络结构演化理论模型。在战略性新兴产业集群中，创新主体利用产业集群实现跨组织知识共享与协同创新，有利于提升集群创新能力和竞争优势，是战略性新兴产业突破核心技术、提升创新绩效的重要途径。Cano-Kollmann 等（2016）基于全球价值链视角提出产业集群创新过程模型。Sapir 等（2016）研究俄罗斯新兴医药产业集群时提出，必须改善营销和组织创新，减少集群环境下的商业开支，开发从研发到最终用户的交付链，以便新医药产业集群获得更高绩效。李煜华等（2013）在对战略性新兴产业集群创新主体关系和创新方式进行分析的基础上，运用演化博弈理论构建以集群内企业和科研院所为主体的动态模型，分析战略性新兴产业集群在创新过程中的动态演化过程。

第四节　研究评述

通过文献梳理发现：现有研究在战略性新兴产业创新、产业集群创新以及协同创新等方面取得了丰硕成果，对战略性新兴产业集群的研究主要集中于战略性新兴产业集群内涵、特征及培育等方面。但结合战略性新兴产业特点，探讨战略性新兴产业集群协同创新的文献较少，已有成果多从静态视角对系统静态结构和功能展开研究，尚缺乏建立理论模型进行系统、深入的研究成果。其实，在不确定的环境下，战略性新兴产业集群协同创新是一个动态、交互的过程，从静态视角对集群创新进行研究具有一定局限性，难以解释它们之间的作用机理。Inkpen和 Tsang（2005）及 Arikan（2009）认为当前产业集群研究的一个重要趋势是基于动态视角，把产业集群看成是增强知识创新的场所，关注产业集群如何促进集群企业获取知识与提升技术创新能力。因此，基于动态演化视角对集群协同创新展开研究是当前战略性新兴产业集群研究趋势。具体体现在以下方面：

（1）通过比较战略性新兴产业集群与传统产业集群创新行为，分析两类产业集群协同创新行为差异以及产生差异的原因。

（2）结合战略性新兴产业特点，重新界定战略性新兴产业集群内涵、特征，分析战略性新兴产业集群协同创新的影响要素及其相互作用关系，进一步探索战略性新兴产业集群协同创新动态演进过程。

（3）基于动态演化视角，从知识协同机制、组织学习机制和协同创新机制三个维度构建协同创新发生机理模型，对战略性新兴产业集群协同创新发生机理进行分析。

（4）通过对战略性新兴产业集群协同创新绩效进行实证研究，探讨集群网络结构、网络能力、知识协同能力之间的交互作用及其对集群创新绩效产生的影响。

（5）结合当前我国战略性新兴产业集群协同创新发展现状，借鉴国外相关产业集群发展经验，提出我国战略性新兴产业集群协同创新促进策略。

第三章 战略性新兴产业集群内涵及发展现状研究

本章在国内外研究综述的基础上，通过将传统高新技术产业集群、创新型产业集群和战略性新兴产业集群进行分析对比，对战略性新兴产业集群内涵进行界定，探讨战略性新兴产业集群的具体特征，并对我国战略性新兴产业集群发展现状进行分析。

第一节 战略性新兴产业集群内涵界定

1990 年，波特首先用产业集群一词对集群现象进行分析。产业集群中的企业利用自身的独特优势进行创新，可获得"1+1>2"的协同效应。产业集群协同创新是现代企业突破自身瓶颈进行技术创新的最佳途径。具备自然资源或区域优势的企业为追求规模经济和范围经济大量集聚，这些企业相互合作开始形成产业集群的雏形。但随着产业的发展和成熟，技术突破的必要性和产品知识的多样性需要不同产业相互配合，从而构建产业集群。产业集群是在一定空间地理范围内存在竞合关系的相关产业、政府、科研机构、行业协会等形成的群体（王云飞，2008）。产业集群竞争优势是区域经济发展的一个关键因素，在这些集群中，企业、研发机构、政府相互作用，产生协同效应，成为国民经济增长和繁荣的基础（陆丽娜等，2019）。产业集群形成的激励原理在于企业凭借地缘优势，获得接近新的辅助性技术的机会，通过联合使用区域内的辅助性资产降低交易成本，并在相互学习中建立（或克服）市场进入壁垒，实现共同协调发展（柳卸林、段小华，2003）。Terstriep 和 Lüthje（2018）基于 104 家软件及信息相关产业企业数据，研究认为结构性、相关性和互补性是集群内部企业在某一特定领域产生知识创新活动的重要前提。Maskell 和 Lorenzen（2003）强调经济联系，认为集群是市场，市场内的商品、服务和知识不受能力限制进行有效交易，具有市场特性的制度减少了集群内部产生和使用知识的障碍。

战略性新兴产业不同于以往产业，它随着新科研成果和新兴技术的发明应用而出现，以知识创新与技术突破为发展要素，具备重大科技创新特征，能科学有效指导其他重要先导产业发展，是未来的支柱产业。由于战略性新兴产业具有技术复杂性强、研发成本高、涉及范围广等特点，依靠自身很难产生实时技术产品和创新服务，所以培育和发展战略性新兴产业需要深化国际合作，开放思维，推动智力、资本和市场深度合作，促进集群化和协同化发展。

作为创新集群代表，战略性新兴产业集群有利于加速实现战略性新兴产业技术创新和技术产业化，促进产业升级和区域创新能力的提升，是战略性新兴产业创新发展的有效模式。战略性新兴产业集群是集群的一种特殊模式，国外学者一般称为新兴产业集群。Martin 和 Sunley（2003）从新技术嵌入特定地区、生产研发重组激发地区经济重组、整合已有技术为相关新产业发展提供基础三方面界定新兴产业集群的内涵。战略性新兴产业集群是具有创新驱动、知识溢出与竞合关系等特征的创新网络（张敬文等，2016）。创新网络的建立标志着战略性新兴产业集群的形成（张治河等，2014）。战略性新兴产业集群是指某一产业或相关上下游产业的有关企业、机构和科研院所等在空间地理上的集中，这种集中能够使相关企业和部门共享集群内市场、基础设施和研发机构，且强调集群内企业及相关机构必须形成协同竞合关系（李扬、沈志渔，2010）。战略性新兴产业集群是指战略性新创企业通过发挥示范和辐射作用，吸引某一地理区域更多的战略性新创企业及相关支持机构加入而形成的集群，具有创新驱动、知识溢出、产业放大和自我升级特征（刘志阳、程海狮，2010）。刘大勇（2013）认为战略性新兴产业集群是指在地理上邻近，并与战略性新兴产业相关联的公司或机构，它们同处于或相关于一个特定的战略性新兴产业领域，相互之间具有竞争和合作关系，是彼此关联的公司、专业化供货商、服务供应商，相关产业的企业、政府、其他相关机构（如大学、研究机构、智囊团、职业培训机构以及行业协会等）的集聚体。

综合国内外学者对战略性新兴产业集群概念的界定，笔者认为战略性新兴产业集群是通过政府引导，以战略性新兴产业为核心，由相关产业企业、高等院校、科研院所及辅助机构等共同构成，包含战略性新兴技术研发和新兴技术产业化整个过程，具有创新驱动、知识溢出和协同竞合关系等特征的创新网络。

第二节　战略性新兴产业集群特征

一、高新技术产业集群、创新型产业集群和战略性新兴产业集群比较

虽然高新技术产业集群、创新型产业集群和战略性新兴产业集群都具有技术密集、创新驱动的特点，但我国在大力发展高新技术产业集群和创新型产业集群取得巨大成就的同时，又提出大力培育和发展战略性新兴产业集群，并不是新瓶装旧酒，三者在内涵、性质、范围等方面存在较大差异。

（一）内涵不同

高新技术产业集群，是指在高新技术领域内具有相互关联的企业与相关机构在一定的区域内聚集，从而形成产业体系健全且具灵活性的一种组织形式，这种集群往往在大学或科研机构周围形成，并非以往园区项目的物理堆砌现象，而是充满创新活动、各主体相互协作的有机体。创新型产业集群，是一种由产业链上相关联企业、研发和服务机构在特定区域集聚，通过分工合作和协同创新，形成的具有跨行业跨区域带动作用和国际竞争力的产业组织形态，其具备一些基本特征：拥有持续进行创新活动的创新型企业、企业家、科技研发人才和管理人才；集群内的企业主要是技术含量较高、知识密集的高新技术企业，或者是正在转型的传统产业；具备不断创新的商业模式和创新组织网络系统，有良好的创新文化、企业文化和创新制度环境。战略性新兴产业集群是通过政府引导，以战略性新兴产业为核心，由相关产业企业、高等院校、科研院所及辅助机构等共同构成，包含战略性新兴技术研发和新兴技术产业化整个过程，具有创新驱动、知识溢出和协同竞合关系等特征的创新网络。

（二）产业性质不同

高新技术产业集群、创新型产业集群和战略性新兴产业集群都属于知识或技术密集型产业集群，都强调技术创新，但从产业性质的角度来看，战略性新兴产业集群是超越传统产业、具有全新经济形态的产业集群。战略性新兴产业集群的目标是提升产业技术能力，产业集群强调集群内企业及相关机构必须形成协同竞合关系（菅利荣、王大澳，2019）。高新技术产业集群仍是传统经济形态下的产

业集群，其技术水平高和研发投入高，是传统产业集群的技术高端化（杨忠泰，2013）。高新技术产业集群是以前沿科学和尖端技术为基础，以较高研发投入为支持，从事高技术产品开发、生产、销售、服务的产业群体，具有高投入、高渗透性等特征。创新型产业集群是一种"以创新为目标"的集群，将不同的创新主体及其相关组织统一组合形成一个有机体，该有机体关注地理范围内社区的本地结构（姚杭永、吴添祖，2004）。创新型产业集群围绕战略性新兴产业，以科技型中小企业、高新技术企业和创新人才为主体，以知识或技术密集型产品为主要内容，以培育发展主导产业、特色产业、优势产业为重点（沈小平、李传福，2014），注重的是技术创新扩散和知识流动能力（赵忠华，2013）。创新型产业集群具有以下特征：产业特色突出，经济规模较大，竞争力较强，市场占有率和品牌知名度较高，成为地区支柱或主导产业；集群特征明显，围绕产业链条，科技资源和各类生产要素聚集，实现资源优化配置；科技服务体系完善，产业与科技服务业互相支撑，互动发展，基本形成创新驱动发展的机制和模式；国际化水平较高，在国际技术标准制定、产品定价等关键环节有较强的国际影响力。

（三）涉及范围不同

我国于1991年为应对以高新技术产业为第一支柱产业的知识经济的挑战，根据经济合作与发展组织高技术产业分类标准，结合我国当时经济科技发展的实际状况和需求，以R&D投入为标准，确定了航天制造业、医药制造业、电子及通信设备制造业、计算机及办公设备制造业、专业科学仪器设备制造业五大类高新技术产业范围，各省区市也依托国家级高新技术产业开发区确定了重点发展的方向。

我国于2011年起实施"创新型产业集群"建设工程，通过加强政府引导、制订发展规划、优化市场配置和提升产业链协同创新等措施，促进传统产业转型升级和新兴产业培育发展，以期提升区域和产业的整体创新能力及国际竞争力。创新型产业集群以培育发展主导产业、特色产业、优势产业为重点，是培育战略性新兴产业的重要手段和载体，是创新型国家建设的重要助推器。创新型产业集群的发力方向包括新材料、新能源、新能源汽车、智能制造、节能环保、新一代信息技术、生物医药、生物农业等战略性新兴产业。

战略性新兴产业集群以发展战略性新兴产业为目标。战略性新兴产业是新兴产业和战略产业相结合，新兴科技和新兴产业相融合的产业。按照选择战略性新兴产业的国家意志准则、市场需求准则、技术自主准则、产业关联准则、就业带动准则和资源环境准则六大准则，国内政界和学界对我国重点发展的战略性新兴产业部门提出了比较一致的看法。2010 年 10 月《国务院关于加快培育和发展战略性新兴产业的决定》提出，把节能环保产业、新一代信息技术产业、生物产业、高端装备制造业、新能源产业、新材料产业和新能源汽车产业七大产业作为国家层面重点培育发展的战略性新兴产业。

高新技术产业集群、创新型产业集群和战略性新兴产业集群虽在部分产业领域有所交叉和重合，但战略性新兴产业集群作为培育未来 10～20 年高成长的新兴产业和战略性产业的集群，与传统的高新技术产业集群、创新型产业集群存在较大差异。准确区分三者之间的差异，有利于在不同时期、不同阶段对产业集群进行准确定位，充分发挥产业集群作用，为国民经济发展做出最大贡献。

二、战略性新兴产业集群特征

在一定地理范围内，战略性新兴产业利用自身主观能动性组建产业网络来共享知识资源，实现信息对称和技术互补。战略性新兴产业集群由于产业主体和要素组合多样化，主体间集群关系、联结途径广泛化形成了复杂的知识网络，各主体通过共享、吸收、整合知识资源等参与知识协同来优化自身组织结构，提高学习和技术创新能力。相对于传统产业集群，战略性新兴产业集群具有以下特征：

（一）政府引导性

战略性新兴产业具有促进产业结构转换和引导科技进步的能力，代表未来技术和经济发展方向，是国家或区域实现经济持续增长的先导产业，也是提升国家核心竞争力的关键所在，具有较高的战略地位。在我国，战略性新兴产业发展采取由政府主导为主、市场为辅的产业发展模式，政府在战略性新兴产业集群建立和发展过程中起着关键作用。战略性新兴产业集群强调由政府引导培育，政府从宏观上规划产业技术发展路线，并且提供财政、金融政策和资源支持，促进集群内创新资源和创新要素的合理流动和优化配置。

（二）创新驱动性

战略性新兴产业以科技重大突破为前提，以新兴技术和新兴产业深度融合为基础，具有广泛的技术扩散效应。战略性新兴产业集群是一种涵盖战略性技术研发、新兴技术产业化、新兴产业网络化整个过程的具有知识传播、动态循环和创新扩散特征的组织间关系网络（刘志阳、姚红艳，2011）。战略性新兴产业集群内的创新主体通过集群式协同创新对战略性新兴产业的关键、核心技术和共性技术开展技术攻关和合作研发，一旦这些产业的核心技术和关键技术获得突破，就能迅速带动产业相关技术的研发，从而促进战略性新兴产业集群创新发展，呈现创新驱动特征。

（三）知识溢出性

战略性新兴产业集群的知识溢出特征主要包括集群内企业之间的知识溢出和集群内部知识向外部溢出。战略性新兴产业集群中的企业，由于地理邻近，企业间密切合作，一家企业的知识创新很容易外溢到集群内的其他企业，有利于各种新思想、新观念、新技术和新知识传播，促进知识和技术转移扩散，由此形成知识的溢出效应。知识溢出效应有利于集群内企业获取"学习经济"，增强企业的研究和创新能力，降低企业创新成本，促进企业发展。另外，集群所具备的范围经济和区域创新效应正是知识由集群内部向集群外部溢出的结果。战略性新兴产业集群中的战略性新创企业发挥示范和辐射作用，能够吸引更多的战略性新创企业及相关支持机构加入，壮大原有的产业集群，实现范围经济。

（四）技术先进性

战略性新兴产业集群往往是掌握着核心技术或关键技术的高端技术企业集群，不同层次的创新主体蕴藏着丰富的知识资源，包括不同层面的显性知识和隐性知识。集群为各创新主体提供了很好的知识互动平台，战略性新兴产业企业、相关产业企业、高校和科研院所等创新主体以合作和共享理念，通过集群平台跨层互动，实现集群知识协同和合作创新，共同攻克战略性新兴产业的共性技术和关键、核心技术，抢占价值链的核心部分。

（五）发展传导性

战略性新兴产业集群中大都是知识、技术密集型企业。在集群内部，由于集群内各创新主体地理上的邻近，增强了企业间的交流合作机制，企业间合作更容易，集群内企业创新发展的同时，各种新知识、新技术和新想法很容易在集群内各企业间转移扩散，形成知识溢出效应，从而有利于增强集群内企业的协同创新能力，降低创新成本，发挥集群集聚效应，促进集群企业发展。另外，由于战略性新兴产业集群的集聚效应和辐射作用，集群外的企业也会积极和集群内的企业协同互动，使集群内部知识向集群外部传播，有利于吸引更多的战略性新兴产业企业和相关辅助性组织进入集群，逐步形成内外两条线的战略性新兴产业集群发展机制。

（六）高不确定性

战略性新兴产业是新兴技术和新兴产业的融合，技术和市场都不成熟，战略性新兴产业技术创新轨迹尚未确定，技术创新和市场需求之间的反馈系统还没有完全建立，其创新活动有可能促成一种新的"技术—经济"范式出现，使战略性新兴产业的技术创新和市场需求之间存在高不确定性。高不确定性意味着技术投资的高风险性，集群内企业在高不确定性环境下向某一研发领域投入大量人力和物力资本，有极高的无法获得预期投资收益的可能性，一方面会导致企业人力和物力资本的浪费，另一方面会降低企业进行创新研发投入的积极性，阻碍产业创新发展。但高不确定性也会带来一定的机遇，即为我国实现技术赶超和跨越提供可能性。此外，技术和市场的高不确定性更凸显战略性新兴产业集群存在的必要性，集群内企业可以共同攻克产业内关键支撑技术和共性技术，共享技术创新成果，分散由不确定性所带来的发展风险。

第三节　我国战略性新兴产业集群发展现状及问题分析

一、我国战略性新兴产业集群发展概况

近年来，包括我国在内的世界主要国家为了振兴本国经济并在国际竞争中取得优势，纷纷开始发展战略性新兴产业。经历整个"十二五"的发展，战略性新兴产业在我国成为一个集新产业、新技术、新业态为一体，具备极强引领作用和支撑能力的新领域。上至国家，下到地方，各层面都出台了一系列的政策措施，发展战略性新兴产业已成燎原之势。

国家发展和改革委员会提出立足制造强国战略，牢牢把握数字化、网络化、智能化融合发展的契机，优先培育和大力发展一批战略性新兴产业集群，推进互联网、大数据、人工智能与实体经济深度融合，促进我国产业迈向全球价值链中高端。

自 2012 年 10 月国家发展和改革委员会、财政部联合下发《关于推进区域战略性新兴产业集聚发展试点工作的指导意见（试行）》以来，江苏、安徽、湖北、广东、深圳五省市作为我国第一批战略性新兴产业集聚区试点，率先取得了良好的成绩，2014 年国家又批复北京、上海、哈尔滨、湖南株洲等十个战略性新兴产业集聚区试点，2015 年国家再次批复了杭州、洛阳、临沂、长沙、沈阳五个新的区域集聚发展试点。2019 年国家发展和改革委员会下发《关于加快推进战略性新兴产业产业集群建设有关工作的通知》（发改高技〔2019〕1473 号），

明确组织产业集群指导专家组对国家级战略性新兴产业集群加大分类指导；支持重大项目建设和产业链协同创新平台、检验检测和智能园区等产业基础建设，培育一批产业集群领军企业；对产业集群重大项目给予较大额度和较长期信贷支持，推动条件成熟地区设立专项金融机构，引导国家级战略性新兴产业发展基金设立子基金支持战略性新兴产业集群的发展。国家战略性新兴产业集群主要包含新一代信息技术、高端装备、新材料、生物医药和节能环保等领域。2019年我国公布的第一批66个国家级战略性新兴产业集群名单如下（见表3-1），初步形成我国战略性新兴产业集群以东中部为主的点状式分布格局。

表3-1　我国第一批66个国家级战略性新兴产业集群名单

领域名称	产业名称	战略性新兴产业集群名称
新一代信息技术领域	集成电路	上海浦东新区集成电路产业集群
		西安市集成电路产业集群
		北京经济技术开发区集成电路产业集群
		武汉市集成电路产业集群
		合肥市集成电路产业集群
	新型显示器件	合肥市新型显示器件产业集群
		深圳市新型显示器件产业集群
		武汉市新型显示器件产业集群
	下一代信息网络	武汉市下一代信息网络产业集群
		鹰潭市下一代信息网络产业集群
		郑州市下一代信息网络产业集群
	信息技术服务	杭州市信息技术服务产业集群
		济南市信息技术服务产业集群
		贵阳市信息技术服务产业集群
		大连市信息技术服务产业集群
		上海杨浦区信息技术服务产业集群
		澄迈县信息技术服务产业集群
		郑州市信息技术服务产业集群
	网络信息安全产品和服务	天津滨海高新区网络信息安全产品和服务产业集群
	人工智能	北京海淀区人工智能产业集群
		合肥市人工智能产业集群
		上海徐汇区人工智能产业集群
		深圳市人工智能产业集群

续表

领域名称	产业名称	战略性新兴产业集群名称
高端装备领域	智能制造装备	深圳市智能制造装备产业集群
		广州市智能制造装备产业集群
		湘潭市智能制造装备产业集群
		大连市智能制造装备产业集群
		长沙市智能制造装备产业集群
		徐州市智能制造装备产业集群
		常州市智能制造装备产业集群
	轨道交通装备	青岛市轨道交通装备产业集群
		成都市轨道交通装备产业集群
新材料领域	新型功能材料	淄博市新型功能材料产业集群
		福州市新型功能材料产业集群
		厦门市新型功能材料产业集群
		岳阳市新型功能材料产业集群
		宁波市新型功能材料产业集群
		平顶山市新型功能材料产业集群
		赣州市新型功能材料产业集群
		铜仁市新型功能材料产业集群
		莆田市新型功能材料产业集群
	先进结构材料	烟台市先进结构材料产业集群
		娄底市先进结构材料产业集群
		宝鸡市先进结构材料产业集群
		铜陵市先进结构材料产业集群
		乌鲁木齐市先进结构材料产业集群
生物医药领域	生物医药	烟台市生物医药产业集群
		上海浦东新区生物医药产业集群
		厦门市生物医药产业集群
		苏州市生物医药产业集群
		杭州市生物医药产业集群
		广州市生物医药产业集群
		石家庄市生物医药产业集群
		武汉市生物医药产业集群

领域名称	产业名称	战略性新兴产业集群名称
生物医药领域	生物医药	北京昌平区生物医药产业集群
		北京大兴区生物医药产业集群
		通化市生物医药产业集群
		成都市生物医药产业集群
		珠海市生物医药产业集群
		临沂市生物医药产业集群
		重庆巴南区生物医药产业集群
		天津经济技术开发区生物医药产业集群
		哈尔滨市生物医药产业集群
节能环保领域	节能环保	青岛市节能环保产业集群
		许昌市节能环保产业集群
		自贡市节能环保产业集群

资料来源：《关于加快推进战略性新兴产业产业集群建设有关工作的通知》（发改高技〔2019〕1473号）。

我国大多数战略性新兴产业集群是依靠经济技术开发区、高新科技园、产业园区发展成熟的，主要是在原有高新科技园、经济技术开发区、产业园区经济布局基础上，通过注入科技创新元素，进行产业结构调整升级，促进地区经济向战略性新兴产业转型，强化园区的关联效应和集聚效应，从而引发战略性新兴产业资源的集聚，促使高新科技园、经济技术开发区、产业园区向战略性新兴产业集群发展。目前，部分城市已实现成功转型。武汉东湖新技术产业开发区就是在原有高新区基础上投资建设的，重点发展光电子信息、生物医药、节能环保、高端装备制造等领域，成为战略性新兴产业集群发展示范区，又称为"武汉·中国光谷"；天津滨海高新区已打造成为以现代信息技术、新能源与新能源汽车、高端装备制造、海洋产业和现代服务业"4+1"主导的产业集群。

国家战略性新兴产业集群发展工程，强调要结合各地产业优势，建设若干战略性新兴产业集群，强健产业链、优化价值链、提升创新链，形成产业链竞争优势，逐步将产业集群打造成应对国际经济环境变化和经济下行压力的"变压器"，促进稳就业、稳增长的"稳定器"，实现经济高质量发展的"助推器"；始终瞄准世界科技前沿，立足区域特色优势，加强前瞻布局，加快创新突破，全力攻坚关键核心技术，加快建设战略性新兴产业集群，不断提升区域城市能级和核心竞争力，更好参与国际合作与竞争，更好服务国家发展大局。

二、我国战略性新兴产业集群发展存在的问题分析

我国战略性新兴产业集群发展尚不成熟，仍处于发展萌芽阶段，相较于有着几十年产业集群和新兴产业发展经验的发达国家，还存在明显差距。我国战略性新兴产业集群还存在着很多不足之处，有较大的进步空间。目前，我国战略性新兴产业集群发展主要存在以下问题：

（一）产业集群环境支撑力度较弱，政府作用发挥不充分

产业环境支撑是培育和发展战略性新兴产业集群的有力保障，无论是资金支持还是政策引导都是战略性新兴产业集群长期稳定发展的必要条件。

战略性新兴产业投入资金大、研发周期长、研发风险高，支撑其发展需要雄厚的资金保障。但是，我国融资市场和金融衍生产品市场建设尚不健全，这极大地限制了我国战略性新兴产业的融资能力和进行技术创新、创新成果产业化的进程，阻碍战略性新兴产业的发展。此外，政府政策有效引导对战略性新兴产业集群发挥集群效应具有重要作用。政府引导不仅能有效解决市场失灵问题，促进市场有效运行，更重要的是可明确产业定位，并通过完善集群内相应配套设施，带动主导企业和人口导入，促进战略性新兴产业集群发展。例如，重庆西永微电子产业园通过政策支持引入英特尔 FPGA 中国创新中心，推动重庆人工智能相关产业迅速崛起，跻身城市人工智能发展前十。但是，当前我国部分地方政府缺乏对战略性新兴产业集群的清晰认知，缺乏区域协同合作精神，片面强调集群数量，不能很好发挥政府引导作用，阻碍战略性新兴产业集群快速发展。

（二）产业集群国际化水平偏低，国际知名度不高

我国产业集群国际化水平偏低主要体现在两个方面：一是产品技术含量偏低，我国产业集群主要依靠低于同类产品的价格获取竞争优势，在产品研发、设计等高附加值环节占有率不足，产品关键核心技术仍依赖进口，目前在关键零部件、元器件和关键材料上的自给率只有1/3；二是缺乏国际化人才，尤其是缺乏精通国外法律法规、熟悉国外文化、拥有流利外语与丰富管理经验的人才，如华西能源借助"一带一路"建设积极"走出去"，但缺乏复合型国际化人才对企业优质订单获取、项目建设、资金管理、风险控制等方面进行管理，造成了一定程度的消极影响。此外，相比于美国硅谷、日本筑波科学城，我国科技园以及战略性新兴产业集群在世界上都没有很大的知名度。

（三）人才密度不高，缺少高精尖研发人员

人才是产业发展第一要素，战略性新兴产业属于知识密集型产业，进行战略

性新兴产业技术创新研发需要一定智力集聚密度的人才储备。这不仅是对人才数量的要求，更是对人才素质的要求。在人才数量方面，我国 2018 年规模以上工业企业 R&D 人员全时当量仅占当年从业人员数量的 0.38%。在人才素质方面，我国战略性新兴产业领域不仅缺乏专业技术和营销管理相关基础性人才，更缺少技术研发和产业发展战略制定等高端人员。我国产业人才主要来源于高等院校和科研院所，但当前我国高校的人才培育实践性不足，校企合作不够深入，毕业生岗位实践能力较弱，能服务于战略性新兴产业的创新型、应用型、复合型人才严重不足。

（四）创新能力逐步增强，但科技基础较为薄弱

战略性新兴产业的核心特征是创新驱动，实现关键核心技术突破是战略性新兴产业发展的前提。回顾"十三五"期间，我国战略性新兴产业快速发展，根据国家统计局的数据，截至 2020 年末，我国战略性新兴产业增加值占 GDP 比重约为 11.7%，比 2014 年提高 3.9 个百分点，已成为推动产业结构转型升级、经济高质量发展的重要动力源。中国信通院数据显示，预计至 2025 年底，战略性新兴产业增加值占 GDP 比重将达到 20% 左右，将成为"十四五"时期推动经济高质量发展的支柱性产业。

技术创新能力是战略性新兴产业集群发展的核心。当前，我国战略性新兴产业集群发展取得一些成绩，但作为后发国家，我国与主要发达国家相比，知名科研院所和新兴产业集群数量较少，创新资源匮乏，产业竞争力不足。此外，一些制度、平台方面的因素也制约我国新兴产业技术成果转化。近年来虽有所改善，但大体上我国科技基础仍较为薄弱，整体创新水平不高，部分领域的关键核心技术仍受制于人。

（五）产业发展侧重点明显，但趋同化严重

《国务院关于加快培育和发展战略性新兴产业的决定》下发后，各省区市纷纷出台相关战略性新兴产业发展政策，确定区域战略性新兴产业重点发展方向。广东省确定重点发展半导体与集成电路产业集群、高端装备制造产业集群、智能机器人产业集群、区块链与量子信息产业集群、前沿新材料产业集群、新能源产业集群、激光与增材制造产业集群、数字创意产业集群、安全应急与环保产业集群和精密仪器设备产业集群十大战略性新兴产业集群。《山东省战略性新兴产业集群发展工程实施方案（2020—2021 年）》提出，牢牢把握战略性新兴产业集群高端高质高效的发展特点，瞄准技术前沿，加强前瞻布局，在新一代信息技术、高端装备、新材料、生物、节能环保等领域培育一批高端产业集群，引领带

动全省产业转型升级。

当前，我国大部分省区市战略性新兴产业集群发展重点领域的目标明确、特色鲜明，但从整体来看，区域协同发展不足，趋同化现象严重，缺乏适度错位竞争，主要存在不具备特色的产业集群过多、企业产业链条中断、企业发展状况参差不齐等问题，造成不同区域内战略性新兴产业发展存在产业衔接、合作深化、分工细化等方面的阻碍。部分地区一味追求战略性新兴产业发展势头好、技术含量高的领域，而忽视产业集群结构的合理布局，导致各地开发区、高新科技区、产业园区跟风打造产业集群，走向传统产业的老路，造成部分领域产能无法消耗、产业链低端环节重复过多，同质同构现象严重。

（六）地方政策壁垒导致资源流动受阻，产业聚集效应不强

当前，我国产业聚集现象已形成较为显著的优势，但产业集群聚集程度和产业集群产生的经济效应与主要发达国家产业集群的发展状况相比仍有较大差距。我国各地方政府为发展战略性新兴产业，在不同产业领域出台了相关扶持政策，但区域内地方战略性新兴产业的布局比较分散，造成产业间互相抢资源、抢规模、抢政策的局面，导致区域市场混乱，很难在相对集中的区域进行集群式发展。集群内各创新主体也习惯各自为政，无法与战略性新兴产业集群其他主体协同合作，导致资源过度浪费、生产成本过高、产业链环节不完善、产业集群发展效率低下等窘境。所以，需要找准战略性新兴产业集群发展着力点，加快推进产业集群聚集程度，形成产业集群优势，增强战略性新兴产业发展竞争力。

第四节　主要发达国家新兴产业集群经验借鉴

国外新兴产业集群发展呈现地理集聚特征已有多年历史，科技园区内出现的信息、知识、人才等要素聚集实现产品创新，推动产业发展，实现区域经济繁荣，对所处地区甚至国家经济产生重大且深远影响，如美国硅谷、日本筑波科学城、加拿大卡尔顿高科技区、德国慕尼黑高科技工业园、英国剑桥科学园、法国布列塔尼高科技园、意大利蒂布卡蒂纳国家高科技区、瑞典希斯达电子城等。这些具备较大影响力的新兴产业集群都具备一些共同特征，如拥有适宜产业发展的制度、文化环境，先进完备的基础设施等。随着经济社会不断发展和信息技术不

断更迭，产业集群也面临着新的机遇和挑战，尤其是我国产业集群发展起步较晚，战略性新兴产业相关研究也不过数十年，需要借鉴世界上其他新兴产业集群发展的成功经验，从而获得新的发展。

一、美国新兴产业集群发展现状与做法——硅谷[①]

（一）发展状况

硅谷，位于美国加利福尼亚州北部的大都会区旧金山湾区南部，是高科技企业聚集的圣塔克拉拉谷的别称。这里曾经是一片果园，但自从英特尔、苹果、谷歌、脸书、雅虎等高科技公司的总部在此落户之后，这里出现了众多繁华的市镇。在短短的几十年之内，硅谷走出了大批科技富翁。硅谷最早是研究和生产以硅为基础的半导体芯片的地方，因此得名。

1965年以来，美国成立的100家较大的技术公司有1/3在硅谷，前500家成长较快的公司中有10%在硅谷。1998年12月31日，硅谷成为美国价值最高的"公司城"，总部在硅谷的上市公司的资本市场价值为7430亿美元，而华尔街上市公司的资本价值为5140亿美元。然而进入21世纪后，硅谷经历了其历史上最长最严重的衰退。2001年，硅谷200家科技企业经营损失高达913亿美元，中心区的失业率由2000年的2.2%增长到2001年的7.4%（盖文启、张辉和吕文栋，2004）。但硅谷在之后科技浪潮推动经济高速增长的两大科技板块中都表现不俗。信息网络技术的利用和普及是硅谷的绝对优势，硅谷还拥有美国最大的生物医药产业集群，近200家生物医药企业为硅谷提供近6万个工作机会。此外，硅谷正努力实现产业转型，大力发展清洁能源等战略性新兴产业。

到目前为止，硅谷已经历四次大起大落，但始终保持持续的自主创新能力，在全球竞争中维持着较强的竞争优势，拥有世界上最具创新能力的战略性新兴产业集群，引领着科技革命和技术创新潮流。

（二）主要做法

1. 具备一流的研究机构和大学，引进高素质人才

大学和研究机构在硅谷地区的发展过程中扮演着重要的角色，被比作"地区发展的催化剂"。创新活动具有向劳动技术密集区域聚集的倾向性（Feldman and Schreuder，1996）。硅谷孕育着世界一流的高校与科研机构，与企业联系密切，人才流动相对自由，为当地企业提供了雄厚的研究基础。斯坦福大学、加州大学伯克利分校等一流学府所孕育的学术研究风气和技术开发能力对硅谷产生了深远

---

① 本案例主要根据李海超和齐中英（2009）、雷琳（2017）等文献改编而成。

影响，为硅谷提供了世界上最前沿的科学技术支持，带动整个美国甚至整个世界行业创新发展。这些科研院所注重理论及技术等研究与开发，许多大学和科研机构人员不仅是科技成果化的创造者，更是企业的管理者，形成产学研一体化发展模式。这不仅有助于科研成果迅速转化为经济效益，更有利于为企业培养储备技术管理人才。

高素质的科技人员是硅谷发展的坚实基础。硅谷人力资源一方面来自于硅谷周围优秀的大学，上述世界著名大学为硅谷的发展输入了源源不断的人才；另一方面海外的技术移民是硅谷人力资源的重要组成部分。为了吸引高端人才，美国政府采取了一系列措施，如招收留学生培养、通过研究机构招聘、企业利用平台引进、联合攻关或企业外迁借用等。高素质人才使硅谷始终保持高新技术产业领先地位。

2. 成熟的金融支持体系

新兴产业具有高风险性和高投入性特征。充足的资金支持是新兴产业企业创新发展的基石。硅谷内企业的创新能力之所以如此强，关键是成熟的金融支持体系为区域发展提供了良好的资金支持，主要包括风险投资公司和硅谷银行。

硅谷是现代风险投资的发源地，也是世界上最大的风险投资中心。风险投资公司以基金或合伙的形式，把银行、保险投资基金，富有的个人和外国投资者分散的资金集中起来，形成风险投资基金，然后通过专业运作投资到急需基金的企业并获得高额回报。美国风险投资规模占世界风险投资的一半以上，而硅谷地区吸引了全美约35%的风险资本。在硅谷，只要有一个新兴技术成果出现，周围很快就有至少10个投资基金找上门来。风险投资的作用不仅限于资金供给方面，更重要的是改进公司的管理水平。风险投资和硅谷地区的发展形成了一种相互促进的良性循环机制，对硅谷相关产业发展起到重要的推动作用。著名的英特尔公司、罗姆公司、苹果公司等都是靠风险投资发展起来的。硅谷的风险投资给新兴产业企业创业和创新带来了持续的资金，也给予了企业从技术、人才、管理、营销到融资上市等"一站式"的支持。

硅谷银行于1983年在美国成立，现已是以商业银行为主体的金融控股公司，主要服务于科技型企业，曾成功帮助过Facebook、Twitter等明星企业，其主要收益模式为"较高利率+期权收益"。此外，硅谷银行具有大量的创投专家和科技人才，他们能运用专业知识为科技型中小企业提供适宜的金融服务。

3. 市场主导、政府辅助的发展模式

硅谷的形成和发展是市场化的产物，是市场主导型战略性新兴产业集群的典范，主导产业集群发展的是企业、科研机构等自发建立的网络化组织。其发展注重战略性技术的开发与应用，充分利用区域资源，采用政产学联合开发的形式，创建独具特色的区域创新网络。通过人才、技术、资金的交流合作以及市场化运作实现自主创新成果产业化，使该地区发展成为公认的世界上最成功的战略性新兴产业集群，也成为全球知识经济的发源地（刘志阳、姚红艳，2011）。市场化共同培育模式对美国战略性新兴产业的发展起到了重要的推动作用，而产业集群也正是在这样的共同培育模式下形成的。

政府在硅谷的发展中是辅助性、间接性的，政府始终尊重硅谷内企业的主体地位，很少直接参与企业运作，而是通过制定各种适当有效的政策措施和完善法律制度来推动硅谷企业的成长，包括为新成立的企业收取少量租金，制定法律允许大学、研究机构、非营利机构和小企业拥有联邦资助发明的知识产权等。正因如此，才避免出现了政府主导型产业集群的产能过剩、资源损耗和企业倒闭等现象。政府在硅谷的发展中主要提供完善的基础配套设施，对符合国家要求的项目提供研发资助、咨询服务，调节集群成员之间及不同集群之间信息的交流。但政府在硅谷形成和发展初期起到关键性促进作用。在初期，大量的国防采购不但使刚成立的公司得以生存下来，逐渐发展壮大，同时也对硅谷集成电路、计算机产业的发展起到了很大的促进作用。

硅谷是典型的市场主导型集群发展模式。虽然其在最初建立时依靠政府，但真正让其发展的是市场力量，其发展是依赖于产业与市场互动的方式完成的。也正因为遵循市场原则，硅谷集群内部秩序良好、效率高、重复建设率低、充分磨合、和谐发展，保持了区域整体的竞争力。

4. 完善的中介服务体系

为适应科技成果产业化和中小企业发展的需要，美国在 20 世纪 80 年代初创建了为中小企业提供全方位服务、隶属于美国商务部小企业管理局的小企业发展中心、中小企业信息中心及建在大学内部的生产力促进中心等科技中介服务机构。此后，硅谷专业化服务公司的数量不断增长，企业规模不断增大。这些科技中介组织在产学研合作中发挥着沟通协调作用，为产学研合作创造了良好的服务环境。高效率的专业化服务降低时间与管理成本，为企业的技术创新和产品开发带来时机。市场帮助解决其他方面的需求，企业只需专注于内部的企业职能。

二、英国新兴产业集群发展现状与做法——剑桥科学园①

（一）发展状况

剑桥科学园是由剑桥大学创办的，目的在于借助剑桥大学的声望和实力，吸引高科技企业到剑桥地区来。剑桥科学园位于英国东南部的剑桥郡，是世界上公认的重要的技术中心，有着不可比拟的研发和创新纪录。剑桥地区充满生机和活力，不断吸引着来自全世界的投资。剑桥科学园的经济发展创造了"剑桥现象"，其 GDP 占英国 GDP 的 15.8%，研发开支占该区 GDP 的 3.4%，平均每年创造 5000 个就业机会，园区国民生产总值增长率达 6.3%，甚至高出英国 3.4% 的国民生产总值增长率。剑桥科学园的出现也不是偶然的，它是历史的、技术的、商业的、物质的以及政策等诸种因素综合作用的必然结果。

（二）主要做法

1. 独特的大学主导，产学协同发展模式

剑桥科学园是一个充满生机和活力的区域，形成了以大学、新兴企业和技术咨询公司密切合作的产业协同网络。剑桥大学是引领剑桥新兴产业集群的源头，通过技术突破催生了大量以科技创新和研发为主的企业。剑桥大学的制度也有利于高校与业界建立正式和非正式的合作关系，为师生创业和科技成果转化提供了渠道和平台。剑桥新兴产业集群最早始于 20 世纪 60 年代剑桥大学毕业生创立的剑桥咨询公司，此后该公司衍生出大批"技术提供者"，并为其他企业的创立和发展提供模式参考，最终形成剑桥新兴产业集群。同时，剑桥大学鼓励教师在完成教学任务的前提下到校外兼职，规定技术的知识产权归教师个人所有，积极进行科技成果转化，教学、科研领域与产业界保持着广泛的联系，这为科研成果向商业化转化提供了现实性条件。

2. 强大的科研人力资源

剑桥科学园是由剑桥大学投资创建的，剑桥大学对剑桥科学园的发展起到十分重要的推动作用。截至 2020 年 10 月，剑桥大学共获得 122 个诺贝尔奖，11 个菲尔兹奖和 7 个图灵奖，在物理、信息技术、生物医药等领域的优势为科学园提供了强大的科研人力资源和科学技术支持，许多新兴企业都是围绕一项或多项新科研成果创立的，科研成为推动新兴产业集群发展的原动力，如分光小系统公司就衍生于剑桥卡文迪什实验室。

---

① 本案例主要根据马永斌等（2010）、赵东霞等（2016）等文献改编而成。

3. 必要的风险资本

20世纪70年代末期，巴克莱银行进入剑桥科学园，成为当时新兴高技术产业企业主要的资金来源，对剑桥科学园早期的发展起到了极大的促进作用。巴克莱银行在剑桥科学园设立办事处，专门支持新兴技术企业。由于巴克莱银行及其他风险投资公司在早期资金筹措的带头作用，剑桥科学园不断获得了新的，特别是私人风险投资的支持。银行风险资本较早介入科学园的一个重要原因，就是英国政府采取了贷款担保措施，这一做法为新兴产业企业发展创造了必要的金融环境。剑桥地区聚集了英国1/4的风险资本，是英国除伦敦外种子资本和风险资本最密集的地区，共吸收全国25%的风险投资和全欧洲8%的风险投资，优越的风险资本来源是剑桥地区新兴产业企业蓬勃发展的重要因素。

4. 完善的基础设施建设

随着剑桥科学园的发展，英国政府作为科学园建设主体的作用日渐突出。政府更着眼于大局，为科学园的发展建设完善的基础设施，为新兴产业发展创造良好的投资环境。除硬件设施建设外，科学园内的信息咨询服务等"软建设"也趋于完善。剑桥科学园设施完备，设立了幼儿园，配备了现代化的电子设备，安装了宽带，拥有自己的广播台、停车场、餐厅、游泳馆等生活娱乐设施。

三、日本新兴产业集群发展现状与做法——筑波科学城①

（一）发展状况

筑波科学城，日本科学研究中心，坐落在日本东京东北约60千米的筑波山麓，1968年开始动工，耗资50亿美元。作为日本的"头脑城"，筑波科学城是综合性学术研究和高水平的教育中心，截至2020年底，已拥有6个诺贝尔物理学奖和化学奖得主，2万余科技研究人员，300余所研究机构、高科技企业，开创了科学工业园区建设的新模式。在政府支持下，多次国际会议在筑波科学城召开，促进其发展的同时，也为其打开了国际知名度。如1985年日本政府在筑波举办"人类居住与科技"为主题的世界博览会，提高了筑波作为科学城的声誉，使筑波成为国际级高科技研究中心和企业的研究与开发中心。筑波科学城的几百家科研机构和企业中，科研人员中约25%为外国学者，体现了科学城的国际化程度与国际吸引力，也优化了科学城功能。筑波科学城以筑波大学和科研机构为核心，不仅解决高等教育大众化的需求，同时促进教育与科研资源共享，发挥协同创新效应。

---

① 本案例主要根据陈庆华（2014）、孙艳艳等（2020）等文献改编而成。

（二）主要做法

1. 完善的配套设施

筑波科学城拥有完善的交通网络，此外还配置有现代的基础设施、大量的专业技术人员、活跃的金融平台和畅通无阻的通信设备，具备大规模经营能力。

市区中心周边及靠近科研教育单位的地区布置了共 10 平方千米的住宅区、公务员宿舍、职员宿舍、外国专家宿舍、美术馆和图书馆等文化、医疗福利设施一应俱全，学校和幼儿园也根据科学城建设规模和人口规模进行配套建设。市中心还拥有中心大厦、购物中心、汽车终点站、泊车大厦等建筑及其他用于文化活动、公共管理、商业和研究交流的设施。在市中心和居住区，除干线道路外，还有总长达 48 千米的步行专用道，在考虑景观的同时，连接了住宅、商业设施、教育设施和公园绿地等区域。

2. 规模化发展模式

单一的科研机构在上下环节联系、资金保障、成果转化等方面显得势单力薄。筑波科学城在规划之初就将当时东京的一大批国家级实验室搬迁至此，统一管理。在政府协调下，大量科研机构与私人研究所也随后开始大批进驻筑波科学城，智力资源的集聚形成规模效应，产生"1+1>2"的效果，同时缩短了研究人员相互交流的物理距离，有利于学术氛围的营造。研究机构的多元化也有利于促进各个领域共同发展，为涵盖多领域的交叉学科研究铺垫道路。另外，园内机构实行集约化管理，图书馆等公共设施由各研究所共用，为所有科研单位提供了统一的资源平台，学习教育资源开放共享。

3. 注重国际化水平提升

科技的竞争是全球范围内的竞争，只有提高国际化水平才能紧跟甚至引领国际潮流。筑波科学城积极承办 1985 年的世界博览会，并借助此次机会，打开筑波在国际上的知名度。在举办世界博览会时，筑波科学城充分考虑研究人员的生活需要，大力改造园区设施，修建外国学者居住区，完善配套生活设施和高水平实验室，这成为筑波吸引国际学者一个不可或缺的条件。良好的硬件设备、完善的城市功能和专门为国外学者修建的居住区，让很多国外专家选择留在筑波科学城从事研究工作。国际交流的增加打开了筑波科学城面向世界的大门，使筑波科学城的国际声誉和知名度得到了显著提高。

4. 政府主导，市场机制调节

筑波科学城的建设和发展主要由日本政府主导，建设期发布《筑波科学城建设法实施令》，明确了筑波科学城的性质、构成、建设计划、实施步骤、开发地区，并设置"筑波研究机构联络协议会"协调各方工作。园区内的国家级研究所由政府相关部门直接管辖，整个园区的管理完全由政府主导。企业入驻需要政府行政审批，科研项目也要先申报课题，获得批准后才能进行后续研究，极大地影响了研究效率。同时，政府对各单位进行无风险财政拨款也引发了许多问题。单一的拨款和审核方式导致科研人员的研究成果不与研究者的收入直接挂钩，更使企业丧失竞争压力，缺乏内在的创新激励机制。在政府主导的背景下，科研的目的主要是实现政府的计划，研究成果的转化受到影响。更多的资金与人才资源投入在基础研究上，应用型研究步履维艰。

随后，筑波科学城积极引入市场机制进行调节，通过大力推动筑波科研机构的市场化，鼓励大学教师等培育大学风险企业，这些改革为筑波科学城管理模式的转变提供了制度保证，促使科技成果由在"体制内"流转向"体制外"流转转变，为进一步的产学研合作奠定了基础。支持大学和科研机构成立科技中介机构，接受大学及研究者个人委托，为大学科研成果申请专利，进行技术营销，实施技术转移，有效地转变了筑波科学城的发展模式，促进政产学间相互影响，促使许多著名公司在筑波科学城设立研究中心，带动了新技术的开发和新兴产业的发展。

5. 充足的资金支持

由于是日本政府直接管理和投资，筑波科学城很快成为日本最大的科研基地。仅在 1963 年后 30 多年的时间里，筑波科学城累计获得的政府投资就高达2.5 兆日元；全国国立科研机构大约 40% 的科研人员和每年 40% 的科研经费预算都集中在这里。筑波科学城拥有许多全日本先进的现代化仪器设备，如建筑研究所拥有的实验场上可以建成用于模拟地震的楼房；环境研究所拥有大型激光雷达；日本宇航局拥有巨大的太空模拟室；日本电子技术实验室拥有微型结构清洗室和同步光源；无机物质研究所具有分辨率为 2 埃的电子显微；金属研究所拥有175000 高斯的超导磁体；化学研究所拥有超导分光仪等。

四、主要发达国家新兴产业集群发展经验借鉴

关于战略性新兴产业的发展每个国家的发展思路有所差异，但都是基于本国国情选择制定的。我国战略性新兴产业的培育基于传统产业发展动力不足提出，要求战略性新兴产业和传统产业相辅相成、共同进步。传统产业为战略性新兴产业提供发展基础和先天资源，战略性新兴产业为传统产业提供科学技术、人才等，引导传统产业转型升级。未来 5~10 年是全球新一轮科技革命和产业变革从

蓄势待发到群体迸发的关键时期，我国应分析借鉴国外新兴产业集群成功经验，结合自身实际发展状况，加快传统产业转型升级速度，促进战略性新兴产业集群发展。

（一）提升产业集群规划差异灵活化和时效性

产业具有地域性和植根性，产业发展存在区域分异，产业规划和产业转移模式需因地制宜。产业集群规划的重要性在于统筹企业和地区发展。集群为企业共享设施、知识资源和创造高附加值知识经济提供基础支撑。灵活的产品和产业体系需求使产业集群规划的重要性得到提升。我国正努力改变原有以出口带动经济发展的模式，试图以内需带动经济发展。经济发展模式转变对产业规划提出新的要求，需重视产业集群规划的重要性和时效性，选择适宜发展的产业类型。但产业集群规划也具有一定的局限性，需根据时间动态进行调整。日本面对国际形势和国家发展状况，适当调整了产业发展目标。我国目前正试图改变外向型导向的产业发展模式，设立外向型发展与内部需求并重的产业目标。因此我国需立足扩大内需，优化产业布局，严格市场准入，强化投资管理，引导产业健康发展。

（二）市场主导、政府辅助引导的协调发展模式

在战略性新兴产业发展过程中，集群内部利益和创新驱动需要依靠市场"无形的手"主导，但集群长久协调发展也需要政府"有形的手"进行适时引导。政府应秉持"有所为，有所不为"的原则，更多地扮演服务提供者而不是管理者的角色，为战略性新兴产业集群提供"一站式"行政审批、事务受理等服务，减少企业办事成本，切实为企业提供便利，促进战略性新兴产业集群良性发展。政府应简政放权，减少审批事项，给予战略性新兴产业集群更多自由，让企业把握发展主动权，为企业注入更多创新动力。

在知识产权管理方面，政府要着重完善评价和鉴定系统，推动知识产权国际化进程。我国作为发展中国家，当前知识产权相关法制体系建设尚不完善，政府需加大相关知识产权保护力度，才能真正实现创新激励。政府应从区域实际情况出发建立相关产品采购目录清单，打破企业规模壁垒限制，为具有自主知识产权的技术、产品和服务的应用和产业化提供渠道和市场。在相同条件下，优先采购本区域内战略性新兴产业集群内产品，保护和发展区域战略性新兴产业。

（三）拓宽融资渠道，加大资金投入

受疫情影响，全球经济持续下行，企业经营和生存压力巨大，尤其是战略性新兴产业企业研发投入大、投资周期长，面临着更严重的融资难、融资慢问题，亟须建立多条科技融资渠道。资金投入力度决定着战略性新兴产业迈开脚步的尺

度。当前战略性新兴产业集群尚处于建设的初始阶段，需要投入大量资金。政府应从长远角度出发，建设支撑战略性新兴产业集群长远发展的多元化融资体系。如成立新兴产业发展专项基金，为战略性新兴产业发展提供充足的研发资金和人才培养基金；加大信贷产品支持力度，引导银行用发展的眼光看待战略性新兴产业，推出有助于战略性新兴产业融资的信贷产品；拓宽金融资本市场，发挥债券市场职能；秉持开放理念，加强国际合作，加大国际招商引资力度；进一步完善税收体系，制定有利于战略性新兴产业集群发展的税收优惠政策。

（四）加强人才队伍建设，推动产学研协同发展

国以才立，政以才治，业以才兴。战略性新兴产业与传统产业不同，需要的不再是大批的体力劳动者，而是拥有高素质的脑力劳动者。战略性新兴产业的发展需要大量高层次人才，而产业集群可以通过产业集聚吸引更多人才聚集，人才聚集进一步推动产业集群提升。

产业集群应加大宣传力度，完善集群内企业的人才引进制度，如通过配偶安置、子女上学安排、住房减免福利等政策来吸引国内外高水平人才。为重要的外籍专家学者提供特殊优惠，如提供长期签证，允许其长期停留。同时，要创建良好的人才生活环境，保障人才的后续发展。总之，要综合考虑文化、生活习惯、教育等各个方面的因素，为集群中的各类人才创造无后顾之忧的生活环境。

加强企业与高校的密切合作，增强专业型人才的定向流动，推动产学研协同发展。破除集群内交流壁垒，确保创新要素和人才资源自由流动，营造开放程度高、各要素自由流通的集群环境。通过完善科技资源共享服务平台，建立健全高校、科研院所的科研设施和仪器设备等科技资源向企业开放的运行机制。

加强研究院所、新型研发组织、民营企业等交流合作，注重科研成果的市场化转换，加强产业集群与社会各界的产学研机构的合作，推进示范区开放实验室建设，利用社交化手段，推进成果转化、协同研发、设备共享、公共检测等方面供需资源的对接。

（五）优化集群产业结构，完善创新生态

我国国土范围较大，区域协调规划需对产业布局进行整体思考和配置，打破条块、区域分割，统筹功能布局，通过网络平台共享基础设施，以市场规律配置各类要素资源，以扶植战略性新兴产业和逐步淘汰产能落后产业，避免资源浪费，优化资源配置。战略性新兴产业集群内应根据区域战略性新兴产业发展状况，合理构建战略性新兴产业集群产业结构，实现产业价值链错位发展。

完善多种创新生态的驱动机制，深化科技体制改革。深化产学研合作机制，

与大学、科研院所共同建立开放性的科研合作机制，建立全球链接机制，打造海外人才、资本集聚的高地。建设战略性新兴产业集群要始终秉持高起点高标准规划，为建设未来世界级原始创新的承载区夯实基础。战略性新兴产业集群不仅是未来高尖端科学技术的创新高地，而且还是国际知识技术交流网络的重要据点，应积极营建产业创新生态圈，加大现代科技服务业引进力度，以专业化配套服务为科技型企业发展提供肥沃土壤。同时借鉴其他发达国家产业集群建设的成功模式，尝试建立碳排放考核指标体系和节能管理制度，推进企业兼并重组，提高产业集中度和企业竞争能力。

（六）打造区域品牌，提升国际化水平

注重区域创新体系的建设，加快传统园区向集群经济转变。在建设产业集群过程中，不考虑地区特色和资源环境，最终很难形成有竞争力的区域优势。只有统筹规划，依托自身地理和产业优势，才能形成分工有序、相互协作、各具特色的战略性新兴产业集群发展格局。

注重打造区域品牌。品牌建设是产业集群取得成功的关键。众多相对独立的企业以产业集群优势为依托，以地方特色为旗帜，共同塑造区域品牌。缺乏品牌优势就难以形成网状式集群，只能各自赶集式地摆地摊，不可能实现共赢。所以，应注重提升区域和产业集群国际知名度，提升产业集群国际化水平。

第四章 战略性新兴产业集群
知识协同机制研究

目前战略性新兴产业发展突出表现为产业规模持续壮大、龙头企业快速发展、新兴业态蓬勃发展、重点产业快速成长、集群优势日渐凸显。产业集群在既定和新的经济发展领域能发挥关键作用，有效实现集群管理是知识共享和协同创新的重要路径（Connell，Kriz and Thorpe，2014）。以技术为基础的战略性新兴产业集群作为新经济推进的关键载体和产物，其产业领域内的企业进行知识协同是提升创新能力和竞争优势的必然途径。本章结合战略性新兴产业知识属性，运用演化博弈论对企业知识协同行为展开研究。

第一节 战略性新兴产业集群知识协同行为分析

一、战略性新兴产业集群知识协同特征

知识协同在 2002 年被首次提出后，众多学者对知识协同概念、内涵及特征进行了界定，但尚未形成统一概念。Anklam（2002）指出知识协同企业以协同、协作、共享和合作创新为主题进行知识协同和交互，进行知识创新能够获得多主体、多目标的知识协同效应。徐少同和孟玺（2013）对知识协同内涵、要素和机制展开了研究。Nielsen（2005）认为知识是组织进化的决定因素，与知识相关能力的协同能够以增强知识创新的方式提升联盟中各主体的业务绩效水平。在战略性新兴产业集群协同创新过程中，知识扮演着十分重要的角色。由于地理位置邻近，集群行为主体间的知识溢出、共享和交互协同等知识活动比较频繁。贺新杰

等（2021）通过构建系统动力学模型，发现知识协同对集群企业创新绩效的提升具有积极的正向作用。战略性新兴产业集群作为创新集群的一种，其知识协同也表现出自身的一些特征，具体表现在以下四个方面：

（一）政府参与

战略性新兴产业代表未来技术和经济发展方向，关系到国民经济社会发展和国家产业安全，具有较高的战略地位，各国政府都重点扶持和培育战略性新兴产业发展。作为战略性新兴产业发展的有效模式，战略性新兴产业集群理应受到政府重视。政府在战略性新兴产业集群建立和发展过程中起着关键作用，战略性新兴产业集群强调由政府引导培育。政府引导和支持是战略性新兴产业顺利进行集群协同创新的重要保障，而知识协同又是集群协同创新的关键环节。因此，战略性新兴产业集群内的知识协同和协同创新需要政府引导，并且政府要为集群发展提供财政、金融政策和资金支持，促进集群内知识资源的合理流动和优化配置，强化协同创新参与者间的资源交换和信息流动（董津津等，2021）。

（二）知识主体多元化且互补性强

战略性新兴产业集群以战略性新兴产业为核心，由相关产业企业、高等院校、科研院所及辅助机构等主体共同构成。战略性新兴产业是新知识和新技术深度融合的新兴产业，高校和科研院所是集群知识创新主体，企业是集群知识协同的主要行动者。不同主体来自不同的产业或领域，集群中主体的知识都有不同的背景、内容和结构，知识资源属性差异较大，跨学科、跨产业、跨领域的知识较多，知识的复杂性和异质性程度较高。同时，集群行为主体之间的知识具有较强的互补性，这是知识协同的一个重要特征，也是战略性新兴产业集群行为主体间进行知识协同的基础。具有异质性和互补性的不同行为主体通过集群知识系统平台进行知识共享、知识协同等活动，共同实现战略性新兴产业集群协同创新，成为实现我国创新驱动发展战略的重要途径（高长元等，2021）。

（三）知识溢出和扩散效应明显

在集群内部，由于各主体地理上的邻近，集群的集聚效应和辐射作用使主体间合作更容易，各种新知识、新技术和新想法很容易在集群内各主体间转移、扩散，知识溢出效应明显。集群外知识主体也会积极和集群内主体协同互动，使集群内部知识向集群外部传播，容易吸引更多具有比较优势的知识资源主体和相关辅助性组织进入集群，从而提高集群主体的知识协同水平，进而提升集群协同创新能力，促进战略性新兴产业集群可持续发展。

（四）层次性和互动性

战略性新兴产业集群内不同层次的主体蕴藏着丰富的知识资源，包括不同层面的显性知识和隐性知识，具有较强的层次性和嵌入性。集群知识系统内的知识以产业链纵向、横向分工形式分布在各行为主体间，地理和组织的邻近使与战略性新兴产业发展相关的知识在集群内高度集聚（刘闲月、孙锐和林峰，2012）。集群中的知识、知识活动及其管理过程构成一个多层次、嵌入性的复杂知识系统。在集群知识系统中，互动性是战略性新兴产业集群知识协同的行为表现，知识协同中的协同关系本身就是一种知识互动关系。集群为各知识主体提供了很好的知识互动平台，战略性新兴产业企业、相关产业企业、高校和科研院所等行为主体以合作和共享理念，通过集群平台跨层互动，实现集群知识协同和协同创新，共同攻克战略性新兴产业的共性技术和关键核心技术。

二、战略性新兴产业集群知识协同过程

战略性新兴产业集群内部的知识协同主体主要包括"横向关联"的竞争企业、互补企业和"纵向关联"的上下游相关企业、科研院所、其他投资和中介机构，主体与集群其他机构的竞合关系是技术突破和协同绩效的来源。事实上，依据集群知识协同主体特征和主体间的关系可以将知识协同具体分为前期阶段中知识协同团队的形成；运行和成熟阶段中知识供需双方资源共享、对溢出知识不同程度的整理和吸收、知识产品和新技术知识的创造；终止阶段中知识协同团队的解体。知识治理是维护和促进知识协同的必要活动，知识协同过程具体如图4-1所示。

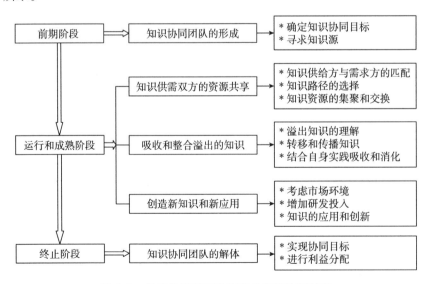

图4-1　战略性新兴产业集群的知识协同过程

（一）知识协同团队的形成

市场需求、技术突破需求与宏观政策等驱动战略性新兴产业集群知识协同的形成。新兴市场主体在衡量协同风险和收益条件下，选择成为知识协同团队成员，协同风险和收益条件具体表现为风险报酬率（风险收益/风险成本）大小。当比率越大时，知识协同能形成丰富的技术资源，从而提升规模经济效益和协同效应信度（胡园园、顾新和程强，2015）。知识协同组织形成后，主体通过分析目标来寻求相应的知识资源，并根据不同战略性新兴产业集群主体的知识资源明确其主要研究领域和知识活动。

（二）知识供需双方的资源共享

在战略性新兴产业集群知识协同中，知识复杂性要求主体将其知识库中的知识主动提供给需求方，避免集群静态劣势。主体间利用非正式交流将组织内部所拥有的显性和隐性知识补充到集群知识协同的共有知识库中，保障共享平台中知识资源的存量和多样性。随着交流合作次数增加，集群知识协同主体间有可能形成统一的集群文化，建立良好的合作关系，因此会降低以信息为支撑的知识共享的难度。但是，知识共享中知识供给方和知识需求方存在知识势差和相异的知识结构，这又会负向影响知识流动效率，加深知识路径依赖度（赵忠华，2013）。为避免集群劣势效应产生，在协同过程中，知识供给方在接受和处理知识需求方订单时需要更新和扩充战略性产业集群内外部知识资源，提高知识协同关系网络开放度，打破知识路径依赖。当知识需求方意识到自身资源不足时，应将知识需求及时分配给其他集群知识供给方，以降低知识共享和转移时间成本。

（三）吸收和整合溢出的知识

战略性新兴产业集群的知识需求方在理解异质性和隐秘性知识的基础上会结合自身实践吸收和整合所需知识。知识需求方通过对获取的知识进行理解和消化，并将其与旧知识融合以更新和重构现有的知识体系，为潜在新知识和新应用的产生创造了条件。由于知识势差因素，部分企业在吸收和转移知识的过程中协同能力低，可能难以识别不可编码化的复杂知识和技术知识，从而影响组织内部知识体系的更新。因此，集群个体应加强对知识型员工的引进和培养，提高自身知识资源深度和广度，更好地理解和吸收溢出的知识。

（四）创造新知识和新应用

创造新技术、新产品和新服务是集群协同创新的直接途径，是战略性新兴产业集群产业链中的重要环节。战略性新兴产业集群知识的复杂性和动态性表明知识创造同时满足"存量"和"过程"观点的属性（张晨，2018），表明在知识创造过程中，集群应结合动态的外部环境因素不断更新已有的知识体系，增加知识存量和提升知识质量。新知识是新技术和新产品创造的基础，同时新技术和新产品创造也会带来新知识，逐渐形成良性循环的增长过程。Smith 和 Clark（2005）提出知识基础、社会资本及文化氛围是决定知识创造能力的三个关键变量。因此在战略性新兴产业集群知识创造活动中，应完善利益补偿机制和惩罚机制，形成信任合作的集群文化。政府也应制定具体明确的知识产权法律制度，对知识专利和知识产品进行保护，营造有序严谨的产业集群环境。

（五）知识协同团队的解体

集群知识协同依据知识需求形成，一旦满足知识需求后知识协同团队可能会自动解散。若市场和政策在该阶段又产生新知识或技术需求，集群知识协同主体则可能会根据外部市场环境，评价已有战略性新兴产业集群知识协同的组织文化、知识产权体系、利益分配机制来重新进行知识协同。由于主体是在利益最大化条件下选择知识协同，因此在该阶段评价中利益机制是影响知识协同形成权重最大的因素。

三、战略性新兴产业集群知识协同演化博弈分析

演化博弈理论的基础是有限理性，并且引入模仿和学习等动态过程，各行为主体在动态调整过程中，最终达到稳定均衡。在战略性新兴产业集群知识协同过程中，集群行为主体具有有限理性，而且集群知识协同行为往往是多次重复进行，集群行为主体会对在知识协同过程中采用不同策略后所获得的收益进行分析和判断，当采用某种策略的收益与自己预期不符时，就会通过不断模仿、学习和调整来实现双赢或多赢。显然，战略性新兴产业集群的知识协同行为符合演化博弈思想。因此，可以运用演化博弈理论来分析战略性新兴产业集群主体的知识协同行为。

（一）模型假设

假设1：战略性新兴产业集群主体基于有限理性原则发生知识协同行为。在博弈过程中，由于信息不对称和知识复杂性，双方选择策略时会权衡风险损失和利益，不断重复和试错直到寻求到最优策略。

假设2：博弈双方分别为集群协同主体甲和主体乙，两者进行知识协同时付出的成本分别为 C_1K_1 和 C_2K_2，其中 C_1 和 C_2 是甲和乙的成本系数，K_1 和 K_2 是甲和乙所付出的知识量，且 $C_1>0$，$C_2>0$，$K_1>0$，$K_2>0$。

假设3：在战略性新兴产业集群知识协同过程中，行为主体甲、乙不进行任

何知识协同活动获得的正常收益为 S_1 和 S_2，行为主体甲、乙均选择知识协同策略获得的收益分别为 R_1K_1 和 R_2K_2，其中 R_1 和 R_2 是知识收益系数，且 $R_1>0$，$R_2>0$。

假设4：一方选择知识协同策略的基础是对另一方信任，信任有利于推动主体之间的合作协同以及维护组织结构的稳定。主体甲、乙在相互信任的基础上进行协同时所获得的收益为 $T_{12}R_1K_1$ 和 $T_{21}R_2K_2$，其中 T_{12} 和 T_{21} 为信任水平系数。

假设5：主体在集群知识协同过程中的吸收能力是新知识和新技术创造的关键，主体甲、乙通过对组织溢出知识的吸收扩散获得的额外收益为 G_1K_1 和 G_2K_2，其中 G_1 和 G_2 是主体的吸收能力系数，且 $G_1>0$，$G_2>0$。

假设6：战略性新兴产业集群知识协同的顺利进行需要管理机制约束，因此当一行为主体选择协同策略，另一行为主体如果选择不协同则会受到相应的惩罚，即在收益的基础上主体甲、乙分别支付 α_1 和 α_2 给对方（α_1 和 α_2 与各方所获得的收益大小相关）。

（二）模型构建

根据以上假设，我们可以构建出战略性新兴产业集群知识协同博弈模型的收益矩阵（见表4-1）。

表4-1　主体甲、乙的收益矩阵

主体乙 主体甲	协同		不协同	
协同	$M_{1甲}$	$M_{1乙}$	$M_{2甲}$	$M_{2乙}$
不协同	$M_{3甲}$	$M_{3乙}$	$M_{4甲}$	$M_{4乙}$

其中：

$M_{1甲}=S_1+T_{12}R_1K_1+G_1K_1-C_1K_1$

$M_{1乙}=S_2+T_{21}R_2K_2+G_2K_2-C_2K_2$

$M_{2甲}=S_1-C_1K_1+\alpha_2$

$M_{2乙}=S_2+G_2K_2-\alpha_2$

$M_{3甲}=S_1+G_1K_1-\alpha_1$

$M_{3乙}=S_2-C_2K_2+\alpha_1$

$M_{4甲}=S_1$

$M_{4乙}=S_2$

集群行为主体甲和主体乙的演化博弈结果包括四种：（协同，协同）、（不协同，不协同）、（协同，不协同）以及（不协同，协同）。假设集群行为主体甲和行为主体乙选择协同策略的概率分别为 x 和 y，则选择不协同策略的概率分别为 1−x 和 1−y，其中 0<x<1，0<y<1。特别指出，一般情况下战略性新兴产业集群知识协同中的主体是基于总收益大于总成本来选择协同策略，即 $R_1K_1-C_1K_1>0$，$R_2K_2-C_2K_2>0$。

（三）模型分析

集群行为主体甲进行协同和不协同的期望收益分别为 u_1 和 u_0，则：

$$u_1 = yM_{1甲} + （1-y）M_{2甲}$$

$$u_0 = yM_{3甲} + （1-y）M_{4甲}$$

集群行为主体乙进行协同和不协同的期望收益分别为 v_1 和 v_0，则：

$$v_1 = xM_{1乙} + （1-x）M_{3乙}$$

$$v_0 = xM_{2乙} + （1-x）M_{4乙}$$

集群行为主体甲和主体乙的平均期望收益分别为 $\bar{u}$ 和 $\bar{v}$：

$$\bar{u} = xu_1 + （1-x）u_0 = x\left[yM_{1甲} + （1-y）M_{2甲}\right] + （1-x）\left[yM_{3甲} + （1-y）M_{4甲}\right]$$

$$\bar{v} = yv_1 + （1-y）v_0 = y\left[xM_{1乙} + （1-x）M_{3乙}\right] + （1-y）\left[xM_{3乙} + （1-x）M_{4乙}\right]$$

根据演化博弈的复制动态公式可得到集群行为主体甲、乙的复制动态方程分别为：

$$\frac{dx}{dt} = x(u_1 - \bar{u})$$

$$= x(1-x)(u_1 - u_0) = x(1-x)\left[yM_{1甲} + （1-y）M_{2甲} - yM_{3甲} - （1-y）M_{4甲}\right]$$

$$= x(1-x)\left\{y\left[T_{12}R_1K_1 - （\alpha_2 - \alpha_1）\right] - C_1K_1 + \alpha_2\right\}$$

$$\frac{dy}{dt} = y(1-y)\left\{x\left[T_{21}R_2K_2 - （\alpha_1 - \alpha_2）\right] - C_2K_2 + \alpha_1\right\}$$

令 $F(x) = \frac{dx}{dt}$，$F(y) = \frac{dy}{dt}$，可以求得群体共有 5 个局部平衡点，分别为（0，0）、（1，0）、（0，1）、（1，1）、（P，Q）。其中：

$$P = \frac{（C_1K_1 - \alpha_2）}{T_{12}R_1K_1 - \alpha_2 + \alpha_1}$$

$$Q = \frac{（C_2K_2 - \alpha_1）}{T_{21}R_2K_2 - \alpha_1 + \alpha_2}$$

当 $F'(x) = 0$，$F'(y) = 0$，可以得到微分方程所得出的系数矩阵（雅可比矩阵）J 为：

$$\begin{bmatrix} (1-2x)\{y\,[T_{12}R_1K_1-(\alpha_2-\alpha_1)]-C_1K_1+\alpha_2\} & x\,(1-x)\,[T_{12}R_1K_1-(\alpha_2-\alpha_1)] \\ y\,(1-y)\,[T_{21}R_2K_2-(\alpha_1-\alpha_2)] & (1-2y)\{x\,[T_{21}R_2K_2-(\alpha_1-\alpha_2)]-C_2K_2+\alpha_1\} \end{bmatrix}$$

令 $N_1=C_1K_1-\alpha_2$，$N_2=C_2K_2-\alpha_1$，则：

$$P=\frac{N_1}{T_{12}R_1K_1-(\alpha_2-\alpha_1)}$$

$$Q=\frac{N_2}{T_{21}R_2K_2-(\alpha_1-\alpha_2)}$$

根据雅可比矩阵行列式的判别定理对平衡点的稳定性进行分析，结果具体如表4-2所示。

表4-2 平衡点稳定性分析

均衡点	$N_1<0$, $N_2<0$			$N_1>0$, $N_2>0$			$N_1>0$, $N_2<0$			$N_1<0$, $N_2>0$		
	detJ	trJ	稳定性分析	detJ	trJ	稳定性分析	detJ	trJ	稳定性分析	detJ	trJ	稳定性分析
E_1 (0, 0)	+	+	不稳定	+	−	ESS	−	N	不稳定	−	N	不稳定
E_2 (1, 0)	−	N	不稳定	+	+	不稳定	+	+	不稳定	−	N	不稳定
E_3 (0, 1)	−	N	不稳定	+	+	不稳定	−	N	不稳定	+	+	不稳定
E_4 (1, 1)	+	−	ESS	+	−	ESS	+	−	ESS	+	−	ESS
E_5 (P, Q)	−	0	鞍点									

注：N表示不确定。

由表4-2可得，系统有5个局部平衡点，其中E_1(0, 0)和E_4(1, 1)为演化稳定策略（ESS）。当$N_1>0$，$N_2>0$时，即$C_1K_1>\alpha_1$和$C_2K_2>\alpha_2$，不参与知识协同的集群行为主体无法弥补参与知识协同行为主体所付出的成本，此时可能均会选择不协同策略。不论N_1和N_2取何值，E_4(1, 1)均为ESS，说明随着时间的推移和博弈次数的增加，战略性新兴产业集群知识协同行为主体均会选择协同策略作为ESS。集群行为主体演化的相位图如图4-2所示。

从图4-2可知，在战略性新兴产业集群知识协同演化博弈过程中，E_1和E_4均为局部稳定点，E_2和E_3均为局部不稳定的出发点，E_5为鞍点。当初始状态落在$E_1E_2E_3E_5$时，系统逐渐收敛于E_1(0, 0)，即当行为主体一方选择参与集群知识协同的概率较小，另一方会选择不参与集群知识协同时，就会导致战略性新兴产业集群知识协同行为无法发生，集群行为主体的演化稳定策略是（不协同，不协同）；而当初始状态落在区域$E_2E_3E_4E_5$时，系统逐渐收敛于E_4(1, 1)，即当行为主体一方选择协同策略的概率比较大时，如果另一方认为选择参加协同策略

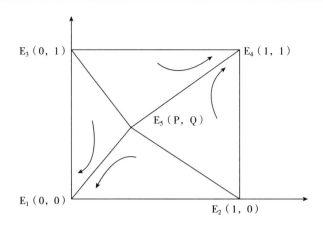

图 4-2 集群行为主体演化相位图

获得的收益大于不参加知识协同所获得的收益，战略性新兴产业集群知识协同中行为主体的演化稳定策略是（协同，协同）。集群行为主体在 E_1 和 E_4 当中选择哪种策略，主要取决于鞍点的位置，具体根据区域 $E_1E_2E_3E_5$ 和区域 $E_2E_3E_4E_5$ 的面积大小来判定，若 $S(E_1E_2E_3E_5)>S(E_2E_3E_4E_5)$，那么行为主体选择不协同策略的概率大于选择协同策略的概率；若 $S(E_1E_2E_3E_5)<S(E_2E_3E_4E_5)$，那么行为主体选择不协同策略的概率小于选择协同策略的概率。

通过对 $S(E_2E_3E_4E_5)$ 的大小和局部平衡稳定性进行分析，可得到以下结论（其中，$S(E_2E_3E_4E_5)=1-\dfrac{P+Q}{2}=1-\dfrac{1}{2}\left[\dfrac{C_1K_1-\alpha_2}{T_{12}R_1K_1-\alpha_2+\alpha_1}+\dfrac{C_2K_2-\alpha_1}{T_{21}R_2K_2-\alpha_1+\alpha_2}\right]$）。

结论 1：不论 N_1 和 N_2 取何值，（协同，协同）都是战略性新兴产业集群主体双方的演化稳定策略（ESS），但不是唯一的 ESS。

由相位图以及局部稳定性分析可知，当局部平衡点为 $E_4(1,1)$ 时，矩阵 J 为：

$$\begin{bmatrix} -(T_{12}R_1K_1-C_1K_1+\alpha_1) & 0 \\ 0 & -(T_{21}R_2K_2-C_2K_2+\alpha_2) \end{bmatrix}$$

在战略性新兴产业集群知识协同演化博弈中，如果集群行为主体双方选择参与知识协同获得的收益大于付出的成本时，双方均会选择参与集群知识协同策略。此时，$T_{21}R_2K_2>C_2K_2$，$\alpha_2>0$，矩阵的迹 $trJ<0$，$detJ>0$，说明 $E_4(1,1)$ 始终为 ESS，但不是唯一的 ESS。当 $N_1>0$，$N_2>0$，不参与知识协同的集群行为主体无法弥补参与知识协同行为主体所付出的成本，在博弈中主体为避免收益为负可能均会选择不协同策略作为 ESS，上述也说明了在不同的博弈环境下，主体的协同策略并不是唯一的 ESS。

结论 2：战略性新兴产业集群行为主体自身吸收能力的增强对集群行为主体在博弈中选择协同策略的概率没有显著影响。

$S(E_2E_3E_4E_5)$ 的公式中不含有吸收能力系数 G_1 和 G_2，战略性新兴产业集群主体对溢出知识的吸收是知识创造和应用的关键因素，当主体自身吸收能力变强时，知识需求方能寻求到最直接的转移路径并结合自身实际有效吸收和应用知识供给方提供的异质性知识。一方面，主体吸收溢出知识会获得投机收益，考虑到不需要付出知识量即可获得投机收益，会降低选择知识协同策略的概率。另一方面，吸收能力的增强使战略性新兴产业集群知识协同中的主体在获得一定协同收益的同时，还能获得知识溢出的额外收益，为维护战略性新兴产业集群的合作伙伴关系和获得最终协同利益，战略性新兴产业集群协同主体会选择知识协同策略。上述说明知识吸收能力水平能提高集群行为主体的知识量，但不会显著影响战略性新兴产业集群主体对知识协同策略的选择。

结论 3：随着信任水平系数的增加，即集群行为主体之间信任度的增加，行为主体在判断对方能否弥补自身参与知识协同所付出的成本的条件下，选择是否参与战略性新兴产业集群知识协同。

通过对 $S(E_2E_3E_4E_5)$ 求导可得：

$$\frac{\partial S\ (E_2E_3E_4E_5)}{\partial S\ (T_{12})}=\frac{1}{2}\frac{(C_1K_1-\alpha_2)\ R_1K_1}{(T_{12}R_1K_1-\alpha_2+\alpha_1)^2} \tag{4-1}$$

$$\frac{\partial S\ (E_2E_3E_4E_5)}{\partial S\ (T_{21})}=\frac{1}{2}\frac{(C_2K_2-\alpha_1)\ R_2K_2}{(T_{21}R_2K_2-\alpha_1+\alpha_2)^2} \tag{4-2}$$

式（4-1）和式（4-2）的正负取决于 $N_1=C_1K_1-\alpha_2$ 和 $N_2=C_2K_2-\alpha_1$，只有当 $N_1>0$ 或 $N_2>0$ 时，$S(E_2E_3E_4E_5)$ 才是 T_{21} 和 T_{12} 的单调增函数，此时随着信任系数的增加，$E_4(1,1)$ 为 ESS 的概率增大。所以，战略性新兴产业集群知识协同主体间形成伙伴关系，将弱联结关系转换成强联结关系，推动集群知识共享，提高行为主体参与战略性新兴产业集群知识协同的积极性。

结论 4：在战略性新兴产业集群知识协同过程中，当集群行为主体认为选择不参与知识协同时所获得的投机收益小于付出的成本时，行为主体参与知识协同的概率就会比较大。

通过对 $S(E_2E_3E_4E_5)$ 求导可得：

$$\frac{\partial S\ (E_2E_3E_4E_5)}{\partial S\ (\alpha_2)}=\frac{1}{2}\left[\frac{(C_2K_2-\alpha_1)}{(T_{21}R_2K_2-\alpha_1+\alpha_2)^2}+\frac{T_{12}R_1K_1-C_1K_1+\alpha_1}{(T_{12}R_1K_1-\alpha_2+\alpha_1)^2}\right] \tag{4-3}$$

$$\frac{\partial S\ (E_2E_3E_4E_5)}{\partial S\ (\alpha_1)}=\frac{1}{2}\left[\frac{(C_1K_1-\alpha_2)}{(T_{12}R_1K_1-\alpha_2+\alpha_1)^2}+\frac{T_{21}R_2K_2-C_2K_2+\alpha_2}{(T_{21}R_2K_2-\alpha_1+\alpha_2)^2}\right] \tag{4-4}$$

集群行为主体是基于协同收益大于付出成本的理性原则选择策略，即 $T_{21}R_2K_2-C_2K_2+\alpha_2>0$，$T_{12}R_1K_1-C_1K_1+\alpha_1>0$。式（4-3）和式（4-4）表明 α_1 和 α_2 与 $S(E_2E_3E_4E_5)$ 的单调递增或者递减取决于 N_1 和 N_2 的符号。主体决定放弃不参与知识协同策略的前提是预测采取不协同策略获得的投机收益小于接受惩罚付出的成本，否则为了获得投机收益，战略性新兴产业集群行为主体在对协同方付出一定补偿的基础上仍会选择不参与协同策略。为避免战略性新兴产业集群知识协同的行为主体采取机会主义行为，需要结合激励机制、惩罚机制和利益分配机制共同作用，一方面对参与战略性新兴产业集群知识协同的行为主体给予一定的补偿和激励，另一方面对不参与知识协同的行为主体进行相应的惩罚。

第二节 战略性新兴产业集群知识协同绩效实证研究

随着产业集群过程中知识缄默性和复杂性的增加，知识协同成为企业间优势互补的重要途径。基于技术发展的战略性新兴产业企业通过运用外部知识发展模式，以灵活的方式学习和整合不同合作伙伴的知识资源，来弥补由于自身知识能力有限造成的内部知识发展不足，能够有效降低其知识创新成本和风险（Samue et al.，2017）。Connell、Krlz 和 Thorpe（2014）的研究表明，在产业集群协同创新过程中，主体间知识共享和学习有利于战略性新兴产业企业调整原有的知识结构体系，从而改革自身技术发展模式和产品创造模式。我国战略性新兴产业企业多以中小型规模为主，政府应积极引导和推动企业交流沟通和协同实践，从而实现技术互补、整合（Vrgovic et al.，2012）。然而近年来由于主体间缺乏协调、要素不足、外部环境复杂，战略性新兴产业知识协同绩效低下。因此，有必要研究产业集群知识协同绩效的作用变量，形成高质量协同组织和技术创新模式。本节在现有文献成果的基础上，以节能环保产业、新能源产业、新能源汽车产业、新材料产业等不同类型的战略性新兴产业企业为研究对象进行实证分析，探讨影响集群知识协同绩效的因素，借此拓展相关研究。

一、研究假设

（一）协同意愿与知识协同绩效

战略性新兴产业是具有高投入和高风险的知识密集型产业，其知识资源复杂性和隐秘性要求企业间必须紧密联系和深入合作，才能实现知识增值。集群企业作为直接参与主体，其协同意愿是实现知识协同绩效的重要指标。协同意愿即各协同创新主体积极参与外部活动、寻求外部资源和合作伙伴的意愿，表现为各主体的开放程度（李云梅和乔梦雪，2015）。Fontana、Geuna 和 Matt（2006）认为协同意愿包括自愿向外界披露并交换知识技术、积极参与外部活动、积极从外部获取知识三个方面，并认为协同意愿能够促进协同创新成果转化。企业是营利性的市场主体，当协同创新获得的集体利益高于独立创新的个人利益时，其协同意愿会显著增加。协同过程中实现资源和能力互补是主体愿意知识协同的首要条件（Doz，1988；王月平，2010）。基于信任和承诺，集群企业在协同实践过程中形成趋同的价值观、制度规范和行为意识，从而提升协同意愿。Valtakoski 和 Järvi（2016）通过分析知识密集型的战略性新兴产业企业案例，指出主体间的信任程度与知识共享和协同程度呈正向影响，而主体间形成的目标一致性是主体在协同活动中信任系数提高的重要因素。因此，目标认同、知识势差和信任程度等因素影响着集群企业的协同意愿。基于此，笔者提出以下假设。

H4-1：集群企业参与知识协同的意愿对知识协同绩效有显著正向影响。

（二）知识属性与知识协同绩效

Martín-de（2015）指出，技术性和市场知识是战略性新兴产业企业形成持续性竞争和技术创新优势的关键因素，企业应依靠外部关系和协同网络来补充其知识。在知识协同过程中，不同属性的技术知识和市场知识对协同主体技术学习、联系建立、信息传递具有一定影响。以不同规则划分的知识属性会存在相异式样和特征，知识基础观认为应基于信息资源拥有量对主体市场创新能力和运营能力的影响来划分（Victer，2014）。Faccin 和 Balestrin（2018）指出，在协同实践过程中，不同周期阶段的知识创造战略应结合集群协同系统内部的显性、隐性知识和自身知识库存进行合理制定。其中，隐性知识是企业获得突破性创新绩效优势的重要影响因素，其决定了新应用和新产品的技术创新程度。隐性知识难以用文字资料、报表、图片等有形形式表达，会反作用于知识扩散和吸收效率。一旦共享了隐性知识，尤其是处于知识劣势的集群企业，彼此间的协同系数和信任程度会大幅度增加，进而又反作用于隐性知识共享。

互补性知识是企业进行知识共享和创造的必要前提，受知识异质性和关联性共同影响。Narasimha（2001）强调知识异质性使组织成员为获得潜在学习机会和打破思维定式进行知识协同。Malerba 等（2013）和 Lin 等（2016）等提出知识异质性与协同创新绩效呈倒"U"型变动，其中主要是知识内容、知识创造过程和掌握知识主体的差异三个维度影响协同绩效变动，促使主体间增加知识流动和知识溢出，减少了重要技术遗漏。企业内部知识和外部知识的异质性对协同创新绩效都具有乘法效应，其中前者呈非曲线变动。Ye、Hao 和 Patel（2016）认为企业内部知识能促进企业在知识协同过程中更好地对外部知识进行吸收和整合，应综合内外部知识异质性的共同影响，达到协同绩效最大化。多样化知识资源使集群企业打破原有思维惯性，产生新知识和新思想。然而，知识异质性对协同绩效的正向影响是有区间的，若处于区间之外即知识相异过大，会降低集群企业协同意愿和热情，阻碍知识转移和创新，因此要求协同共享知识必须具备一定关联性。易加斌和张曦（2013）将知识关联性的测量维度划分为主体信息资源拥有量、内部信息结构、信息体系的内在联系水平。相似结构和体系对知识转移效果存在显著影响，在知识吸收、学习环节，知识内在的关联性也会使企业对外部扩散的知识易于理解与消化。基于此，笔者提出以下假设。

H4-2：知识属性对知识协同绩效有显著正向影响。

（三）协同能力与知识协同绩效

战略性新兴产业是跨学科和跨组织产业，其知识资源隐秘性、异质性、关联性等要求企业具备一定协同能力，获得知识溢出效应。组织学习理论提出企业知识能力涵盖转移、吸收、消化外部知识。开放式创新理论指出，集群企业知识协同能力能有效配置溢出外部知识，达到突破性协同效应。知识管理理论认为，企业协同能力包括共享、整合与创造。侯光文和薛惠锋（2017）指出，企业之间交流和互动可以实现技术互补、整合，获取丰富的外部资源，促使企业提升技术和改进观念，冲击企业内部已有的知识结构体系。

在技术经济时代，企业发展所需要的关键策略性要素已经无法从组织中获取，需要从外部识别和吸收。Pertusa-Ortega（2010）强调，企业不仅需要管理和利用现有知识，更需要不断吸取新知识、新技术进行生产实践。其中，知识获取路径的多样化与企业知识吸收率呈正相关（Nieto and Quevedo，2015）。随着外部参与主体与知识资源多样化，集群主体信息量和信息结构显著改善，降低了知识扩散成本。De Noni、Ganzaroli 和 Orsi（2017）指出，区域内和区域间战略性新兴产业合作在提高知识创造效率方面发挥了关键性作用，尤其是对于具有较高知识吸收能力和知识多元化程度较深的企业，合作使它们能充分学习和掌控主体间的合作知识和外部市场环境信息。

集群企业在吸收互补性知识后需融合组织内自有知识，完备现有知识结构体系，创造出新产品和新应用。在这一环节，主体的知识整理消化能力起了关键性作用。主流观点认为，企业在吸收知识后应该将外部知识和自有知识融合、重构，打破原有"知识惯性"，形成完备的知识结构。蔡猷花等（2013）指出知识整合和增值过程一般由外部知识整合和内部知识整合两个环节构成，是实现协同绩效的重要途径。蔡猷花等（2013）、魏江和徐蕾（2014）认为，外部知识整合主要是集群企业在理解和掌握溢出的分散、无序的知识的基础上进行整合，从而获得产品开发所需知识。Tsai 和 Hsu（2014）通过对某区域的知识生产力进行实证研究，得出知识整合机制在外部竞争对协同绩效的负向影响中起中介作用，完善知识整合机制能使企业在竞争激烈的市场环境中快速获得产品、技术信息，生产出符合市场技术需求的产物。

知识创造是主体实现技术创新和协同绩效的必要环节，其过程好坏自然会作用于个体知识及能力的增长，而个体对其知识能力增长的满意度会进一步影响知识创造积极性（李民，2009）。知识管理相关文献认为，知识创造与个体及其企业所处的环境、拥有的知识及创造性密不可分，是企业创造性的综合体现（吴翠花等，2011）。集群企业只有利用外部知识开发出有价值的新知识才能产生绩效，而不能局限于简单加工和应用知识。基于此，笔者提出以下假设。

H4-3：协同能力对知识协同绩效有显著正向影响。

H4-3a：知识吸收能力对知识协同绩效有显著正向影响。

H4-3b：知识整合能力对知识协同绩效有显著正向影响。

H4-3c：知识创造能力对知识协同绩效有显著正向影响。

（四）环境因素与知识协同绩效

战略性新兴产业企业获得知识协同绩效既要构建以技术资源和创新资源为主的知识库，又要考虑知识库与外部环境的匹配性，其中环境变化速率和不稳定性会直接影响协同目标实现的时效性和实用性。Stephen 在《管理学》一书中指出，组织外部环境（经济、人口、技术、社会文化、政治法律等方面）对组织发展构成约束，外部环境出现扰动因素时，企业知识协同行为必然会受到影响。Lee 等（2007）研究了知识协同组织的技术突破和协同环境问题，提出组织技术突破模式中协同环境大致由市场、技术、政策三部分构成。动态技术环境下，企业常常难以预测变动的产业和消费需求，从而对组织协同活动造成较大影响。环境因素改变，主体技术集成创新活动继而变动，并呈现杂乱无序的情形。即使企业为满足市场中人们当前或预期的需求不断开发新产品，然而这一行为又会反作用于环境，在一定程度上使环境更加不确定（Vyas et al.，2010）。Pentafronimos、Karantjias 和 Polemi（2012）提出，外部环境的复杂性会影响协同过程中的技术知识和市场信息，包括加快技术创新和升级、缩短技术开发到实践应用的周期等。Ngar-Yin 等（2014）在对三个区域新能源集群模型进行研究中发现，技术创新会减弱环境的负向作用，但企业在市场实践中需要增加较多的研究资本，使企业在市场活动中并不具有经济效益上的优势，无法获得协同创新的经济补偿。基于此，笔者提出以下假设。

H4：环境因素对知识协同绩效有显著负向影响。

（五）集群关系网络的中介作用

产业集群通过集聚具有关联性的企业构成不断进化的协同创新网络（解学梅和徐茂元，2014）。集群网络的关系联结度是新产品获得技术含量和附加值的根本因素，联结度越高表明协同主体的关系紧密度越高，集群企业对互补性知识资源的可获得性越强。对于强势企业而言，良好的关系会使其主动传递和分享有价值的资源，而对于弱势企业而言，以信任为基础的关系网络会正向影响资源的扩散和转移，尤其是隐性的异质、战略性资源，能满足其对知识和技术的需求。为应对激烈的市场竞争和技术需求，集群企业在协同网络中应该不断强化内部关系，彼此通力协作，协同实践，以促使集群优势的全面发挥（Belsomartínez et al.，2016）。Anderson 和 Hardwick（2017）认为，在协同开放式创新的成熟和后期阶段，技术性知识网络化和社会化依赖于参与主体本身的知识能力、知识资源以及相互之间的信任。关系联结度的高低是建立在知识共享基础上的，战略性新兴产业企业是有限的经济理性人，基于自身利益和知识保护会产生不协同行为，因此需要具有相对较大优势的龙头企业（或谓核心企业、领导企业、焦点企业）进行协调、沟通和管理。和具有明显优势的龙头企业进行知识协同，包括技术投入和其他要素成本的摊派以及效益的分配，是企业在知识协同中实现双赢的关键方式（Freitas and Marques，2013）。网络中心度是指协同网络中龙头企业的资源丰富程度和对其他协同伙伴的控制力，该值越高表明龙头企业对知识不协同行为的约束性越强，更有利于协同机制的运行和稳定，而网络关系的稳定是联盟绩效的重要保障。Haruo（2008）也提出知识协同网络能长期实现互惠和共赢依赖于战略性新兴产业企业间的关系质量，其关系质量与从网络中获得协同和技术信息的效率成正比。随着产业集群协同阶段的深入，参与主体对集群内部关系的认同和锁定愈发明显，更加依赖于内部协同主体和强联结关系主体，容易习惯放弃市场外部优越信息，影响企业开放式创新实践。Chunlei 等（2014）探究了知识网络、协同网络两个维度对创新网络绩效的影响，指出协同网络中主体通过学习外部市场中的知识能提高协同创新绩效，但只有较为优势的知识主体存在该知识创新行为，而其他主体由于路径依赖和协同创新的固有模式并未进行。因此在创新活动日益开放的背景下，产业集群协同机制需要优化内部的协同要素，根据市场需求和技术发展需求提高关系网络的开放度，不断引进新的知识主体和创新性资源，以此适应技术的进步和动态的环境变化。战略性新兴产业集群在外部更大的市场中对不断更新的知识资源的追求是集群成功和持续发展的关键（Vanhaverbeke et al.，2010）。基于此，笔者提出以下假设。

H4-5：协同意愿、协同能力、知识属性、环境因素对集群关系网络有显著影响。

H4-5a：协同意愿对集群关系网络具有显著的正向影响。

H4-5b：协同能力对集群关系网络具有显著的正向影响。

H4-5c：知识属性对集群关系网络具有显著的正向影响。

H4-5d：环境因素对集群关系网络具有显著的正向影响。

（六）集群关系网络与知识协同绩效

知识协同绩效的高低是由集群关系网络的联结度、中心度、开放性和稳定性共同决定的。其中，网络的联结度是指集群关系的紧密程度，主要是与主体间知识共享的程度和协同合作的频率有关，而协同合作行为是基于主体间的信任和承诺发生的。由于企业认为自身无法获取、吸收和理解集群内部的共享知识，对其他参与知识协同的主体产生不信任，从而限制知识协同行为的发生。反之，当主体意识到通过知识协同能获得具有高价值的信息数据，且认为自身拥有一定程度的知识能力时会参与知识协同。一般而言，集群知识协同中具有核心资源和高研发能力的主导企业往往是其他参与主体进行知识共享和知识学习的对象，主导企业的协同行为能协调主体间因利益目标矛盾导致的独立创新行为，提高其他协同主体的合作意愿，更有利于协同机制的持续运行。协同机制的稳定是由内外部环境共同决定的，只有当主体适应难以预测的市场技术环境和社会环境时，才能减少新应用风险，避免降低竞争能力。综上所述，战略性新兴产业集群知识协同中企业间的协同意愿和能力、知识属性、外部环境等因素会影响集群内部信任、共享文化的形成以及企业进行知识管理和开放式创新的实践，从而影响关系集群网络各个维度和知识协同绩效。基于此，笔者提出以下假设。

H4-6：集群关系网络对知识协同绩效具有显著的正向作用。

H4-7：集群关系网络在各影响因素对知识协同绩效作用过程中存在中介作用。

H4-7a：集群关系网络在协同意愿对知识协同绩效作用过程中存在中介作用。

H4-7b：集群关系网络在知识属性对知识协同绩效作用过程中存在中介作用。

H4-7c：集群关系网络在协同能力对知识协同绩效作用过程中存在中介作用。

H4-7d：集群关系网络在环境因素对知识协同绩效作用过程中存在中介作用。

二、研究设计

（一）模型构建

基于上述关于知识协同绩效影响因素作用特征的分析，本书以战略性新兴产业中的节能环保、新能源、新能源汽车和新材料等产业的企业为研究对象，在充分借鉴国内外研究成果的基础上，结合战略性新兴产业的属性特征，分析战略性新兴产业特有的知识属性和知识协同特征，构建集群关系网络知识协同绩效影响概念模型（见图4-3），探究协同意愿、协同能力、知识属性、环境因素和集群关系网络对知识协同绩效的作用机理。

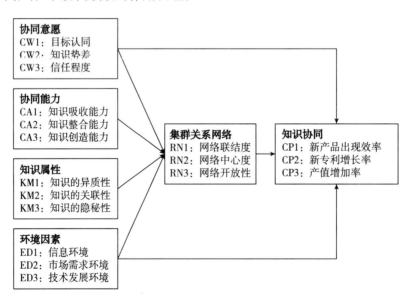

图4-3　战略性新兴产业集群知识协同的影响因素理论模型

（二）变量测量

为确保本测量问项的信度、效度，基于对已有学术研究的分析和对成熟量表的借鉴，并结合产业知识属性不断修正得到的涉及知识协同意愿、协同能力、知识属性、环境因素与集群关系网络的量表。如表4-3所示。

表4-3　知识协同影响变量的测量

研究变量	测量指标	操作变量	变量描述	主要文献来源
协同意愿	目标认同	CW1	明确协同目标，以集体利益为主	王月平（2010）
	知识势差	CW2	不同主体自有的知识量相异程度	Vaaland（2004）
	信任程度	CW3	对其他协同主体信任并持合作态度	程跃（2017）等
协同能力	知识吸收能力	CA1	有效识别和获取组织内部扩散的知识	游达明（2014）
	知识整合能力	CA2	消化、联结、重新组合分散的知识	张健（2017）
	知识创造能力	CA3	利用既有知识和能力创造出新知识和新应用	Mariano等（2017）
知识属性	知识的关联性	KM1	主体间相异的知识模块互补、相关的程度	郭京京（2013）
	知识的异质性	KM2	知识技能、经验、类型等与协同伙伴的差异程度	Mciver（2016）
	知识的隐秘性	KM3	从组织内部所获取的知识难以编码化、理解和掌握	Ragna（2008）等
环境因素	信息环境	ED1	与主体相关信息及特定信息交流活动的影响因素变动	熊肖雷（2017）
	市场需求环境	ED2	市场需求难以预测和变动的程度	张庆华（2014）
	技术发展环境	ED3	外部环境中与主体相关的科技要素的变化程度	佟泽华（2017）等
集群关系网络	网络联结度	RN1	集群知识协同主体间合作互动的关系及紧密程度	解学梅（2014）
	网络中心度	RN2	主导企业的知识丰富程度和控制协同伙伴相联系的程度	戴勇（2018）
	网络开放性	RN3	网络成员的多样性、关系的变动性，以及社会知识的吸收程度	Hazır等（2018）
知识协同绩效	新产品出现效率	CP1	产生新知识和新应用所用周期	Tsai（2012）
	新专利增长率	CP2	新专利和科技成果数量	张骁（2016）
	产值增加率	CP3	新知识新技术应用后主体增加的总产值	杨皎平（2015）

先在某个具体企业试填问卷，对收集的数据进汇总、整理、评估，为达到信度和效度标准，根据数据结果修改测量问项，问卷主要涉及企业规模、成立年限、性质等公司概况，填卷人的工作类型和学历以及协同意愿、协同能力、知识属性、环境因素和集群关系网络对知识协同绩效影响的5级Likert量表问题。本节运用Likert 5级量表设计问卷，其中1~5分别表示非常不同意到非常同意，1=非常不同意，5=非常同意。

（三）数据收集

笔者对江西省南昌市、山东省、广东省茂名市等区域的战略性新兴产业企业进行调研，主要涉及节能环保、新能源、新能源汽车和新材料等产业。笔者在部分区域进行实地调研和访谈，并现场发放、回收问卷，对于山东省、广东省茂名市的战略性新兴产业企业则通过电子邮件形式进行问卷调查。问卷总共发放350份，收回301份，有效问卷为280份，回收率达93.02%。具体数据统计如表4-4所示。

表4-4　样本组织类型分布

维度	子指标	数量	百分比（%）	维度	子指标	数量	百分比（%）
公司成立年限	5年以下	63	22.5	调研人员工作类型	市场销售	53	18.93
	5~10年	52	18.57		技术研发	68	24.29
	10~15年	114	40.71		生产设计	45	16.07
	15年以上	51	18.21		管理工作	114	40.71
企业类型	节能坏保	83	29.64	企业相对规模	大规模	74	26.43
	新材料	45	16.07		中等规模	157	56.07
	新能源	59	21.07		小规模	49	17.5
	新能源汽车	50	17.86	调研人员教育背景	专科及以下	63	22.5
	生物医疗	21	7.5		本科	116	41.43
	高端装备制造	14	5		硕士及以上	101	36.07
	新一代信息技术	8	2.86				

注：企业相对规模是指该公司与其他同等主体相比的规模。

从表4-4可知，调研企业的成立年限集中在10~15年，而大于15年的战略性新兴产业企业只占18.21%，说明调研对象在知识经济时代下处于发展时期，具有较大的研究价值。调研企业中调研人员的工作类型集中分布在管理领域（40.71%），较为熟悉产业的发展现状、企业的整体运作和知识协同过程，提供的数据和信息更可信，具有代表性。从教育背景来看，由于所调研主体是知识密集型企业，所以内部员工大部分拥有本科及硕士学历（占比分别是 41.43% 和 36.07%），其提供信息保证了数据信度与效度，同时调查企业类型多样化也保证了调查的信度和效度。总体而言，调查样本都较好地反映了知识协同绩效机制。

（四）信度与效度检验

信度与效度是衡量问卷数据是否合格的第一标准。信度是指测验结果的一致性和可靠性，效度即有效性，是指测量手段能准确预测出所需测量事物的程度，测量结果反映所研究的内容，吻合度越高则效度越高，反之，则效度越低。信效度检验结果如表 4-5 和表 4-6 所示。

表 4-5 样本数据总体信效度检验结果

变量	Cronbach's α	KMO 值	Barlett	显著性
整体	0.906	0.901	2446.455	0.000
协同意愿	0.733			
协同能力	0.701			
知识属性	0.727	0.894	1258.694	0.000
环境因素	0.753			
集群关系网络	0.731	0.744	316.438	0.000
知识协同绩效	0.819	0.703	304.117	0.000

从表 4-5 可以看出，样本整体的 Cronbach's α 值达到 0.906，表明样本数据具有较高的一贯性、再现和稳定性。通过对二级指标的信度测验结果进行分析，所有解释变量、中介变量、被解释变量的 Cronbach's α 值都大于 0.7，说明所有二级指标的测验结果信度较好。通过对变量测度，发现整体和各影响因素的 KMO 值均大于 0.7，说明可以进行探索性因子分析。同时表 4-6 表明各个变量的因子载荷均超过 0.6，表示问卷结构效度较优。

表 4-6 各变量的成分矩阵

潜变量	题项	成分					
		1	2	3	4	5	6
1. 协同意愿	CW1	0.797					
	CW2	0.759					
	CW3	0.672					

续表

潜变量	题项	成分					
		1	2	3	4	5	6
2. 协同能力	CA1		0.638				
	CA2		0.625				
	CA3		0.701				
3. 知识属性	KM1			0.692			
	KM2			0.645			
	KM3			0.650			
4. 环境因素	ED1				0.727		
	ED2				0.778		
	ED3				0.725		
5. 集群关系网络	RN1					0.797	
	RN2					0.783	
	RN3					0.648	
6. 知识协同绩效	CP1						0.811
	CP2						0.803
	CP3						0.782

三、研究结果及评价

结合上述构建的测量维度表、绩效影响因素概念模型等，利用数据处理工具对各个影响因素与被解释变量进行相关性和多元线性回归分析。

（一）相关性分析

相关分析是指两个测量变量之间关联程度的分析，一般以 Pearson 相关系数表示。表 4-7 的结果表明，协同意愿、协同能力、知识属性、环境因素、集群关系网络与知识协同绩效均存在显著的相关关系。

表 4-7　变量间的描述性统计与 Pearson 相关系数

变量	均值	标准差	1	2	3	4	5	6
1. 协同意愿	4.0607	0.87163	1					
2. 协同能力	3.8107	0.96714	0.294**	1				
3. 知识属性	3.9714	0.92704	0.432**	0.278**	1			

续表

变量	均值	标准差	1	2	3	4	5	6
4. 环境因素	4.1893	0.84871	0.367**	0.306**	0.380**	1		
5. 集群关系网络	3.9500	0.87437	0.281**	0.294**	0.325**	0.312**	1	
6. 知识协同绩效	3.6036	1.12163	0.237**	0.406**	0.299**	0.177**	0.309**	1

注：***、**、*表示分别在0.1%、1%、5%水平上显著。

（二）以集群关系网络为中介变量的多元线性回归分析

以集群关系网络为中介变量的回归可分为三个部分：①测量解释变量与被解释变量的关系，显示显著。②测量解释变量与中介变量的关系，显示显著。③对解释变量和中介变量进行多元线性回归分析，测量其与因变量的关系。若解释变量与被解释变量的关系值比①测量的小且不显著，说明假设完全成立，显著关系是部分成立，中介变量与被解释变量关系应是显著相关。

1. 协同意愿、协同能力、知识属性、环境因素对知识协同绩效的影响

以协同意愿、协同能力、知识属性、环境因素为解释变量，知识协同绩效为被解释变量进行多元线性回归分析。表4-8表明，回归方程F值为17.835（P<0.001），回归方程显著，其协同能力（β=0.397，P<0.001）的影响最为显著，其次为知识属性（β=0.223，P<0.001），较低的是协同意愿（β=0.183，P<0.001）。数据表明，协同能力、协同意愿、知识属性对知识协同绩效具有显著正向作用，由此H4-1、H4-2、H4-3得到验证。环境因素（β=-0.029）对知识协同绩效具有负向影响但不显著，说明企业在知识协同过程中受到市场环境、技术环境、政策环境较高变动程度的影响，会难以预测不断变动的市场需求，也难以以同等或较高效率增加和匹配在与其他参与主体知识协同过程中所需要的知识资源，降低协同绩效。但由于企业实现突破性产品创新需要一定周期，特别是高端技术和先进的信息产品，此时外部环境因素可能不会直接影响这一特定时期的预期协同目标和知识需求，不会对企业内部的技术研发投入和知识协同过程中的交易成本产生直接的负向作用，因此降低协同绩效的影响会不显著。环境因素的β系数小于0，表明为应对较强的环境因素，企业应不断更新现有的知识和技术资源，同时政府应健全针对战略性新兴产业的公共服务体系，制定相关科技支持政策，鼓励和引导企业更有序地进行知识协同。H4-1、H4-2、H4-3的验证结果表明战略性新兴产业在知识协同过程中应不断提高与其他参与主体知识共享和知识扩散的效率，通过增强自身学习能力来丰富集群协同网络内的技术资源，同时提高企业知识整合和知识创造能力，以更有效地突破产品技术。

以集群关系网络为解释变量、知识协同绩效为被解释变量，进行多元线性回归分析，表4-8结果显示回归方程F值为29.270（P<0.001），回归方程显著，集群关系网络对知识协同绩效的正向作用较为显著（β=0.396，P<0.001），由此验证H4-6。数据表明集群关系网络中的联结度是产业集群知识协同机制运行的前提，而集群关系网络中的中心度是企业知识协同行为发生的保障，网络开放性程度更是满足主体当前技术创新需求的必然条件。因此，企业间应构建信任、共享、创新的组织文化环境，提高联系紧密程度，及时扩散新市场与技术知识。集群关系网络中心度和开放性强调主导企业在约束其他企业发生独立行为的同时应增强对集群协同网络外的全球、高端、先进知识的学习，提高自身知识协同能力，以在一定条件下打破原有知识协同路径，实现协同机制稳定和综合协同绩效最优。

表4-8　各影响因素对产业集群知识协同绩效的多元回归分析

自变量	知识协同绩效		自变量	知识协同绩效	
	β	t 值		β	t 值
集群关系网络	0.396	5.410***	协同意愿	0.183	2.041***
			协同能力	0.397	5.598***
			知识属性	0.223	2.961***
			环境因素	−0.029	−0.356
F	29.270***		F	17.835***	
R^2	0.205		R^2	0.206	
ΔR^2	0.202		ΔR^2	0.204	

注：***、**、*表示分别在0.1%、1%、5%水平上显著，N=280。

2. 协同意愿、协同能力、知识属性、环境因素对集群关系网络的影响

以协同意愿、协同能力、知识属性、环境因素为解释变量，集群关系网络为被解释变量进行多元线性回归分析。表4-9的结果表明，回归方程中F值为15.461（P<0.001），回归方程显著，其中知识属性（β=0.166，P<0.001）对集群关系网络的影响最为显著，H4-5c得到了验证，表明异质性和关联性知识是影响企业间关系密切度和信任系数的重要因素，企业在协同过程中主要是为了获得更多的互补性知识，尤其是主导企业的隐性知识。因此，企业间共享知识的价值应不断提高，在制度公平科学的前提和保障下应加大对难以编码化的隐性知识的转移和扩散。环境因素（β=0.163，P<0.001）和协同能力（β=0.152，P<

0.001）两者的显著值趋于 0，H4-5b、H4-5d 被验证，表明对关系网络的正向影响非常显著，此时引导市场中先进的战略性新兴产业企业参与知识协同以及对外部知识进行吸收和学习，提高协同主体的知识获取、转移、整合和创造的能力有利于形成信任合作的协同环境，保证协同组织和关系网络的持续有效。协同意愿（β=0.098）的影响是不显著的，协同意愿是知识协同机制形成的基础，而集群关系网络主要是在知识协同机制运行和成熟后逐步构建和完善的，因此对集群关系网络的联结度、中心度和开放性不会形成显著影响。

表4-9　协同意愿、协同能力、知识属性、环境因素对集群关系网络的影响

自变量	知识吸收能力	
	β	t 值
协同意愿	0.098	1.551
协同能力	0.152	2.849 ***
知识属性	0.166	2.795 ***
环境因素	0.163	2.554 ***
F	15.461 ***	
R^2	0.194	
ΔR^2	0.192	

注：***、**、*表示分别在 0.1%、1%、5%水平上显著，N=280。

3. 集群关系网络的中介效应

结合上述分析，本部分对集群关系网络的中介效应进行分析。表 4-7 的结果表明各影响因素与因变量是相关的，保证了研究的可行性，表 4-8 的结果表明协同意愿、协同能力、知识属性对知识协同绩效具有显著正向作用，环境因素对知识协同绩效具有负向作用但不显著。表 4-9 表明协同能力、知识属性、环境因素对集群关系网络具有显著正向影响，协同意愿对集群关系网络具有正向影响但不显著。为验证集群关系网络的中介效应，将其和所有解释变量结合对被解释变量进行多元回归分析。表 4-10 的结果显示，回归方程 F 值为 16.257（P<0.001），回归方程显著，协同能力（β=0.365，P<0.001）和中介变量集群关系网络（β=0.214，P<0.001）对知识协同绩效作用较为显著，H4-7c 得到了验证，然后为知识属性（β=0.187，P<0.01）、协同意愿（β=0.162，P<0.01），此时知识属性和协同意愿两维度在 P<0.01 的置信区间较为显著，但与表 4-8 的结果相比已经有所下降，H4-7a 和 H4-7b 得到了验证。环境因素与知识协同绩效的关

系值较表4-8的结果小，且也不显著，表明集群关系网络作为中介变量在一定程度上能降低环境因素对知识协同绩效的负向作用，H4-7d得到了验证。以上结果表明，增强战略性新兴产业企业的知识协同能力和知识协同意愿能加深企业间的信任和协同程度，企业间在充分共享协同组织内部知识的同时结合集群关系网络的外部性，灵活应用市场外部的知识技术资源，强调协同组织中龙头企业的主导和约束作用，加大对全球高端技术知识的吸收能力，可提高集群关系网络的中心度和知识协同策略采取的概率。

表4-10　集群关系网络的中介效应检验结果

自变量	知识协同绩效		检验结果
	β	t 值	
协同意愿	0.162	1.785 **	显著，2.041>1.785，部分中介作用成立
协同能力	0.365	5.406 ***	显著，5.598>5.406，部分中介作用成立
知识属性	0.187	2.484 **	显著，2.961>2.484，部分中介作用成立
环境因素	-0.064	-0.79	不显著，-0.356>-0.79，完全中介作用成立
中介变量			
集群关系网络	0.214	2.847 ***	
F	16.257 ***		
R^2	0.229		
ΔR^2	0.215		

注：***、**、*表示分别在0.1%、1%、5%水平上显著，N=280。

第三节　战略性新兴产业集群知识协同促进对策

经过前面各节的分析和探讨，结合实证分析结果，可知战略性新兴产业培育与发展取决于企业内部知识资源质量和开发能力。集群作为创新性资源的集成组织形式，是战略性新兴产业取得重大技术突破和创新需求的重要途径，而集群主体间的知识协同是组织、协调、创造创新性资源的必要环节，也是创新产出效率的决定性因素。我国战略性新兴产业集群知识协同绩效涉及的主体、制度、环境等因素较为多样，因此本节从政府、组织、企业本身对集群知识协同绩效进行分析和研讨，并提出科学性的建议。

（一）完善政府政策

党的十九届五中全会对"加快发展现代产业体系，推动经济体系优化升级"做出重要部署，并对战略性新兴产业发展提出明确要求，这对于振兴实体经济和建设制造强国具有重大而深远的意义。战略性新兴产业代表未来技术和经济的发展方向，关系到国民经济社会发展和国家产业安全，具有较高的战略地位。产业集群作为战略性新兴产业发展的有效模式，应受到政府重视。政府在战略性新兴产业集群建立和发展过程中起着关键作用，战略性新兴产业集群强调由政府引导培育。政府引导和支持是战略性新兴产业顺利进行集群协同创新的重要保障，而知识协同又是集群协同创新的关键环节。因此，战略性新兴产业集群内的知识协同和协同创新需要政府引导，并且借助政府的财政、金融和资金政策，促进集群内知识资源的合理流动和优化配置。

我国的战略性新兴产业本质上仍处于发展时期，产业集群知识协同组织中虽然集聚了一定的信息和知识资源，但产业技术发展的不成熟以及协同主体资源和能力的局限性，使协同主体的发展需求和产业的创新需求难以得到满足。政府是拥有最先进知识资源和最完备信息的社会主体，其提供的有效公共服务能引导和管理产业技术创新所需的知识资源，增强协同主体间的合作交流，通过制定一系列的科技政策和知识保护政策促进企业、科研机构、院校定向和订单式培养机制的形成，加强企业发展需求与人才培养的连接（卢涛等，2015；李煜华等，2013）。集群一般基于国家科技计划初步形成与运行，因此政府应提高科技计划开放度，制定合理的科技创新规划和支持集群协同的具体科技计划，鼓励基础研究和应用研究。同时，应创建相应电子政务平台，提供产业信息咨询服务、科技创新政策咨询服务、筹资投资咨询服务等，促进政府支持项目和科技计划的有效执行。根据各自区域产业发展特点和基础设施优势，政府应充分利用"互联网+"，发挥产业集聚、现代互联网、物流现代化的优势打造重大产业集群协同创新发展示范工程、科学规划产业园区，形成示范，提升集群规模效益。

（二）优化集群知识协同的内外部环境

1. 构建战略性新兴产业集群知识协同平台

知识协同平台是战略性新兴产业集群开展知识协同的一个系统环境，参与协同的知识来源于不同的行为主体，各行为主体通过协同关系形成一个知识协同网络。知识协同平台就是支持知识协同网络运作的基础环境，知识协同平台不仅为参与知识协同的行为主体提供知识源和知识共享环境，而且也为各行为主体之间进行知识创新性活动提供支持（俞竹超、樊治平，2014）。战略性新兴产业集群知识协同平台主要是由知识主体（包括政府、战略性新兴产业企业、相关产业企业、高等院校、科研院所、中介服务组织等）、知识协同功能系统（知识资源管理系统、知识服务系统、协同支持系统和协同决策系统等）、知识协同团队（技术研发项目团队、专家研讨小组和虚拟团队等）、新兴产业创新服务系统等组成。各集群行为主体根据战略性新兴产业技术创新需求，把各自的知识贡献到知识协同平台上来，并通过平台内部各功能模块的有效运作，实现知识共享、吸收、整合和创新。

2. 提高战略性新兴产业集群知识协同价值

当战略性新兴产业集群内行为主体的知识量一定时，集群知识协同价值与知识协同效应系数正相关，协同效应系数大，集群知识协同价值就高。集群知识协同效应与集群中行为主体知识的差异性、互补性和嵌入性以及集群行为主体的知识协同能力相关，同时还受集群内部相关制度、规则和集群环境影响。战略性新兴产业集群应形成一种相互信任的共享型文化，根据战略性新兴产业创新需求，选择那些具有一定互补性、协同性的行为主体参与集群知识协同活动，构建好集群知识共享平台，同时构建集群内的激励、惩罚和协调机制，提升战略性新兴产业集群知识协同效应。提升集群知识协同效应可以彰显战略性新兴产业集群知识协同的优势，也能在一定程度上提高集群行为主体的预期收益（廖名岩、曹兴，2018）。集群行为主体预期收益越高，他们就越会积极参与集群的知识协同活动。同时，战略性新兴产业集群应建立合理、公平的利益分配机制，在协同价值分配环节中根据集群行为主体知识资源投入水平、贡献水平和风险承担等因素，实现价值的有效公平分配。

3. 形成信任、共享的战略性新兴产业集群文化环境

文化环境是影响战略性新兴产业集群知识协同过程的关键因素（刘敦虎等，2010）。参与集群知识协同的行为主体大都是通过契约或股权的形式形成平等合作的关系。契约的不完善和制度的漏洞，容易使各行为主体在集群知识协同过程中通过非合作博弈来决定知识贡献度和合作参与的程度，诱发集群行为主体机会主义行为。信任是合作和协同的基础，是集群隐形契约实行的保障。在战略性新兴产业集群中，建立相互信任的共享型文化，是集群知识协同能否顺利进行的前提。在这种文化氛围中，应强调分享与协同，注重沟通和参与。沟通是知识分享的重要途径，良好的沟通机制和开放信任的文化环境是减少机会主义、提高集群知识协同效应和促进集群行为主体合作的重要情境因素。

4. 注重集群知识协同过程中的外部环境

在日益开放的不确定环境下，集群企业的技术创新范式会局限于内部的知识协同网络，依赖于集群内部原有的强联结关系，从而忽略协同外部有效知识，缺乏与时俱进的创新资源和能力。战略性新兴产业集群内行为主体的知识协同过程不同于一般企业，在运行和成熟阶段由于市场和社会的扰动，其技术不确定性相对更高，且随着协同的深入会出现产品和应用的同质化，集群内部参与主体可能会模仿剽窃，失去创新动力。因此，集群企业需要改变原有的创新范式，打破关系依赖，跨网络、跨区域、跨组织地进行开放式创新，增强知识获取和关系网络的开放性。与此同时，企业自身必须改变资本结构，注重在技术方面的科研投入，增强创新意识和能力。此外，人才作为知识的载体，也是集群企业在激烈的市场竞争中保持竞争优势的重要条件，当意识到市场需求和技术改变时，及时通过人才引进机制和知识型员工的培训机制来维持生产（张洪潮、雒国，2013）。

（三）提升集群中战略性新兴产业行为主体的知识协同意愿和协同能力

协同意愿能体现集群行为主体参与知识协同的主动性，是战略性新兴产业集群能否顺利实现知识协同的前提。集群行为主体的协同意愿越强，越有利于集群中知识的交流、转移和共享，知识协同成本越低，知识协同效应就越高。协同意愿与知识协同能力正相关，集群行为主体的知识协同能力越大，协同意愿就越高。

集群知识协同的本质是知识主体间的知识整合与创新及其在知识层面的协同。战略性新兴产业集群中的行为主体来自不同的产业和组织，主体间的知识异质性程度高，新知识和新兴技术具有高不确定性，导致在集群协同创新过程中知识整合难度大（梁靓，2014）。因此，在战略性新兴产业集群知识协同过程中，要注重集群行为主体之间不断进行的知识流动、知识共享和知识重构，使不同组织、不同部门的知识联结到一起；通过协同交互的知识活动，注重战略性新兴产业集群行为主体知识吸收能力和知识整合能力的培养，重点提高集群行为主体的协同学习能力、系统化能力和协作化能力，促进其知识协同能力和知识创新能力的提升。

（四）发挥集群知识协同中龙头企业的优势

在"十四五"期间，我国将以提升竞争力和产业集中度为导向，通过发挥集群中的龙头企业的特点与优势，统筹推进区域重大战略、区域协调发展战略和主体功能区战略，发挥地区比较优势，推动要素自由流动和高效集聚，推进战略性新兴产业集群发展，优化重大生产力布局，打造更多能够带动全国高质量发展的战略性新兴产业集群。龙头企业（或核心企业、领导企业、焦点企业）作为集群知识协同关系网络中的中心节点角色，能引导实现协同目标、协同路径、协同平台的统一。随着知识经济和科技的发展，龙头企业正在替代中小企业成为产业集群的主导力量和重要参与者（Lan and Kai，2010）。集群知识协同网络实质上是一个完整的跨区域小型产业组织，其中龙头企业扮演着领导者的角色，其拥有的知识技术资源、研发创新能力、领导控制行为是衡量协同关系网络质量和集群机制持续运行效果的重要标准。我国集群企业多数是知识储备不足、资源价值不高、技术研发能力有限的中小企业，而位于集群中心位置的龙头企业，其内部的知识资源和技术水平通常被称为高端知识和先进技术，更为复杂、前沿，在完善的核心知识和专利技术保护体系的基础上，其知识共享能为其他参与主体的产业活动提供有效指导，同时也能激励其他参与主体在协同平台中进行知识转移和扩散，提高信任和协同系数，更好地培育共享、信任的文化，改善主体间的学习氛围和知识协同平台。

第五章 战略性新兴产业集群
协同创新机制研究

随着新兴技术越来越复杂，技术创新活动呈现出系统化、复杂性和社会化协作特点，技术创新出现跨领域、跨组织的特征（Ruckman，2009）。以创新驱动为主要特征的战略性新兴产业，跨学科、跨产业、跨领域的技术较多，创新活动更趋复杂化和高不确定性，仅依靠企业自身资源一般难以独立完成全部创新活动和承担创新风险。

集群协同创新有利于创新资源和创新要素的汇聚，成为整合创新资源、提高战略性新兴产业技术创新效率的有效途径，也是当今世界进行科技创新活动的新趋势。但是在我国，集群内企业、高校和科研机构等创新主体自成体系，彼此之间创新互动少，创新资源分散，缺乏有效整合，集群内交互学习和协同创新现象很少发生。其实，在不确定的环境下，战略性新兴产业集群主体协同创新是一个动态、交互的过程，从静态视角对集群创新进行研究具有一定局限性，难以解释它们之间的作用机理。

第一节 战略性新兴产业集群协同创新主体关系分析

战略性新兴产业集群作为满足国家或区域重点战略性新兴产业发展需求的新兴创新合作组织，以多元主体竞合关系为发展的基础，实质是具有动态性及创新属性的关系网络，其创新主体主要由内部主体和外部主体构成。内部主体主要包括战略性新兴产业企业、相关产业企业、科研机构和高等院校等，它们是集群进行协同创新的核心要素；外部主体主要包括政府、金融机构和科技中介机构等，它们是集群协同创新的辅助要素，不直接参与集群具体的创新活动，但其作为环境主体，对战略性新兴产业集群进行协同创新具有重要影响（见图5-1）。

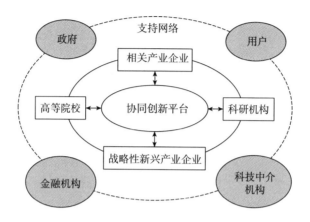

图5-1　战略性新兴产业集群协同创新主体关系

战略性新兴产业企业是集群创新资源的主要提供者，也是集群协同创新的核心主体，在整个协同创新过程中，集群内外的各种创新资源最终要被企业应用从而创造出更多的市场价值。高校及科研机构则是人才、知识、技术等智力资源的主要拥有者，具有很强的创新能力，在政府引导下，能够为企业创新提供很大的技术支持，提高集群企业的创新能力，推动战略性新兴产业集群协同创新顺利进行。政府作为战略性新兴产业集群的一个重要因素，主要通过政策支持、财政补贴等形式引导战略性新兴产业集群协同创新，通过奖惩机制保障集群内各创新主体的合法利益，还可以通过优化资源配置增强集群协同创新能力，推动战略性新兴产业集群协同创新发展。科技中介机构则是战略性新兴产业集群科技服务的主要提供者，它可以为集群成员提供信息查询、技术咨询、科技评估、投融资等服务，将企业、高校和科研机构等创新资源连接成一个系统。战略性新兴产业集群协同创新活动就是通过协同创新平台实现不同层次的多维创新主体协同互动，整合和共享多方优势资源，充分发挥协同优势，共同研发战略性新兴产业发展需要的关键核心技术和共性技术，获得产业技术的突破性创新和促进战略性新兴产业创新发展。

第二节　战略性新兴产业集群协同创新的
演化博弈分析

一、问题提出

战略性新兴产业集群协同创新行为实质上是各创新主体间的博弈过程。集群创新主体都具有有限理性，在进行创新博弈的过程中往往会根据其他主体的策略和自身在集群中的适应性，不断调整自己的参与策略，以改善自身利益。因此，战略性新兴产业集群协同创新是一个动态过程和不断选择变化的过程，可借用演化博弈理论对战略性新兴产业集群协同创新过程进行分析。为研究方便，本章将集群内的企业作为一类行为主体，将科研院所（含高等院校、科研机构）作为另一类行为主体，建立以战略性新兴产业企业和科研院所为主体的演化博弈模型，分析它们之间协同创新的动态演化过程。

二、模型假设

（1）假设在战略性新兴产业集群中，集群企业依靠自身资源独立进行技术创新活动时，企业能够将自身的创新成果实现产业化并取得收益 i。科研院所具有很强的创新能力，其创新成果若没有和企业合作，则不能实现产业化，所获得的经济收益为 0。因此，当企业和科研院所均不参与协同创新时，假设企业收益为 i，科研院所收益为 0。

（2）在战略性新兴产业集群协同创新过程中，假设企业所需付出的协同创新成本为 C_1，科研院所所需付出的协同创新成本为 C_2，设 k 为集群协同创新效应系数，集群进行协同创新所获得的协同创新效应为 $k(c_1+c_2)$。

（3）在战略性新兴产业集群中，当企业和科研院所均参与协同创新时，会产生一定的协同创新价值，如果将所得协同创新价值按一定比例 $(1-v)$ 分配给科研院所，以提高其参与协同创新的积极性，则科研院所的收益为 $(1-v)[i+k(c_1+c_2)]$。

（4）在战略性新兴产业集群协同创新的过程中，企业和科研院所之间需要经常沟通、协调，会发生一些交易成本（如监督、沟通、协调成本等）。假设企业和科研院所在协同创新过程中的交易成本分别为 m_1、m_2。

根据以上假设，当集群企业和科研院所均采取参与协同创新策略时，企业的收益为 $v[i+k(c_1+c_2)]-c_1-m_1$，科研院所的收益为 $(1-v)[i+k(c_1+c_2)]-c_2-m_2$；当企业采取参与协同创新策略，科研院所采取不参与策略时，企业的收益为 $i-c_1$，科研院所的收益为 0；当科研院所没有意愿参与战略性新兴产业协同创新而企业愿意和科研院所进行协同创新时，科研院所采取不参与策略，企业的收益为 $i-c_1$，科研院所的收益为 0；当科研院所有意愿参与战略性新兴产业协同创新而企业不愿意和科研院所进行协同创新时，企业的收益为 i，科研院所的收益为 $-c_2$；当企业和科研院所均选择不参与协同创新时，企业的收益为 i，科研院所的收益为 0。由此，得到战略性新兴产业集群主体收益矩阵（见表 5-1）。

表 5-1　战略性新兴产业集群企业和科研院所协同创新博弈收益矩阵

企业 ＼ 科研院所	参与（B_1）	不参与（B_2）
参与（A_1）	$v[i+k(c_1+c_2)]-c_1-m_1$, $(1-v)[i+k(c_1+c_2)]-c_2-m_2$	$i-c_1$, 0
不参与（A_2）	i, $-c_2$	i, 0

三、模型分析

假设集群企业采取协同创新策略的概率为 x，则选择不参与协同创新的概率为 $1-x$；科研院所选择参与协同创新的概率为 y，则选择不参与协同创新的概率为 $1-y$。由表 5-1 可以看出，战略性新兴产业集群企业选择参与协同创新策略 A_1 和不参与协同创新策略 A_2 时，收益分别为：

$$R(A_1) = y\{v[i+k(c_1+c_2)]-c_1-m_1\} + (1-y)(i-c_1), \quad R(A_2) = i$$

战略性新兴产业集群企业的期望收益为：

$$E(A) = xy\{v[i+k(c_1+c_2)]-c_1-m_1\} + x(1-y)(i-c_1) + (1-x)i$$

集群企业的复制动态方程为：

$$F(x) = \frac{dy}{dt} = x[R(A_1)-E(A)] = x(1-x)\{y[vi+kv(c_1+c_2)-i-m_1]-c_1\}$$

$$(5-1)$$

同理可得，科研院所的复制动态方程为：

$$F(y) = y(1-y)\{x[(1-v)i+k(1-v)(c_1+c_2)-m_2] - (1-x)c_2\}$$

$$(5-2)$$

由此，企业和科研院所的博弈演化过程可由式（5-1）和式（5-2）构成的微分方程组来描述。令 $F(x)=0$，$F(y)=0$，可以得到企业与科研院所演化博弈系统在平面 $s=\{(x,y)\mid 0\leqslant x, y\leqslant 1\}$ 的五个局部平衡点，分别是 $O(0,0)$、$A(1,0)$、$B(0,1)$、$C(1,1)$ 和点 $D(x^*,y^*)$，其中：

$$x^* = \frac{c_1}{vi-kv(c_1+c_2)-i-m_1}$$

$$y^* = \frac{c_2}{(1-v)i+k(1-v)(c_1+c_2)-m_2}$$

对于战略性新兴产业集群企业与科研院所协同创新的演化稳定性，可以通过对雅可比矩阵的局部稳定性进行分析得到。通过求解式（5-1）和式（5-2）构成的微分方程组，可以得到上述系统的雅可比矩阵为：

$$J=\begin{bmatrix} (1-2x)\{y[vi+kv(c_1+c_2)-i-m_1]-c_1\} & x(1-x)[(vi-i+kv(c_1+c_2)-m_1)] \\ (1-y)y[(1-v)i+k(1-v)(c_1+c_2)-m_2] & (1-2y)\{x[(1-v)i+k(1-v)(c_1+c_2)-m_2]-c_2\} \end{bmatrix}$$

则：

$$|J|=\begin{vmatrix} (1-2x)\{y[vi+kv(c_1+c_2)-i-m_1]-c_1\} & x(1-x)[(vi-i+kv(c_1+c_2)-m_1)] \\ (1-y)y[(1-v)i+k(1-v)(c_1+c_2)-m_2] & (1-2y)\{x[(1-v)i+k(1-v)(c_1+c_2)-m_2]-c_2\} \end{vmatrix}$$

矩阵 J 的迹为：

$$tr(J) = (1-2x)\{y[vi+kv(c_1+c_2)-i-m_1]-c_1\} +$$
$$(1-2y)\{x[(1-v)i+k(1-v)(c_1+c_2)-m_2]-c_2\}$$

根据雅可比矩阵局部稳定分析法对平衡点进行稳定性分析可知：

（1）当 $vi+kv(c_1+c_2)\geqslant i+m_1+c_1$，$(1-v)i+k(1-v)(c_1+c_2)\geqslant m_2+c_2$ 时，即在战略性新兴产业集群中，企业及科研院所参与协同创新所获得的收益同时大于协同创新各自所投入的成本与不参与协同创新所得收益之和时，根据系统的雅可比矩阵的稳定性分析可知，系统有（0，0）和（1，1）两个演化稳定平衡点。也就是说，不管集群创新主体处于何种状态，最终都会选择参与协同创新或都不参与协同创新作为其演化稳定策略（ESS）。

但在该条件下，演化稳定策略究竟收敛于哪一个均衡点还应考虑企业、科研院所的支付矩阵及其初始状态（见图5-2）。从图5-2不难发现，在折线 BDA 的左下方，模型将收敛于（0，0）稳定集；在折线 BDA 的右上方，模型将收敛于（1，1）稳定集。ADBC 区域的面积 S 的大小表示系统收敛于稳定集（1，1）的概率大小，即 S 越大，企业和科研院所选择参与协同创新的概率越大，反之企业和科研院所采取不参与协同创新的概率越大。

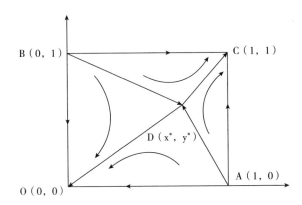

图 5-2 战略性新兴产业集群协同创新动态演化关系

（2）当模型不能同时满足 $vi+kv(c_1+c_2) \geq i+m_1+c_1$ 且 $(1-v)i+k(1-v)(c_1+c_2) \geq m_2+c_2$ 时，即在战略性新兴产业集群中，企业及科研院所参与协同创新所获得的收益不能同时大于协同创新各自所付出的成本与自主创新收益之和时，根据其雅可比矩阵的稳定性分析可知，模型只有（0，0）一个演化稳定平衡点，即在战略性新兴产业集群中，不管集群企业或科研院所处于何种状态，最终都会选择将不参与集群协同创新作为其演化稳定策略（ESS）。

第三节　战略性新兴产业集群协同创新效率测度研究

战略性新兴产业是新兴科技和新兴技术深度融合的产业，是我国经济社会发展的重大战略选择。当前我国新兴产业发展技术基础薄弱、创新水平偏低、科技转化率不足，产业集群成为当前产业发展的一种重要形式，其技术创新密集、规模经济突出和知识溢出等特征能有效推动战略性新兴产业发展。培育战略性新兴产业集群是推动区域经济跨越发展和转型升级的重要途径。战略性新兴产业集群是通过政府引导，以战略性新兴产业为核心，由相关产业企业、高等院校、科研院所及辅助机构等共同构成，包含战略性新兴技术研发和新兴技术产业化整个过程，具有创新驱动、知识溢出和协同竞合关系等特征的创新网络。2019 年国家发展和改革委员会确定烟台市生物医药产业集群、苏州市生物医药产业集群、北京经济技术开发区集成电路产业集群等66个国家级战略性新兴产业集群，旨在通过建设一批战略性新兴产业集群，强化产业链、优化价值链、提升创新链。但我国战略性新兴产业集群发展尚处于初级阶段，存在前期无有效产出、产出经济效益偏低、产出效率不高等问题，需通过对战略性新兴产业集群发展现状进行分析，评价其协同效率，为战略性新兴产业集群协同创新发展提供建议。

基于产业集群促进产业发展的先天优势，学界进行了诸多产业集群相关研究，但多局限于概念或政策等定性研究，定量研究相对较少。张妍和赵坚（2020）以兰州新区为例，运用区位熵及动态集聚指数对兰州新区规模以上工业产业集聚度进行测算。张冀新和李燕红（2019）运用双重差分法评估创新型产业集群对高新区创新效率的提升作用。景保峰、任政坤和周霞（2019）采用DEA模型测试我国各省区市创新型产业集群科技资源配置效率。刘满凤和李圣宏（2016）运用三阶段DEA研究环境变量对各高新区创新效率的影响及高新区创新效率情况。张冀新和王怡晖（2019）运用三阶段DEA测度产业集群创新效率及战略性新兴产业技术效率的行业差异。陈升、王京雷和谭亮（2019）通过对比传统DEA和三阶段DEA模型测算结果，分析环境因素对我国创新型产业集群投入产出效率的影响。

已有产业集群创新效率研究大多采用DEA模型进行，传统DEA模型无法剔除影响产业集群创新效率的环境因素，因此本节借鉴已有研究构建评价指标体系，运用三阶段DEA模型测算剔除环境因素干扰的战略性新兴产业集群的协同创新效率值。

一、三阶段 DEA 模型构建

（一）第一阶段：传统 DEA 模型

创新效率测算通常需要考虑多个投入和产出要素，而 DEA 是用于多投入、多产出条件下评价决策单元（DMU）相对有效性的方法（马占新等，2013）。该阶段采用基于规模报酬可变假设的 BCC 模型，将综合效率分解为纯技术效率及规模效率，对 67 个战略性新兴产业集群初始创新投入产出效率进行初步测算。其模型为：

$$
s.t.\begin{cases}
\min\theta-\varepsilon\ (\hat{e}^T s^- + e^T s^+) \\
\sum_{j=1}^{n} X_j \lambda_j + s^- = \theta X_0 \\
\sum_{j=1}^{n} Y_j \lambda_j - s^+ = Y_0 \\
\sum_{j=1}^{n} \lambda_j = 1 \\
s^- \geq 0,\ s^+ \geq 0,\ \lambda_j \geq 0,\ j=1,\ 2,\ \cdots,\ n
\end{cases}
$$

其中，$j=1$，2，$\cdots$，n 为战略性新兴产业集群，θ 为在投入导向模型下产业集群效率值，ε、s^-、s^+ 分别表示非阿基米德无穷小量、剩余变量和松弛变量，X 和 Y 分别为投入、产出向量，该模型本质上是一个线性规划问题。

（二）第二阶段：相似 SFA 模型

采用传统 DEA 模型得到的投入产出松弛变量受统计噪声及环境因素等影响，难以准确反映是环境因素、内部管理要素还是随机扰动项对创新效率发生作用。在第二阶段，采用 SFA 模型构建剔除统计噪声及环境因素等影响的回归模型，以创新投入松弛变量为因变量，以混合误差项及环境变量为自变量，模型为：

$$S_{ni} = f\ (Z_i;\ \beta_n)\ + v_{ni} + \mu_{ni}$$

其中，$i=1$，2，$\cdots$，I；$n=1$，2，$\cdots$，N；S_{ni} 表示第 i 个产业集群第 n 项的投入松弛值；$f(Z_i;\ \beta_n)$ 表示环境变量对投入松弛值的影响，Z_i 和 β_n 分别为环境变量和环境变量预估参数；$v_{ni} + \mu_{ni}$ 为混合误差项，v_{ni} 和 μ_{ni} 分别表示统计噪声和管理无效率。

借助 SFA 模型，以回归结果中创新效率值最高的投入量调整其他产业集群投入量，方法为：

$$X_{ni}^A = X_{ni} + [\max\ (f\ (Z_i;\ \hat{\beta}_n))\ - f\ (Z_i;\ \hat{\beta}_n)] + [\max\ (v_{ni})\ - v_{ni}]$$

其中，$i=1$，2，$\cdots$，I；$n=1$，2，$\cdots$，N；X_{ni} 和 X_{ni}^A 分别表示调整前和调整后的创新投入；$[\max(f(Z_i;\ \hat{\beta}_n)) - f(Z_i;\ \hat{\beta}_n)]$ 是对环境变量的调整，$[\max(v_{ni}) - v_{ni}]$ 是排除统计噪声干扰。

（三）第三阶段：调整后的 DEA 模型

该阶段使用第一阶段的 BCC 模型，代入调整后的创新投入及原始产出值，重新测算效率值。这一阶段剔除环境因素和统计噪声干扰，能更客观地反映战略性新兴产业集群协同创新效率。

二、指标选取与数据来源

(一)指标选取

1. 投入产出指标

战略性新兴产业集群创新是一个多要素协同的复杂过程,涉及人力、物力多项投入以及专利、产品等多项产出。关于产业集群协同创新效率评价指标体系构建,大部分学者选取 R&D 人员、R&D 经费、创新企业数量、新增固定资产、企业个数等作为投入指标,选取专利申请数、专利授权数、新产品销售收入等作为产出指标。针对战略性新兴产业集群协同创新特点,考虑集群数据有效性和可获得性,参考已有文献(景保峰、任政坤和周霞,2019;张冀新、王怡晖,2019),本节选取高新技术企业数(I1)和年末从业人员数(I2)作为投入指标,专利申请数(O1)、出口创汇总额(O2)、形成国家标准项(O3)、营业收入(O4)作为产出指标。专利申请数相对专利授权数能更直观地反映集群当期创新技术产出,不会受滞后效应影响。最终未获授权的申请专利对发展中国家实现价值增值具备一定促进作用(冯宗宪,2011),出口创汇总额能体现战略性新兴产业集群的国际竞争力,形成国家标准项能反映产业集群技术创新水平,营业收入则体现产业集群总体发展情况。

2. 环境指标

环境指标应选取会对产业集群协同创新效率产生影响,但不属于主观可控的外生变量(张冀新和王怡晖,2019)。本节从地区经济发展水平(E1)、市场开放程度(E2)、地区科技化水平(E3)三个方面提出影响产业集群协同创新效率的环境因素。地区经济发展水平用产业集群所处城市人均 GDP 表示(万元),市场开放程度以产业集群所处城市利用外资总额衡量(千万美元),地区科技化水平用产业集群所处城市地方财政支出中科学技术支出所占比重表示。

(二)数据来源与获取

基于产业集群数据可获得性,本书选取《中国火炬统计年鉴》创新型产业集群中战略性新兴产业集群数据为研究样本,剔除有数据缺失的产业集群,选取67 个战略性新兴产业集群。本节投入产出指标数据来自《2018 中国火炬统计年鉴》,环境变量数据来自《2018 中国城市统计年鉴》。为避免数据量纲影响,本节在测算时对环境指标进行标准化处理。

三、数据处理与结果分析

（一）第一阶段：BBC 模型结果分析

运用 DEAP 2.1 的 BCC 模型对 67 个战略性新兴产业集群的协同创新效率值和投入松弛变量进行测算，第一阶段未排除环境变量干扰，仅考虑投入产出，含环境因素和统计噪声，效率值测算结果如表 5-2 所示。

表 5-2　投入调整前战略性新兴产业集群协同创新效率值

编号	名称	综合技术效率	纯技术效率	规模效率	效率状态
1	北京中关村移动互联网创新型产业集群	0.648	1	0.648	drs
2	天津泰达高端医疗器械产业集群	0.258	0.550	0.469	irs
3	天津基于国产自主可控的信息安全产业集群	0.286	0.289	0.989	irs
4	北辰高端装备制造产业集群	0.891	1	0.891	drs
5	天津高新区新能源产业集群	0.346	0.368	0.941	irs
6	石家庄药用辅料创新型产业集群	0.474	0.557	0.851	drs
7	邯郸现代装备制造创新型产业集群	0.600	0.630	0.953	drs
8	保定新能源与智能电网装备创新型产业集群	0.416	0.641	0.649	drs
9	包头稀土高新技术产业开发区稀土新材料产业集群	0.708	0.796	0.889	drs
10	沈阳生物医药和健康医疗创新型产业集群	0.816	0.824	0.990	drs
11	大连市信息技术服务产业集群	0.345	0.401	0.862	drs
12	大连高端工业软件创新型产业集群	0.316	0.356	0.889	drs
13	本溪制药创新型产业集群	0.197	0.382	0.517	irs
14	通化医药创新型产业集群	0.179	0.677	0.265	irs
15	齐齐哈尔重型数控机床产业集群	1	1	1	—
16	上海漕河泾知识型服务业产业集群	0.416	0.450	0.924	drs
17	江宁智能电网创新型产业集群	0.606	0.701	0.864	drs
18	无锡高新区智能传感系统创新型产业集群	0.621	0.643	0.967	irs
19	江阴特钢新材料创新型产业集群	0.982	0.982	1	—
20	常州轨道交通牵引动力与关键核心部件产业集群	0.237	0.253	0.937	irs
21	苏州高新区医疗器械创新型产业集群	1	1	1	—
22	苏州纳米新材料产业集群	1	1	1	—

续表

编号	名称	综合技术效率	纯技术效率	规模效率	效率状态
23	扬州数控成形机床创新型产业集群	0.373	0.414	0.900	irs
24	杭州数字安防创新型产业集群	0.701	0.865	0.810	drs
25	温州激光与光电创新型产业集群	0.332	0.813	0.408	drs
26	合肥基于信息技术的公共安全创新型产业集群	0.222	0.223	0.997	drs
27	芜湖新能源汽车创新型产业集群	0.922	1	0.922	drs
28	蚌埠新型高分子材料产业集群	0.279	0.281	0.991	drs
29	厦门火炬高新区软件和信息服务业产业集群	0.893	0.903	0.989	drs
30	厦门海洋与生命科学产业集群	0.289	0.339	0.851	drs
31	闽东中小电机产业集群	0.085	0.164	0.520	irs
32	景德镇直升机制造创新型产业集群	0.515	0.569	0.904	drs
33	新余动力电池创新型产业集群	0.425	0.760	0.560	irs
34	济南智能输配电创新型产业集群	1	1	1	—
35	青岛机器人产业集群	0.234	0.426	0.549	irs
36	潍坊高端动力装备产业集群	0.248	0.263	0.946	irs
37	济宁高效传动与智能铲运机械创新型产业集群	0.333	0.376	0.885	drs
38	临沂电子元器件及其功能材料创新型产业集群	0.277	0.411	0.673	irs
39	德州生物制造创新型产业集群	1	1	1	—
40	滨州高端铝材产业集群	1	1	1	—
41	菏泽生物医药大健康创新型产业集群	0.218	0.357	0.611	irs
42	武汉东湖高新区国家地球空间信息及应用服务创新型产业集群	0.183	0.202	0.903	drs
43	十堰商用车及部件创新型产业集群	0.207	0.225	0.920	drs
44	襄阳新能源汽车关键部件创新型产业集群	0.971	1	0.971	irs
45	荆门城市矿产资源循环利用创新型产业集群	1	1	1	—
46	天门生物医药产业集群	0.438	0.596	0.734	irs
47	咸宁智能机电创新型产业集群	0.259	0.265	0.977	irs
48	长沙电力智能控制与设备创新型产业集群	0.427	0.436	0.978	irs
49	株洲轨道交通装备制造创新型产业集群	1	1	1	—
50	湘潭先进矿山装备制造创新型产业集群	0.402	0.404	0.996	irs
51	广州个体医疗与生物医药产业集群	0.402	0.465	0.864	drs
52	深圳高新区下一代互联网创新型产业集群	0.799	1	0.799	drs

编号	名称	综合技术效率	纯技术效率	规模效率	效率状态
53	珠海智能配电网装备产业集群	0.249	0.259	0.962	drs
54	佛山口腔医疗器械创新型产业集群	0.317	0.362	0.876	drs
55	惠州云计算智能终端创新型产业集群	1	1	1	—
56	清远高性能结构材料创新型产业集群	0.532	0.658	0.809	irs
57	南宁亚热带生物资源开发利用产业集群	0.251	0.265	0.950	irs
58	柳州汽车整车及关键零部件创新型产业集群	0.574	1	0.574	drs
59	成都高新区移动互联网产业集群	0.645	0.668	0.965	drs
60	绵阳汽车发动机及关键零部件产业集群	0.186	0.487	0.383	irs
61	昆明市生物医药产业集群	0.526	0.574	0.916	irs
62	西安泛在网络技术创新型产业集群	0.946	1	0.946	drs
63	宝鸡高新区钛产业集群	0.889	1	0.889	drs
64	杨凌示范区生物产业集群	1	1	1	—
65	兰州高新技术产业开发区节能环保产业集群	0.532	0.591	0.899	drs
66	青藏高原特色生物资源与中藏药创新型产业集群	0.451	0.704	0.641	irs
67	乌鲁木齐电子新材料产业集群	0.397	0.402	0.988	irs
	均值	0.541	0.630	0.850	

注：irs 和 drs 分别表示效率递增状态和效率递减状态；—表示效率不变状态。

具体来看，2018 年战略性新兴产业集群的综合技术效率均值为 0.541，纯技术效率均值为 0.630，规模效率均值为 0.850。规模效率值大于纯技术效率值，表明战略性新兴产业集群综合技术效率偏低主要由管理、技术等因素影响的纯技术效率不高导致。

在不考虑环境因素和随机因素干扰下，67 个战略性新兴产业集群中，齐齐哈尔重型数控机床产业集群、苏州高新区医疗器械创新型产业集群、苏州纳米新材料产业集群等 10 个战略性新兴产业集群处于综合效率前沿面上，其综合技术效率、纯技术效率和规模效率均为 1，产业集群内的资源配置和管理效率相对有效。在 67 个战略性新兴产业集群中，49 个产业集群的综合技术效率值低于 0.8，占比达 73.13%，表明整体而言我国战略性新兴产业集群的综合技术效率尚处于较低水平。11 个处于综合效率前沿的战略性新兴产业集群的规模效率不变，其余有 31 个产业集群的规模效率递减，25 个产业集群的规模效率递增。由于第一阶段未排除环境因素和统计噪声影响，不能准确反映战略性新兴产业集群协同效率，仍需进一步测算。

（二）第二阶段：SFA 模型结果分析

运用 Frontier 4.1 构建 SFA 回归模型测算标准化的地区经济发展水平、地区科技化水平和地区开放程度三项环境因素对高新技术企业数和年末从业人员数松弛变量的影响。回归系数为正，表明该解释变量增加会增加投入松弛量，回归系数为负，表明该解释变量增加会降低投入松弛量，回归结果如表 5-3 所示。LR值分别为 36.4143 和 38.3158，均在 1% 水平上显著，表明选取的三项环境因素对两项投入松弛变量有显著影响；σ^2 分别为 13689.1110、946.0580，γ 值趋近于1，均在 1% 水平上显著，表明相应环境变量是导致投入冗余的主要因素，随机误差中包含管理无效率的影响；除 1 组数据未通过，其余各参数估计值均不同程度通过显著性检验。结果表明，运用 SFA 模型分解投入松弛变量包含的环境因素和管理无效率是必要的。

表 5-3　SFA 模型回归结果

变量	高新技术企业数松弛变量	年末从业人员数松弛变量
常数项	-64.7094^{***} (-64.0904)	-22.6451^{***} (-22.7095)
地区经济发展水平	-20.6843^{***} (-20.4459)	4.7515^{***} (4.8968)
地区科技化水平	-0.1798 (-0.2134)	-1.5149^{*} (-1.7966)
地区开放程度	15.2009^{***} (24.8029)	2.3248^{***} (3.1192)
σ^2	13689.1110^{***} (13680.1270)	946.0580^{***} (946.1013)
γ	0.9999^{***} (1882780)	0.9999^{***} (335865.2700)
log 值	-364.8284	-274.36394
LR	36.4143^{***}	38.3158^{***}

注：括号内为标准差，***、**、* 表示分别在 1%、5%、10% 水平上显著。

1. 地区经济发展水平

该变量与高新技术企业数松弛变量回归系数为负，与年末从业人员数松弛变量回归系数为正，表明地区经济发展水平越高，越有利于降低高新技术企业冗余，但会增加年末从业人员冗余。高经济发展水平地区政府优惠政策较为丰厚、基础设施配备完善，能够吸引大量高新技术企业投资入驻。企业通过高薪等方式招揽人才，会吸引大量外来人员进入高新技术企业工作，容易导致从业人员冗余增加。

2. 地区科技化水平

该变量与年末从业人员数松弛变量的回归系数为负，表明地区科技化水平越高，越有利于降低年末从业人员冗余。地区科技化水平高有利于吸纳高层次科研从业人员，有利于促进产业集群技术研发，盘活冗余从业人员，活跃产业集群内的创新活动。

3. 地区开放程度

该变量与高新技术企业数和年末从业人员数松弛变量的回归系数均为正，这与预期结果并不一致，表明地区开放程度越高，越会导致高新技术企业数和年末从业人员冗余增加。这可能是因为地区开放程度越高，该地区外商投资和外籍来华工作人数越多，加之地方政府对战略性新兴产业集群发展也投入大量人力和物力，反而导致产业集群内资源浪费，不利于产业集群运营效率提升。

综上所述，战略性新兴产业集群各投入松弛变量受环境因素影响的程度存在差异，环境因素会对战略性新兴产业集群协同创新效率产生不同影响，只有剔除客观环境因素干扰才能更准确地测算集群协同创新效率。

（三）第三阶段：调整后的 DEA 结果分析

将第二阶段调整后的投入指标与原始产出指标置于第一阶段 BCC 模型中，运用 DEAP 2.1 软件重新测算战略性新兴产业集群综合技术效率，测算结果如表 5-4 所示。对比调整前后测算的 DEA 效率值，发现 67 个战略性新兴产业集群综合技术效率的均值由调整前的 0.541 下降至 0.528，纯技术效率均值由调整前的 0.630 上升至 0.731，规模效率均值由 0.850 下降至 0.713，剔除环境因素和统计噪声后纯技术效率稍有上升，综合技术效率、规模效率出现不同程度降低，表明环境因素会对战略性新兴产业集群综合技术效率产生影响。

表 5-4　投入调整后战略性新兴产业集群技术效率值

编号	综合技术效率	纯技术效率	规模效率	效率状态	编号	综合技术效率	纯技术效率	规模效率	效率状态
1	0.989	1	0.989	drs	35	0.327	1	0.327	irs
2	0.269	1	0.269	irs	36	0.435	0.832	0.524	irs
3	0.405	0.620	0.654	irs	37	0.393	0.491	0.802	irs
4	1	1	1	—	38	0.204	0.573	0.356	irs
5	0.439	0.984	0.446	irs	39	0.409	0.735	0.557	irs
6	0.696	0.880	0.792	irs	40	1	1	1	—
7	0.706	0.724	0.976	irs	41	0.483	0.773	0.625	irs
8	0.543	0.619	0.878	drs	42	0.209	0.241	0.868	irs
9	0.813	0.830	0.98	irs	43	0.248	0.293	0.847	irs
10	0.504	0.915	0.551	irs	44	0.412	0.818	0.504	irs
11	0.444	0.446	0.997	irs	45	0.441	0.894	0.494	irs
12	0.411	0.499	0.823	irs	46	0.294	0.662	0.444	irs
13	0.096	0.384	0.250	irs	47	0.223	0.315	0.708	irs
14	0.136	1	0.136	irs	48	0.507	0.649	0.781	irs
15	0.846	1	0.846	irs	49	1	1	1	—
16	0.612	0.687	0.890	irs	50	0.419	0.581	0.721	irs
17	0.728	0.739	0.986	irs	51	0.428	0.437	0.980	drs
18	0.624	0.774	0.805	irs	52	1	1	1	—
19	1	1	1	—	53	0.240	0.455	0.527	irs
20	0.526	0.863	0.610	irs	54	0.348	0.435	0.799	irs
21	0.810	1	0.810	irs	55	1	1	1	—
22	0.683	0.899	0.759	irs	56	0.251	0.716	0.351	irs
23	0.365	0.747	0.488	irs	57	0.268	0.429	0.625	irs
24	0.857	0.880	0.973	drs	58	0.966	1	0.966	drs
25	0.479	0.771	0.622	drs	59	0.702	0.703	0.999	irs
26	0.250	0.326	0.765	irs	60	0.104	0.556	0.186	irs
27	1	1	1	—	61	0.483	0.917	0.526	irs
28	0.338	0.655	0.516	irs	62	1	1	1	—
29	0.696	1	0.696	irs	63	0.639	0.672	0.952	irs
30	0.358	0.439	0.816	irs	64	0.439	0.630	0.697	irs
31	0.217	0.448	0.485	irs	65	0.378	0.539	0.702	irs
32	0.441	0.675	0.653	irs	66	0.255	0.619	0.412	irs
33	0.339	0.819	0.414	irs	67	0.236	0.381	0.618	irs
34	1	1	1	—	均值	0.528	0.731	0.713	

注：irs 和 drs 分别表示效率递增状态和效率递减状态；—表示效率不变状态。

1. 综合技术效率

北京中关村移动互联网创新型产业集群（1）、天津泰达高端医疗器械产业集群（2）、天津基于国产自主可控的信息安全产业集群（3）等38个战略性新兴产业集群的综合技术效率有所提升，占比达56.72%；沈阳生物医药和健康医疗创新型产业集群（10）、本溪制药创新型产业集群（13）、通化医药创新型产业集群（14）等25个战略性新兴产业集群的综合技术效率有所降低，占比达37.31%，如图5-3所示（因战略性新兴产业集群数量较多，图5-3用序号替代集群名称）。其中，济南智能输配电创新型产业集群（34）、滨州高端铝材产业集群（40）、株洲轨道交通装备制造产业集群（49）、惠州云计算智能终端创新型产业集群（55）在第一阶段和第三阶段均位于效率前沿面上，说明这4个战略性新兴产业集群的综合效率值不受环境因素影响；在第一阶段位于效率前沿面的齐齐哈尔重型数控机床产业集群（15）、苏州高新区医疗器械创新型产业集群（21）、苏州纳米新材料创新型产业集群（22）、德州生物制造创新型产业集群（39）等6个产业集群在第三阶段未达到效率前沿面，说明调整前其效率值未真实反映其效率；在第三阶段达到效率前沿面的北辰高端装备制造产业集群（4）、

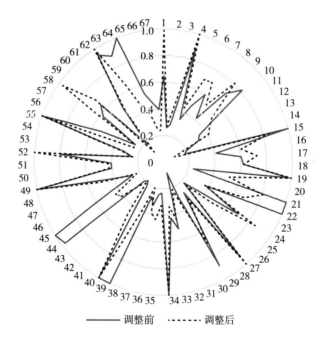

图5-3　战略性新兴产业集群投入调整前后技术效率值对比

江阴特钢新材料创新型产业集群（19）、芜湖新能源汽车创新型产业集群（27）、西安泛在网络技术创新型产业集群（62）在剔除环境因素和统计噪声影响后综合技术效率值较高。77.61%的战略性新兴产业集群的综合技术效率值低于0.8，整体而言我国战略性新兴产业集群的综合技术效率仍处于较低水平。处于效率前沿面的9个战略性新兴产业集群的规模效率不变，52个战略性新兴产业集群的规模效率递增，6个战略性新兴产业集群的规模效率递减。

2. 纯技术效率

天津泰达高端医疗器械产业集群（2）、天津基于国产自主可控的信息安全产业集群（3）、天津高新区新能源产业集群（5）等43个战略性新兴产业集群的纯技术效率有所提升，占比达64.18%；保定新能源与智能电网装备创新型产业集群（8）、苏州纳米新材料产业集群（22）等12个战略性新兴产业集群的纯技术效率有所降低，占比17.91%。其中，天津高新区新能源产业集群（5）和常州轨道交通牵引动力与关键核心部件产业集群（20）纯技术效率的上升幅度较大，分别从0.368、0.253上升到0.984、0.863，表明受地区经济发展水平、地区科技化水平和地区开放度水平影响，战略性新兴产业集群纯技术效率被低估。

3. 规模效率

北京中关村移动互联网创新型产业集群（1）、北辰高端装备制造产业集群（4）、邯郸现代装备制造创新型产业集群（7）等17个战略性新兴产业集群的规模效率上升，占比25.37%；天津泰达高端医疗器械产业集群（2）、天津基于国产自主可控的信息安全产业集群（3）、天津高新区新能源产业集群（5）等45个战略性新兴产业集群的规模效率下降，占比67.16%。投入调整前位于规模效率前沿的齐齐哈尔重型数控机床产业集群（15）、德州生物制造创新型产业集群（39）、荆门城市矿产资源循环利用创新型产业集群（45）、杨凌示范区生物产业集群（64）等6个产业集群的规模效率值在投入调整后出现不同程度下滑，北辰高端装备制造产业集群（4）、芜湖新能源汽车产业集群（27）、深圳高新区下一代互联网创新型产业集群（52）、西安泛在网络技术创新型产业集群（62）4个战略性新兴产业集群的规模效率值上升，达到规模效率前沿面，表明其规模效率处于相对较高状态，环境因素和随机干扰项掩盖了这些战略性新兴产业集群规模效率的真实状况。

（四）战略性新兴产业集群技术效率

为分析不同产业集群技术效率发展状况，笔者根据国家统计局发布的《战略性新兴产业分类（2018）》，将 67 个战略性新兴产业集群细分为 9 大产业集群：新一代信息技术产业集群、高端装备制造产业集群、新材料产业集群、生物产业集群、新能源汽车产业集群、新能源产业集群、节能环保产业集群、数字创意产业集群、相关服务业产业集群，投入调整前后战略性新兴产业集群技术效率的均值变化如表 5-5 所示。

表 5-5　投入调整前后战略性新兴产业集群技术效率

产业集群	对应产业集群序号	投入调整前			投入调整后		
		综合技术效率	纯技术效率	规模效率	综合技术效率	纯技术效率	规模效率
新一代信息技术产业集群	1、3、11、12、26、29、34、52、55、59、62	0.645	0.713	0.917	0.718	0.781	0.902
高端装备制造产业集群	4、7、15、18、20、23、25、30、32、35、36、37、38、47、49、50、53	0.462	0.533	0.871	0.505	0.720	0.693
新材料产业集群	9、19、22、28、40、56、63、67	0.723	0.765	0.946	0.620	0.769	0.772
生物产业集群	2、6、10、13、14、21、39、41、46、51、54、61、64、66	0.520	0.646	0.767	0.404	0.742	0.561
新能源汽车产业集群	27、33、43、44、58、60	0.548	0.745	0.722	0.512	0.748	0.653
新能源产业集群	5、8、17、31、48	0.376	0.462	0.790	0.487	0.688	0.715
节能环保产业集群	45、57、65	0.594	0.619	0.950	0.362	0.621	0.607
数字创意产业集群	24	0.701	0.865	0.810	0.857	0.880	0.973
相关服务业产业集群	16、42	0.300	0.326	0.914	0.411	0.464	0.879

由表 5-5 可知，九大战略性新兴产业中，数字创意产业集群数量最少，高端装备制造产业集群数量最多，生物产业集群和新一代信息技术产业集群数量次之。由于受到环境因素和随机干扰项影响，投入调整前后战略性新兴产业集群的技术效率值有所差异，调整后的值更能反映产业集群技术效率的真实状况，分析时以调整后的技术效率为准。

剔除环境因素和统计噪声后九大细分战略性新兴产业集群中数字创意产业集群的综合技术效率最高，近年来我国数字创意产业实现持续快速增长，2017 年我国数字创意产业总规模（不计融合发展部分）已突破 3.2 万亿元，成为世界级的数字内容生产大国，但重数量轻质量、缺乏有影响力的代表性产品仍制约着我国数字创意产业高质量发展的进程。新一代信息技术产业集群和新材料产业集群次之，随着互联网、移动互联网的普及，信息技术的重要性越发凸显，从产业模式和运营模式，到消费结构和思维方式，信息技术对城市地区发展的影响越来越深，尤其是当前我国倡导发展的数字经济，将成为推动新一代信息技术产业发展的新引擎；新材料产业承担着引领材料工业升级换代、支撑战略性新兴产业发展的重要使命，是支撑国民经济发展的基础产业，当前我国新材料研究水平不断提高，许多重要的新材料的技术指标得到大幅提升，整体呈现聚集发展的良好态势，但仍存在国际市场竞争力薄弱、核心关键材料对外依存度高等问题，未来仍需进一步加强政策引导。节能环保产业集群、生物产业集群的综合技术效率较低，节能环保产业属于重资产行业，前期投资大、研发周期长，而我国中小节能环保企业缺乏强大的融资能力，资金短缺现象严重，融资需求缺口较大是制约节能环保产业发展的重要因素；生物产业发展需要长期持久的技术研发，这需要生物产业具备一定的集中度，但当前我国生物产业间尚未形成有效的交流合作，缺乏"协同共赢"意识，这导致生物产业资源重复配置，创新资源利用率不足，需要进一步优化资源管理，提升创新效率。

四、结论与建议

战略性新兴产业集群是推动战略性新兴产业发展的重要组织形式，研究战略性新兴产业集群的技术效率对提升产业集群效率、推动产业集群高质量发展具有重要意义。本节采用三阶段 DEA 模型测算剔除环境因素和随机扰动项影响的战略性新兴产业集群的技术效率。结论表明：

（1）第二阶段用 SFA 模型分解环境因素、管理无效率等对战略性新兴产业集群技术效率的影响，发现地区经济发展水平、地区科技化水平和地区开放程度环境因素均会对投入松弛变量产生显著正向或负向影响，表明环境因素会影响战略性新兴产业集群技术效率。

（2）剔除环境因素干扰后，77.61% 的战略性新兴产业集群规模报酬递增，说明进一步扩大产业集群规模还能提升战略性新兴产业集群技术效率。如美国硅谷地区集结世界各地 100 万人以上的科技人员，筑波科学城吸纳日本约 40% 的科研机构，目前我国产业集群仍应加大人才引进力度和吸引相关企业入驻，形成产业集群聚集效应，提高产业集群效率。

（3）对战略性新兴产业集群九大细分产业集群技术效率的分析表明，我国战略性新兴产业集群整体的技术效率偏低。新一代信息技术产业集群、新材料产业集群和数字创意产业集群应进一步加强资源利用效率，不能盲目进行资源投入，要通过整合创新要素，优化投入结构，提升产出质量，减少资源浪费。节能环保产业集群和生物产业集群应适当扩大规模，加强集群间的交流协作，引进创新资源，发挥集群集聚效应。

第四节　战略性新兴产业集群协同创新绩效提升的政策建议

战略性新兴产业代表新一轮科技革命和产业变革的方向，是我国培育发展新动能、获取未来竞争新优势的关键领域。为了更好地管理战略性新兴产业集群内的合作关系，加强集群内各创新主体之间的协同创新，充分发挥各自优势，提高协同创新绩效，本节根据以上实证研究结论，结合我国战略性新兴产业集群发展现状提出以下政策建议：

（一）加强政府宏观引导，促进战略性新兴产业集群协同创新发展

"十四五"时期，我国改革开放和社会主义现代化建设进入高质量发展的新阶段，国内外环境的深刻变化带来一系列新机遇、新挑战。在新阶段、新征程、新起点上发展战略性新兴产业集群，要发挥其对经济社会转型的支撑性和保障性作用，对创新驱动发展的先导性和引领性作用，以及对扩大就业创业的关联性和带动性作用，从而全面提高我国产业竞争水平、综合经济实力和国际分工地位。目前，我国战略性新兴产业集群的发展还处在培育阶段，仅仅依靠市场力量是不够的，需要政府宏观规划、引导和政策激励，结合市场"无形之手"的作用，依据各地产业优势和区域特色做好战略性新兴产业集群发展统筹规划，加强资源整合，集中优势资源，培育一批布局合理、优势突出、特色鲜明的战略性新兴产业集群，促进战略性新兴产业跨越式发展。比如，武汉光谷战略性新兴产业集群的成功就得益于政府的支持和引导发展，武汉东湖新技术产业开发区已逐步形成以光电子信息产业集群为主导，高端装备制造产业、新能源环保产业、生物医药产业以及高技术服务业协同发展的"131"产业格局，其资源、要素等呈现明显的集聚趋势，战略性新兴产业集群效应明显（张治河等，2014）。

强调政府在战略性新兴产业集群协同创新中的主导作用。发达国家的成功经

验表明，政府引导和支持是新兴产业顺利进行集群协同创新的重要保障。比如，美国政府通过制定国家产业创新战略，完善技术创新支持平台，加强产业的协同创新，鼓励各创新主体注重技术突破，通过政府主导实现战略性新兴产业突破性创新或跨越式创新。日本政府则强调政府政策的引导作用，通过制定协同创新战略和指导性计划来引导新兴产业协同创新活动。战略性新兴产业集群不同于传统产业集群，其发展主要依靠创新驱动。政府应从国家经济发展和战略性新兴产业发展的战略层面制定战略性新兴产业技术发展规划，描绘战略性新兴产业技术发展路线图，明确各领域和重点突破的产业关键核心技术，加强战略性新兴产业集群内各创新主体对技术的认同，有效引导战略性新兴产业集群进行协同创新。

强化政府服务功能，建立灵活的、多元化的战略性新兴产业协同创新平台。在我国，目前以传统产业为主的产学研合作创新平台与战略性新兴产业创新存在诸多不适应，阻碍了战略性新兴产业共性技术和关键核心技术的协同创新。协同创新平台有利于创新知识在集群内的传播，是我国实施创新驱动战略、促进战略性新兴产业集群协同创新的关键。比如，北京经济技术开发区通过创建云计算新兴产业基地研发平台，吸引了云计算产业链上、下游多家企业，形成了产业关联度高、辐射能力强的云计算产业集群，带动了云计算产业的创新发展。

（二）降低集群协同创新成本，提高战略性新兴产业集群协同创新价值

创新成本在一定程度上决定了协同创新效率和集群的稳定性，影响企业、科研院所参与集群协同创新的积极性。首先，政府应宏观引导并提供信誉保证，使创新主体能站在更高的高度和基于整个集群创新系统的利益进行行为决策，从而降低协同创新中的决策成本。其次，科技中介机构要参与协同创新，以提高协同创新效率，降低交易成本。科技中介机构利用其专业化的技术创新过程管理方法可显著提高集群协同创新效率，减轻集群创新主体负担，有利于降低创新主体间的道德风险和交易成本。最后，集群应构建完善的沟通交流平台，加强集群成员彼此间的联系与沟通，提高集群创新主体间的信任度，抑制集群协同创新中机会主义行为，降低成员之间的协调成本。

在产业集群中，集群协同创新价值还与协同创新效应系数正相关，协同效应系数大，集群协同创新价值就高，集群内创新主体选择参与协同创新策略的概率也高。集群协同创新效应与集群中创新主体技术知识的差异性、互补性、协同性以及创新主体协同创新能力密切关联。战略性新兴产业集群协同创新主体的性质不同，集群成员的知识、技术之间存在一定差异，往往会影响集群协同创新效率。战略性新兴产业集群核心企业要根据战略性新兴产业的技术属性，注意创新

主体间技术知识的互补性、协同性，提升战略性新兴产业集群协同创新价值。

（三）完善战略性新兴产业集群利益分享机制，加强集群协同创新风险控制

集群协同创新价值的合理分配有利于提高创新主体参与集群协同创新的积极性。战略性新兴产业集群是由多个具有独立法人资格的创新主体构成的协同创新系统，各个主体进入集群参与协同创新的目标和利益各不相同，所以集群利益分享始终是各创新主体关注的问题。集群创新主体的利益分享直接影响集群协同创新效率和集群的稳定性。但在战略性新兴产业集群协同创新体系中，集群首先关注的不应是各创新主体得到的利益，而应从战略高度审视整个集群创新系统是否实现了共同目标，如通过协同创新是否解决了战略性新兴产业发展的共性技术和关键核心技术等。战略性新兴产业集群成员间的利益分配也是一个反复的过程，不可避免地存在一些利益冲突，集群应根据各创新主体在协同创新过程中的资源投入水平、对创新系统的贡献程度以及在协同创新过程中的风险承担水平等因素，建立一个公平、合理、多赢的利益分享机制，提升集群创新主体的积极性。

建立战略性新兴产业集群协同创新风险控制机制。战略性新兴产业的技术属性决定了其技术创新风险发生的概率较高，新兴技术研发的失败或市场对研发出的新兴产品不接受，都会导致协同创新的失败。战略性新兴产业创新生态系统应选择多主体治理模式，建立有效的运作机制，调节协同创新过程中创新主体的行为，控制系统协同创新风险（吴绍波、顾新，2014）。因此，战略性新兴产业集群内有必要建立多元化的协同创新技术风险投资机制，设立战略性新兴产业协同创新投资基金，探索非专利和知识产权等无形资产质押贷款等形式，鼓励和引导多元化融资政策支持和引导战略性新兴产业协同创新，以分散集群协同创新风险。政府应完善对战略性新兴产业协同创新的风险补偿机制，一旦发生战略性新兴产业协同创新失败，可以根据具体情况给予一定补偿，以在一定程度上消除集群协同创新主体对环境风险和技术风险的担忧，促进各创新主体积极参与战略性新兴产业集群协同创新。

第六章　战略性新兴产业集群
组织学习机制研究

作为创新集群的代表，战略性新兴产业集群可以加速实现技术创新和技术产业化，并能带动产业升级和区域创新，是促进战略性新兴产业发展的有效模式。在外部环境日益呈现复杂性和高度不确定性特征下，多数战略性新兴产业的创新活动不是由单一主体完成，而是由多个主体通过知识共享、交互协同等形式完成。战略性新兴产业集群内部跨学科、跨领域、跨产业的知识较多，并且具有高度的知识流动性（顾丽敏、段光，2014），为集群内各行为主体开展组织学习和创新活动提供了先天环境优势。因此，研究战略性新兴产业集群组织学习行为对于促进战略性新兴产业可持续和高质量发展具有重要意义。

本章基于组织学习理论对战略性新兴产业集群组织学习的内涵与特征进行界定，探讨战略性新兴产业集群组织学习类型、过程，并通过演化博弈和仿真分析研究战略性新兴产业集群组织学习机制，最后对组织学习与双元创新之间的关系进行实证研究，提出战略性新兴产业集群组织学习促进策略。

第一节　战略性新兴产业集群组织学习行为分析

一、战略性新兴产业集群组织学习内涵及特征

（一）战略性新兴产业集群组织学习内涵

战略性新兴产业集群是指战略性新创企业通过发挥示范和辐射作用，吸引某一地理区域的更多战略性新创企业及相关支持机构加入而形成的集群（刘志阳、

程海狮，2010）。战略性新兴产业集群以战略性新兴产业为核心，由相关产业企业、高等院校、科研院所及辅助机构等共同构成，包含战略性新兴技术研发、产业化和新兴产业网络化整个过程，是具有创新驱动、知识溢出、协同互动和发展传导性特征的组织间关系网络。在信息技术快速发展的背景下，组织内部的信息及知识资源已难以满足企业进行技术创新需要，而创新主体单凭自身无法有效获取具有随机性、隐含性等特征的知识资源以及应对呈现高度动态变化特征的外部环境，需要通过组织学习行为汲取组织外部的知识资源以提高知识存量，增强竞争优势。

战略性新兴产业集群组织学习是指战略性新兴产业集群内行为主体在以往经验和活动的基础上获取、利用现有知识或者开发、探索新知识，并对这些知识进行整合、提炼以及内化，最后对其进行运用的过程。在战略性新兴产业集群内部，政府是创新主体进行组织学习的引导者和监督者，高校和科研院所是创新知识的主要产出者，企业是集群内进行组织学习的主要行动者。战略性新兴产业是新知识和新技术深度融合的产业，其集群内部行为主体组织呈现多元化，不同主体间知识结构差异大，知识复杂性和知识异质性程度高，而行为主体之间知识资源的差异性和互补性正是行为主体之间进行知识共享、协同和交互的基础（张敬文等，2017）。战略性新兴产业集群内部各行为主体通过组织学习行为分享自身知识，并获取所需互补性知识，不仅可以减少知识生产的重复性投入，降低知识获取成本，还可以在组织学习过程中通过沟通和交流进行思维碰撞，促进新知识的产生，有利于提高集群创新能力。

（二）战略性新兴产业集群组织学习特征

战略性新兴产业集群作为集群的一种特殊形式，其组织学习表现出一些独有的特征：

1. 政府引导性

作为新兴产业代表，战略性新兴产业以重大创新突破和重大发展需求为基础，代表未来科技和产业发展新方向，对社会全局和经济发展具有重大引领作用。自《国务院关于加快培育和发展战略性新兴产业的决定》出台以来，政府逐渐加大对战略性新兴产业的培育发展。战略性新兴产业集群作为一种推动多个战略性新兴产业协同发展的组织形态，是战略性新兴产业培育和发展的重要模式。在战略性新兴产业集群内，行为主体间的组织学习行为可以是自发的，但更多情况下是在政府引导下发生的。政府通过政策出台、资金补助、财政优惠等一系列行为，可以在一定程度上提高集群内行为主体组织学习意愿。政府在发挥其引导功能的同时，还可以对积极参与组织学习的行为主体进行补贴奖励，对中途违约的行为主体进行惩罚，充分发挥其鞭策和监督功能。

2. 行为主体之间的共享性和互动性

战略性新兴产业集群内各个不同产业都具有知识技术密集、资本高度凝聚、互动合作紧密和资源高度共享等特点（石明虹、胡茉，2013），不同层次的主体蕴含着丰富的知识资源，具有较强的层次性和嵌入性。在战略性新兴产业集群内，各个行为主体进行的组织学习，不仅包括单向学习，更包括双向以及多向的共享式和互动式学习，即学习者和被学习者都参与到知识转移过程中。战略性新兴产业企业、高校、科研院所等通过集群平台进行交流和互动，不仅可以吸收显性知识，也可以学习到只可意会不可言传的隐性知识。

3. 行为主体的多元性和互补性

战略性新兴产业集群由政府机构、相关产业企业、高等院校、科研院所及辅助机构等共同构成，具有较强的多元性是战略性新兴产业集群的重要特征。在战略性新兴产业集群内，不同主体来自不同的产业，具有不同的背景、结构，存在知识势差，主体之间具有较强的资源互补性，这正是进行组织学习的前提和基础。

4. 行为主体之间的互惠性和竞争性

战略性新兴产业集群行为主体在预期到参与组织学习可为自身解决关键资源获取困难问题，从而弥补自身资源缺陷、获取知识优势的情况下，会主动参与组织学习，与拥有自身所需的技术知识的行为主体进行知识共享，这是一个双方互惠互利的过程。此外，集群主体之间组织学习并不是单纯的合作，也存在一定程度的竞争性。行为主体在与对方进行知识开放共享的同时，也需要保持高度的警惕性与灵敏性，尽量避免因对方中途违约造成自身知识泄露从而失去竞争优势。战略性新兴产业集群面临的外部环境是时刻动态变化的，在合作中渗透竞争，在竞争中融入合作，是集群主体组织学习的显著特征。

二、战略性新兴产业集群组织学习类型及过程

（一）战略性新兴产业集群组织学习类型

基于不同视角，战略性新兴产业集群组织学习可以分为不同的类型。下面主要从学习策略、知识传播方向和学习层次三个角度对战略性新兴产业集群的组织学习类型进行介绍。

1. 利用式学习和探索性学习

March（1991）从学习策略角度将组织学习分为利用式学习和探索性学习，

强调组织对外部环境的关注。这一分类在学术上得到了多数学者的认同。利用式学习是指组织对已有能力、技术和范式等的提炼和拓展，涉及对现有知识、技术等资源进行获取、整合和利用，从而应用于改进产品使其适应市场变化（Cohen and Caner，2016），有利于组织现阶段生存；探索性学习则是指对组织外部新知识、新技术进行探索、识别和开发的学习行为，是获取新知识的过程（Daniel et al.，2015），决定组织未来的发展。对战略性新兴产业集群内各行为主体而言，利用式学习和探索性学习并非互斥关系，而是互补关系，两种学习方式可以分别进行也可以同时进行。战略性新兴产业面临的外部环境技术和产品更新速度快，战略性新兴产业集群内各行为主体应该根据外部环境变化和自身发展阶段科学选择适合自身发展的学习方式，或者说对适合自身发展的学习方式有所侧重。

2. 单向学习、双向学习和多向学习

根据知识在集群内成员间的传播方向，可以借鉴王宏起和刘希宋（2005）关于高新技术企业战略联盟组织学习的观点，将战略性新兴产业集群组织学习分为单向学习、双向学习和多向学习。在战略性新兴产业集群内，行为主体进行组织学习前应先进行组织学习对象选择。在此阶段，合作伙伴间还未真正地进行知识交流与共享，而是先进行单向学习，分析和了解合作伙伴所处环境，认识合作伙伴的资源能力、企业文化以及组织学习动机和目标，分析双方进行知识交流的资源互补性和企业文化相融性。在选择好组织学习对象后，双向学习开始显现。此时，集群内行为主体应该进一步分析合作伙伴环境，学习能提升自身核心能力的关键性资源。随着集群内合作伙伴之间的合作意识、依赖度、信任度的不断增强，集群内各成员将有针对性地学习合作伙伴的互补性知识与技能，以提高自身主导优势和核心能力。为巩固组织主导优势和核心能力以及维护集群成员间的关系，集群内各主体会主动投入资源，在更广的范围内建立和调整共同任务和目标，此时集群内各成员会进行多向学习，共享集群内获得的知识，共同合作创造新知识。

3. 业务性学习和战略性学习

根据学习层次，组织学习可分为业务性学习和战略性学习。业务性学习指组织不断优化和巩固既定规则，提炼与具体任务相关的实践知识，通过遵循、重复、延伸和强化已有的规则和经验，帮助组织提高效率，降低成本（Taylor and Helfat，2009）。业务性学习主要是以中基层员工、技术专家等为参与者，涉及操作流程和具体实践知识，是行为层面上的学习，主要是为了实现短期绩效或者盈利。战略性学习是以高层领导者及领导团队为主要参与者，为启动组织未来战略，形成长期适应能力的认知层次的学习。它要求组织反思和质疑当前的基础假设和管理方法，跳出既定规则，重新思考组织变革和未来战略，重新构建组织行为与绩效间的因果关系，形成与从前完全不同的解读机制、战略路径及行为准则（晏梦灵等，2016）。

（二）战略性新兴产业集群组织学习过程

自组织学习的概念提出以来，学者们基于不同视角对组织学习的过程模型和理论进行了研究。Argyris 和 Schön（1978）将组织学习过程划分为发现、发明、执行和推广四个阶段（见图 6-1）。发现阶段主要发现实际结果与预期之间的差异；发明阶段主要寻找解决问题的方案；执行阶段开始执行制定的解决方案；推广阶段开始将成功的经验推广至其他部门，使之规范化和惯例化（邓雪，2015）。Nonaka 和 Takeuchi（1995）将知识类型分为显性和隐性，并从知识转化的角度提出了 SECI 组织学习过程模型，即知识的社会化、外在化、组合化和内在化。Dixon 提出组织学习圈模型，认为组织学习包括信息产生、组织整合、集体释义和行动四个过程并形成闭合圈。陈国权和马萌（2000）在 Argyris 和 Schön（1978）的组织学习模型基础上提出了增加"反馈"环节和"知识库"的组织学习过程模型。陈国权又对模型进一步修改，最后提出了"发现""发明""选择""执行""推广""反馈"和"知识库"的"6P1B"组织学习过程模型（见图 6-2），且组织与外部环境间还存在知识交流（陈国权、郑红平，2005）。

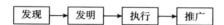

图 6-1　Argyris 和 Schön 的组织学习过程模型

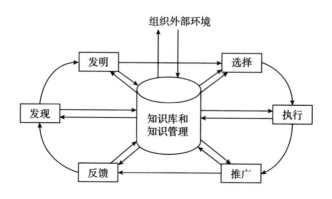

图 6-2　"6P1B"组织学习过程模型

尽管学者们对组织学习过程的认识不同，但他们提出的模型在一定程度上存在相似性和重叠性。结合新兴产业特征，笔者认为战略性新兴产业集群组织学习过程主要包括知识识别与获取、知识共享、知识整合、知识内化和知识运用五个阶段。知识识别与获取是组织学习的第一步，指的是组织根据自身条件对外部所需异质性知识资源进行识别和获取的过程。一般来说，组织在集群内的网络地位，与其他成员的关系质量等因素对组织识别和获取外部知识信息的难易程度有较大影响。组织在识别和获取知识后，下一步也应该与合作者或者组织内部成员积极互动和交流，对已有知识进行传播和共享，促进个体层面的学习。随后，通过共同观察、讨论和理解形成共同语言和协同行为，这就是知识整合过程。对知识进行整合后，组织应该对过去所学知识进行理解与存储，将所学知识内化成自己的新知识，将从外部所学的知识根植于自身的组织知识库中，这样才能使知识随着时间推移保持连续性。将知识内化后，最终一步也是最重要的一步，就是知识的运用及创新过程。组织对所学知识进行运用，将其转化为创新成果，可以增强组织对外部环境的适应能力从而提升竞争优势。

第二节　基于演化博弈的战略性新兴产业集群组织学习研究

一、问题的提出

组织学习作为信息、知识等资源的获取、共享方式，对促进战略性新兴产业集群高质量创新发展具有重要作用。国内外学者分别从不同视角对战略性新兴产业集群和组织学习进行了研究。李扬和沈志渔（2010）认为战略性新兴产业集群是指某一产业或相关上下游产业的有关企业、机构和科研院所等在空间地理上的集中，这种集中能够使相关企业和部门共享集群内市场、基础设施和研发机构，带来规模经济收益且产业集群要求集群内企业及相关机构必须形成协同竞合关系。张治河等（2014）总结出目前战略性新兴产业集群形成机制的代表观点主要有"要素论""模型论""动态论"和"系统论"，并以自主创新示范区——武汉·中国光谷为例，总结得出战略性新兴产业集群的形成并非单一的政府主导模式，而是呈现出不同的形成机制，主要有政府主导、市场主导、政府与市场共同作用三种方式。蔡彬清和陈国宏（2013）探讨了链式集群企业多维网络关系通过二元式组织学习影响创新绩效的作用机理，并以福建省三个链式产业集群为对象进行实证研究。菅利荣和王大澳（2019）通过构建"政府—企业—企业"三者之间的深化博弈模型对政府调控下的战略性新兴产业集群企业知识共享进行演化博弈研究。沈波等（2020）从组织学习的视角出发，探讨组织学习对知识创新的影响，分析组织忘记在组织学习与知识创新影响关系中的中介作用。

尽管战略性新兴产业集群和组织学习都是国内外学者比较关注的问题，并且取得了有价值的研究成果，但学者们多从微观角度考虑企业的组织学习问题，结合战略性新兴产业知识属性，系统性地基于集群整体探讨战略性新兴产业集群组织学习机制的研究比较鲜见。因此，在国家大力发展战略性新兴产业背景下，战略性新兴产业集群作为整合知识、技术等资源的重要平台，研究其组织学习机制具有重要意义。基于此，本节拟利用演化博弈和系统动力学仿真对战略性新兴产业集群组织学习机制展开研究。

二、战略性新兴产业集群多主体演化博弈模型分析

战略性新兴产业集群组织学习是指集群内部企业、学研方（高校、科研院所）、政府机构和相关中介服务机构等主体之间进行信息、知识等的获取、传递、吸收以及运用的过程。集群内部各个主体都是有限理性的，在以实现自身利益最大化为目标的前提下，会根据其他主体的策略变化而对自身策略不断进行调整，最终达到趋于稳定的策略。这是一个反复、长期的博弈演化过程。

演化博弈论是从有限理性出发，以参与人为研究对象，基于演化稳定策略的基本概念，强调博弈的动态过程。因此，可以基于演化博弈论，用生物演化的复制动态机制模型对战略性新兴产业集群组织学习机制进行分析。在不考虑中介服务机构作用的前提下，基于参与主体有限理性，运用演化博弈方法研究战略性新兴产业集群组织学习过程中政府机构、学研方和企业三者之间的动态演化过程，以揭示多主体之间的协同机制和策略选择，为构建多主体机制下的组织学习机制提供参考。

（一）模型假设

1. 参与主体

本节研究的战略性新兴产业集群组织学习博弈主体为政府、学研方和企业。作为对经济社会全局和长远发展具有重要引领作用的产业，战略性新兴产业代表着未来产业发展方向，受到各国政府的重视与培育。政府在促进战略性新兴产业集群组织学习过程中主要扮演"引导者""监督者"的角色，通过政策制定、资金支持等一系列措施，为战略性新兴产业集群内部企业与学研方进行组织学习提供更加宽松的环境。学研方作为信息、科研成果等重要异质性知识资源的拥有者，是集群知识创新主体。企业是战略性新兴产业集群组织学习的主要行动者，也是集群内部市场信息的主要接收者、收益的主要享有者。学研方与集群内部企业进行知识共享与互动，不仅有利于自身及时获取市场信息及需求，提高创新理论知识实践性，还有利于促进科研成果转化，提升企业创新能力，甚至提高集群整体的创新能力。

2. 与政府相关的假设

假设政府在战略性新兴产业集群组织学习过程中进行引导的比率为 $x(0 \leqslant x \leqslant 1)$，积极引导的各种宣传成本为 L，有效引导带来的社会声誉为 B。为提高学研方和企业组织学习积极性，对参与组织学习的学研方进行资金奖励为 I，对积极参与组织学习的企业进行资金补贴为 M。当学研方和企业同时积极参与组织学习并成功实现科技成果转化时，给政府带来的社会价值收益为 W。在政府积极引导的情况下，若学研方或企业任何一方存在违约行为，政府将收回对违约方的支持资金，并对违约方收取罚金（对学研方和企业收取的罚金分别为 d_1 和 d_2）。在此过程中，政府对违约方进行处罚所付出的治理成本为 H。若政府不引导，即选择不负责任行为，则会面临企业和学研方的投诉风险为 V。

3. 与学研方相关的假设

假设学研方进行组织学习的概率为 $y(0 \leqslant y \leqslant 1)$，靠自身知识资源实现的原始收益为 i_1，参与组织学习所得的额外收益为 R_1，进行组织学习面临的风险成本为 C_1。企业与学研方之间的组织学习是一个相互学习的过程，本质上是合作，只有双方一直保持合作最终才能实现额外收益。在双方合作机制下，若学研方中途违约，则需要支付违约金 K_1 给企业。

4. 与企业相关的假设

同理，假设企业进行组织学习的概率为 $z(0 \leqslant z \leqslant 1)$，凭借自身知识资源所获得的正常收益为 i_2，参与组织学习所得的额外收益为 R_2，进行组织学习的风险系数为 C_2。在与学研方进行合作的情况下，若企业中途违约，则需支付违约金 K_2 给学研方。

综上假设，构建政府、学研方和企业三方演化博弈支付矩阵如表 6-1 所示。

表6-1　政府、学研方和企业三方博弈支付矩阵

策略选择		企业	
		参与（z）	不参与（1-z）
政府引导 （x）	学研方参与（y）	W+B−L−I−M	B+d₂−L−I−H
		i₁+R₁+I−C₁	i₁+I+K₂−C₁
		i₂+R₂+M−C₂	i₂−d₂−K₂
	学研方不参与（1-y）	B+d₁−L−M−H	B−L
		i₁−d₁−K₁	i₁
		i₂+M+K₁−C₂	i₂
政府不引导 （1-x）	学研方参与（y）	W−V	−V
		i₁+R₁−C₁	i₁+K₂−C₁
		i₂+R₂−C₂	i₂−K₂
	学研方不参与（1-y）	−V	−V
		i₁−K₁	i₁
		i₂+K₁−C₂	i₂

（二）演化博弈模型建设

由表6-1可知，政府引导组织学习的期望收益 E_x 和不引导组织学习的期望收益 E_{1-x} 分别为：

$$E_x = yz（W+B−L−I−M）+y（1−z）（B+d_2−L−I−H）+$$
$$（1−y）z（B+d_1−L−M−H）+（1−y）（1−z）（B−L） \tag{6-1}$$

$$E_{1-x} = yz（W−V）+y（1−z）（−V）+（1−y）z（−V）+（1−y）（1−z）（−V） \tag{6-2}$$

政府的复制动态方程为：

$$F（x）= \frac{dx}{dt} = x（1−x）[y（d_2−I−H）+z（d_1−M−H）$$
$$+yz（2H−d_2−d_1）+B+V−L] \tag{6-3}$$

学研方参与组织学习的期望收益 E_y 和不参与组织学习的期望收益 E_{1-y} 分别为：

$$E_y = xz(i_1+R_1+I−C_1)+x(1−z)(i_1+I+K_2−C_1)+$$
$$(1−x)z(i_1+R_1−C_1)+(1−x)(1−z)(i_1+K_2−C_1) \tag{6-4}$$

$$E_{1-y} = xz(i_1−d_1−K_1)+x(1−z)i_1+(1−x)z(i_1−K_1)+(1−x)(1−z)i_1 \tag{6-5}$$

学研方的复制动态方程为：

$$G\ (y)\ =\frac{dy}{dt}=y\ (1-y)\ [\,xI+z\ (R_1+K_1-K_2)\ +xzd_1+K_2-C_1]\qquad(6-6)$$

企业参与组织学习的期望收益 E_z 和不参与组织学习的期望收益 E_{1-z} 分别为：

$$E_z\ =\ xy(i_2+R_2+M-C_2)+x(1-y)(i_2+M+K_1-C_2)+$$
$$(1-x)y(i_2+R_2-C_2)+(1-x)(1-y)(i_2+K_1-C_2)\qquad(6-7)$$
$$E_{1-z}\ =\ xy(i_2-d_2-K_2)+x(1-y)i_2+(1-x)y(i_2-K_2)+(1-x)(1-y)i_2$$
$$(6-8)$$

企业的复制动态方程为：

$$H\ (z)\ =\frac{dz}{dt}=z\ (1-z)\ [\,xM+y\ (R_2+K_2-K_1)\ +xyd_2+K_1-C_2]\qquad(6-9)$$

式（6-3）、式（6-6）、式（6-9）则构成了政府、学研方和企业的复制动力系统。

三、三方演化稳定策略分析

由微分方程稳定性定理可知，若政府、学研方和企业三方选择某个策略为稳定状态时，则要对三方的复制动态方程求导，令：

$$F\ (x)\ =0,\ F'\ (x)\ =\frac{\partial F\ (x)}{\partial x}<0;\ G\ (y)\ =0,\ G'\ (y)\ =\frac{\partial G\ (y)}{\partial y}<0;$$

$$H\ (z)\ =0,\ H'\ (z)\ =\frac{\partial H\ (z)}{\partial z}<0$$

其中，

$$\begin{cases}\dfrac{\partial F\ (x)}{\partial x}\ =\ (1-2x)\ [\,y\ (d_2-I-H)\ +z\ (d_1-M-H)\ +yz\ (2H-d_2-d_1)\ +B+V-L]\\[2mm]\dfrac{\partial G\ (y)}{\partial y}\ =\ (1-2y)\ [\,xI+z\ (R_1+K_1-K_2)\ +xzd_1+K_2-C_1]\\[2mm]\dfrac{\partial H\ (z)}{\partial z}\ =\ (1-2z)\ [\,xM+y\ (R_2+K_2-K_1)\ +xyd_2+K_1-C_2]\end{cases}$$

根据上述条件可分别对政府、学研方和企业演化策略稳定性进行分析。

（一）政府的渐进稳定性分析

当 $F(x)=0$，此时有 $x=0$、$x=1$ 和 $y=\dfrac{L-B-V-z(d_1-M-H)}{d_2-I-H+z(2H-d_2-d_1)}$。当同时满足

$F(x)=0$ 和 $F'(x)=\dfrac{\partial F(x)}{\partial x}<0$ 时，x 为演化稳定策略。

（1）当 $y=\dfrac{L-B-V-z(d_1-M-H)}{d_2-I-H+z(2H-d_2-d_1)}$ 时，F（x）=0。此时 x 取区间内任意值都为稳定状态，政府的策略选择概率 x 不会随时间推移而变化。

（2）当 $y\neq\dfrac{L-B-V-z(d_1-M-H)}{d_2-I-H+z(2H-d_2-d_1)}$ 时，已知 x=0 和 x=1 是 x 的两个策略，此时分两种情况进行讨论：

1）当 $0<y<\dfrac{L-B-V-z(d_1-M-H)}{d_2-I-H+z(2H-d_2-d_1)}<1$ 时，把 x=0 和 x=1 分别代入 F′（x），可得 F′（0）<0，F′（1）>0，则 x=0 是演化稳定点。当学研方进行组织学习的概率小于 $\dfrac{L-B-V-z(d_1-M-H)}{d_2-I-H+z(2H-d_2-d_1)}$ 时，政府选择不引导策略。

2）当 $0<\dfrac{L-B-V-z(d_1-M-H)}{d_2-I-H+z(2H-d_2-d_1)}<y<1$ 时，把 x=0 和 x=1 分别代入 F′（x），可得 F′（x）>0，F′（1）<0，则 x=1 是演化稳定点。当学研方进行组织学习的概率大于 $\dfrac{L-B-V-z(d_1-M-H)}{d_2-I-H+z(2H-d_2-d_1)}$ 时，政府选择引导策略。

根据以上分析可得政府策略演化复制动态相位图（见图6-3）。

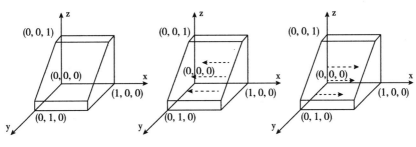

$$(a)\ y=\dfrac{L-B-V-z(d_1-M-H)}{d_2-I-H+z(2H-d_2-d_1)}\qquad (b)\ 0<y<\dfrac{L-B-V-z(d_1-M-H)}{d_2-I-H+z(2H-d_2-d_1)}<1\qquad (c)\ 0<\dfrac{L-B-V-z(d_1-M-H)}{d_2-I-H+z(2H-d_2-d_1)}<y<1$$

图6-3　政府策略演化复制动态相位图

（二）学研方的渐进稳定性分析

当 G（y）=0，此时有 y=0、y=1 和 $x=\dfrac{C_1-K_2-z(R_1+K_1-K_2)}{I+zd_1}$。当同时满足 G（y）=0 和 $G'(y)=\dfrac{\partial G(y)}{\partial y}<0$ 时，y 为演化稳定策略。

（1）当 $x=\dfrac{C_1-K_2-z(R_1+K_1-K_2)}{I+zd_1}$ 时，$G(y)=0$，此时 y 取区间内任意值都为稳定状态，学研方的策略选择概率 y 不会随时间推移而变化。

（2）当 $x\neq\dfrac{C_1-K_2-z(R_1+K_1-K_2)}{I+zd_1}$ 时，已知 $y=0$ 和 $y=1$ 是 y 的两个策略，此时分两种情况讨论：

1）当 $0<x<\dfrac{C_1-K_2-z(R_1+K_1-K_2)}{I+zd_1}<1$ 时，把 $y=0$ 和 $y=1$ 分别代入 $G'(y)$，可得 $G'(0)<0$，$G'(1)>0$，则 $y=0$ 是演化稳定点。当政府进行引导的概率小于 $\dfrac{C_1-K_2-z(R_1+K_1-K_2)}{I+zd_1}$ 时，学研方选择不参与组织学习策略。

2）当 $0<\dfrac{C_1-K_2-z(R_1+K_1-K_2)}{I+zd_1}<x<1$ 时，把 $y=0$ 和 $y=1$ 分别代入 $G'(y)$，可得 $G'(0)>0$，$G'(1)<0$，则 $y=1$ 是演化稳定点。当政府进行引导的概率大于 $\dfrac{C_1-K_2-z(R_1+K_1-K_2)}{I+zd_1}$ 时，学研方选择参与组织学习策略。

根据以上分析可得学研方策略演化复制动态相位图（见图 6-4）。

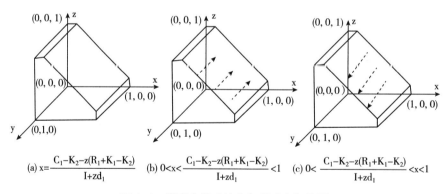

(a) $x=\dfrac{C_1-K_2-z(R_1+K_1-K_2)}{I+zd_1}$ (b) $0<x<\dfrac{C_1-K_2-z(R_1+K_1-K_2)}{I+zd_1}<1$ (c) $0<\dfrac{C_1-K_2-z(R_1+K_1-K_2)}{I+zd_1}<x<1$

图 6-4　学研方策略演化复制动态相位图

（三）企业的渐进稳定性分析

当 $H(z)=0$，此时有 $z=0$、$z=1$ 和 $x=\dfrac{C_2-K_1-y(R_2+K_2-K_1)}{M+yd_2}$。当同时满足 $H(z)=0$ 和 $H'(z)=\dfrac{\partial H(z)}{\partial z}<0$ 时，z 为演化稳定策略。

（1）当 $x=\dfrac{C_2-K_1-y(R_2+K_2-K_1)}{M+yd_2}$ 时，$H(z)=0$，此时 z 取区间内任意值都为

稳定状态，企业的策略选择概率 z 不会随时间推移而变化。

（2）当 $x\neq\dfrac{C_2-K_1-y(R_2+K_2-K_1)}{M+yd_2}$ 时，已知 $z=0$ 和 $z=1$ 是 z 的两个策略，此

时分两种情况讨论：

1）当 $0<x<\dfrac{C_2-K_1-y(R_2+K_2-K_1)}{M+yd_2}<1$ 时，把 $z=0$ 和 $z=1$ 分别代入 $H'(z)$，可

得 $H'(0)<0$，$H'(1)>0$，则 $z=0$ 是演化稳定点。当政府进行引导的概率小于

$\dfrac{C_2-K_1-y(R_2+K_2-K_1)}{M+yd_2}$ 时，企业选择不参与组织学习策略。

2）当 $0<\dfrac{C_2-K_1-y(R_2+K_2-K_1)}{M+yd_2}<x<1$ 时，把 $z=0$ 和 $z=1$ 分别代入 $H'(z)$，可

得 $H'(0)>0$，$H'(1)<0$，则 $z=1$ 是演化稳定点。当政府进行引导的概率大于

$\dfrac{C_2-K_1-y(R_2+K_2-K_1)}{M+yd_2}$ 时，企业选择参与组织学习策略。

根据以上分析可得企业策略演化复制动态相位图（见图6-5）。

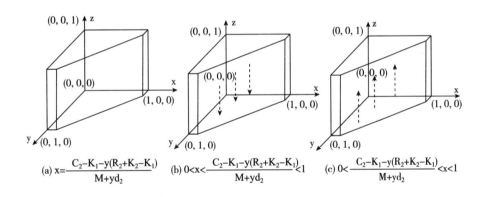

图6-5 企业策略演化复制动态相位图

（四）均衡点的稳定性分析

在非对称博弈中，若信息不对称条件成立，则演化稳定策略为纯策略（Reinhard，1980）。因此，本节仅讨论八个纯策略 $E_1(0,0,0)$、$E_2(0,1,0)$、$E_3(0,0,1)$、$E_4(0,1,1)$、$E_5(1,0,0)$、$E_6(1,1,0)$、$E_7(1,0,1)$、

$E_8(1, 1, 1)$的稳定性。根据李雅普诺夫判别法可知，当雅可比矩阵中均衡点的三个特征值均为负时，则说明该均衡点为系统演化稳定点（ESS）。由三者的复制动态方程可解得雅可比矩阵为：

$$J = \begin{bmatrix} J_{11} & J_{12} & J_{13} \\ J_{21} & J_{22} & J_{23} \\ J_{31} & J_{32} & J_{33} \end{bmatrix}$$

其中，$J_{11} = (1-2x)[y(d_2-I-H)+z(d_1-M-H)+yz(2H-d_2-d_1)+B+V-L]$；$J_{12} = x(1-x)[d_2-I-H+z(2H-d_2-d_1)]$；$J_{13} = x(1-x)[d_1-M-H+y(2H-d_2-d_1)]$；$J_{21} = y(1-y)(I+zd_1)$；$J_{22} = (1-2y)[xI+z(R_1+K_1-K_2)+xzd_1+K_2-C_1]$；$J_{23} = y(1-y)(R_1+K_1-K_2+xd_1)$；$J_{31} = z(1-z)(M+yd_2)$；$J_{32} = z(1-z)(R_2+K_2-K_1+xd_2)$；$J_{33} = (1-2z)[xM+y(R_2+K_2-K_1)+xyd_2+K_1-C_2]$。

由上述雅可比矩阵进而求得均衡点的特征值，如表6-2所示。

表6-2　均衡点及其特征值

均衡点	特征值 λ_1	特征值 λ_2	特征值 λ_3
$E_1(0, 0, 0)$	$B+V-L$	K_2-C_1	K_1-C_2
$E_2(0, 1, 0)$	$d_2-I-H+B+V-L$	$-(K_2-C_1)$	$R_2+K_2-C_2$
$E_3(0, 0, 1)$	$d_1-M-H+B+V-L$	$R_1+K_1-C_1$	$-(K_1-C_2)$
$E_4(0, 1, 1)$	$B+V-L-I-M$	$-(R_1+K_1-C_1)$	$-(R_2+K_2-C_2)$
$E_5(1, 0, 0)$	$-(B+V-L)$	$I+K_2-C_1$	$M+K_1-C_2$
$E_6(1, 1, 0)$	$-(d_2-I-H+B+V-L)$	$-(I+K_2-C_1)$	$M+R_2+K_2+d_2-C_2$
$E_7(1, 0, 1)$	$-(d_1-M-H+B+V-L)$	$I+R_1+K_1+d_1-C_1$	$-(M+K_1-C_2)$
$E_8(1, 1, 1)$	$-(B+V-L-I-M)$	$-(I+R_1+K_1+d_1-C_1)$	$-(M+R_2+K_2+d_2-C_2)$

为使各方利益得到满足且稳定性分析简单，不失一般性地，本节假设：当学研方和企业参与组织学习时，政府进行积极引导带来的净收益大于不引导带来的净收益；学研方和企业参与组织学习所带来的净收益大于各自不参与组织学习的净收益。因此，模型初始参数要符合：$B+V-L-I-M>0$，$R_1+K_1-C_1>0$，$R_2+K_2-C_2>0$。由于模型中参数多且复杂，下面分三种情景进行讨论：

情景1：当$I+K_2-C_1<0$且$M+K_1-C_2<0$，即政府给予学研方参与组织学习的奖励与企业中途违约不参与组织学习付给学研方的违约金之和小于学研方参与组织学习面临的风险成本，并且政府给予参与组织学习企业的奖励与学研方中途违

约不参与组织学习付给企业的违约金之和小于企业参与组织学习面临的风险成本时，由表6-2可知均衡点 $E_5(1, 0, 0)$ 和 $E_8(1, 1, 1)$ 对应的雅可比矩阵特征值均为负，故此时 $E_5(1, 0, 0)$ 和 $E_8(1, 1, 1)$ 是均衡点，｛引导，不参与组织学习，不参与组织学习｝和｛引导，参与组织学习，参与组织学习｝是演化稳定策略。

情景2：当 $K_2-C_1>0$ 或 $K_1-C_2>0$，即企业不参与组织学习付给学研方的违约金大于学研方参与组织学习面临的风险成本，或学研方不参与组织学习付给企业的违约金大于企业参与组织学习面临的风险成本时，由表6-2可知均衡点 $E_8(1, 1, 1)$ 对应的雅可比矩阵特征值均为负，故此时 $E_8(1, 1, 1)$ 是均衡点，｛引导，参与组织学习，参与组织学习｝是演化稳定策略。

情景3：当 $I+K_2-C_1>0$ 且 $K_2-C_1<0$ 或 $M+K_1-C_2>0$ 且 $K_1-C_2<0$，即政府给学研方参与组织学习的奖励与企业不参与组织学习付给学研方的违约金之和大于学研方参与组织学习面临的风险成本，且企业不参与组织学习付给学研方的违约金小于学研方参与组织学习面临的风险成本，或政府给予参与组织学习企业的奖励与学研方中途违约不参与组织学习付给企业的违约金之和大于企业参与组织学习面临的风险成本，且学研方不参与组织学习付给企业的违约金小于企业参与组织学习面临的风险成本时，由表6-2可知均衡点 $E_8(1, 1, 1)$ 对应的雅可比矩阵特征值均为负，故此时 $E_8(1, 1, 1)$ 是均衡点，｛引导，参与组织学习，参与组织学习｝是演化稳定策略。

四、集群主体系统动力学仿真分析

系统动力学（System Dynamics，SD）这一概念于1956年由美国麻省理工学院的 Forrester 教授首次提出，最初被视为一种方法论，旨在通过建模以及仿真模拟来解决复杂实际问题（Amin and Alireza，2019）。系统动力学适用于非线性复杂时变系统的研究，系统所表现的各种现象具有一定周期性，且需要较长时间观察。因此，本节将结合系统动力学理论和 SD 仿真工具 Vensim 进一步分析有限理性下战略性新兴产业集群组织学习复杂动态演化过程。

（一）仿真模型构建

系统动力学建模中，相比于参数的选择，仿真模型更加关注模型结构的有效性、一致性和适用性，重点在于揭示事物变化的规律性。SD 模型更加关注整个系统的行为趋势以及政策变化带来的影响，并不要求精确的结果。因此，本节利用 Vensim 创建政府、学研方和企业三方演化博弈的 SD 仿真模型，如图6-6所示。其中，模型的变量依据政府、学研方和企业三方演化博弈假设进行设定。

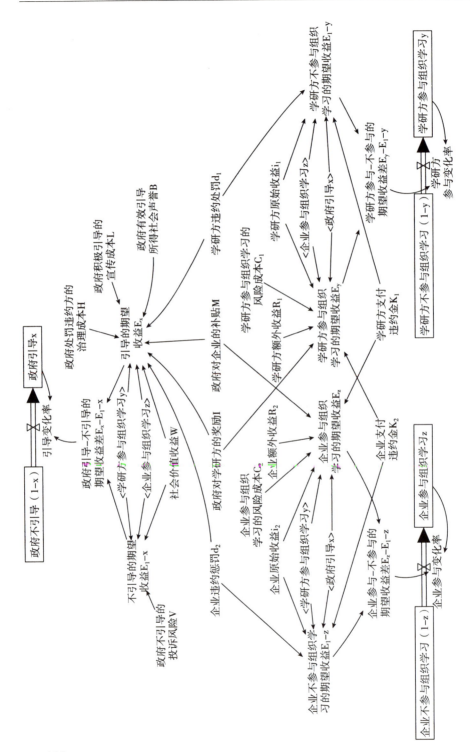

图 6-6 政府、学研方和企业三方演化博弈 SD 仿真模型

（二）演化模型仿真分析

进行仿真之前，首先对仿真初始条件进行设置：Initial Time＝0，Final Time＝10，Time Step＝0.03125，Units for Time：Year；其次在模型参数设置上，基于战略性新兴产业集群组织学习特点，参考吴洁等（2019）、李春发等（2021）相关研究以及结合专家建议对模型中外生变量进行赋值，如表6-3所示。

表6-3 模型参数含义及赋值

博弈主体	参数	含义	赋值
政府	L	积极引导的各种宣传成本	4
	B	有效引导带来的社会声誉	10
	I	对积极参与组织学习学研方的奖励	5
	M	对积极参与组织学习企业的补贴	6
	W	学研方和企业积极参与组织学习给政府带来的社会价值收益	25
	V	政府不引导面临企业和学研方的投诉风险	6
	H	政府对违约方进行处罚所付出的治理成本	2.5
学研方	R_1	学研方参与组织学习所获额外收益	18
	C_1	学研方组织学习面临的风险成本	10
	i_1	学研方不参与组织学习，靠自身资源实现的原始收益	12
	K_1	学研方所付违约金	8
	d_1	学研方违约时面临的惩罚	6
企业	R_2	企业参与组织学习所获额外收益	20
	C_2	企业参与组织学习面临的风险成本	10
	i_2	企业不组织学习，靠自身资源实现的原始收益	18
	K_2	企业所付违约金	8
	d_2	企业违约时面临的惩罚	8

1. 纯策略演化仿真分析

政府、学研方和企业三者之间的纯策略共有八种组合，三者的策略选择均为0或者1。通过Vensim进行仿真可知，当博弈三方选择任何一种纯策略时，三方都会坚持原策略不发生任何改变。以E_5（1，0，0）为例，三方都不愿意发生改变打破现有平衡状态（见图6-7）。当政府和企业初始策略不变，学研方以很小的概率 y = 0.01 进行策略突变时，会发现系统均衡由 $E_5(1，0，0)$ 演变为了 $E_6(1，1，0)$（见图 6-8）。同样地，当政府和学研方的初始策略不变时，若企业增加组织学习意愿进行策略突变，最后也将演化为策略为 1 的状态。当学研方和企业同时以微小概率 y = 0.01 和 z = 0.01 的策略进行调整时，学研方和企业会以更快的速度到达策略为 1 的状态，系统均衡由 $E_5(1，0，0)$ 演化至 $E_8(1，1，1)$（见图 6-9）。当学研方提高组织学习意愿，以较大概率 y = 0.5，同时企业以较小概率 z = 0.01 进行策略突变时，系统均衡会以更短的时间由 $E_5(1，0，0)$ 演化至 $E_8(1，1，1)$，博弈三方最终都会达到 1 的稳定状态（见图 6-10）。

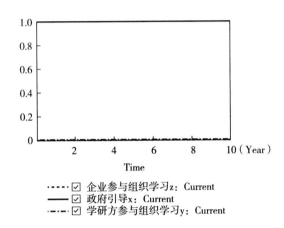

图 6-7　纯策略 E_5 的演化结果

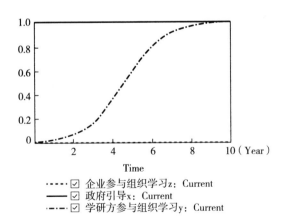

图 6-8　y 突变为 0.01 的演化结果

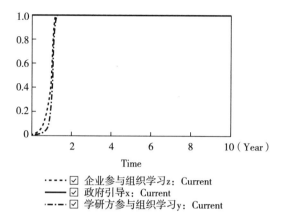

图6-9　y和z突变为0.01的演化结果

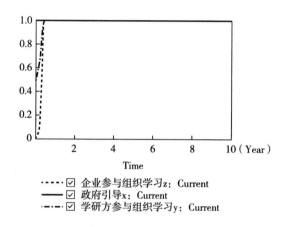

图6-10　y突变为0.5，z突变为0.01的演化结果

与此同时，仿真模拟时发现，学研方和企业的策略受到对方和政府策略的影响。图6-8、图6-9和图6-10已验证在政府采取"引导"策略的情况下，学研方和企业无论采取多大的概率进行突变，最终都会演化为1的平衡状态。一旦政府采取"不引导"策略，仿真结果显示学研方和企业需同时以大于0.1的概率进行突变，最终才能演化为1的平衡状态；若学研方和企业其中一方或同时以小于等于0.1的概率进行突变，其最终都会演化为0的平衡状态，如图6-11中(a)、(b)所示。由此可见，学研方和企业双方组织学习意愿都较低时，政府进行引导可有效提高学研方和企业组织学习意愿。若学研方和企业双方都预期到了进行组织学习可为自身带来较大收益，组织学习意愿提高到一定程度时，

即使政府不进行引导行为，学研方和企业双方最后都会达到参与组织学习的策略状态，并且任何一方组织学习意愿越高，双方达到 1 的均衡状态的速度越快。

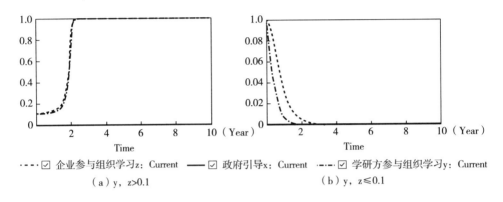

········ ☑ 企业参与组织学习z：Current ——— ☑ 政府引导x：Current ·—·— ☑ 学研方参与组织学习y：Current

（a）y, z>0.1　　　　　　　　　　　（b）y, z≤0.1

图 6-11　政府不引导组织学习时学研方和企业的策略演化结果

2. 政府策略选择的演化稳定分析

为分析政府策略在战略性新兴产业集群组织学习中的演化情况，将政府初始策略设置为不引导，并以 x=0.01 的概率进行突变。对相关参数进行进一步仿真可知，政府积极引导的宣传成本 L、有效引导带来的社会声誉 B 和不引导面临的投诉风险 V 对其策略选择都具有较大影响。图 6-12 为宣传成本 L 对政府策略选择的影响，曲线 1、2 和 3 分别代表宣传成本为 4、8 和 12。从图中曲线变化情况可知宣传成本越低，政府选择"引导"策略的收敛速度就越快。图 6-13 为社会声誉 B 对政府策略选择的影响，曲线 1、2 和 3 分别代表社会声誉为 5、10 和 15。图中曲线变化情况显示，政府积极进行有效引导带来的社会声誉越高，其选择进行"引导"策略的概率就越大。图 6-14 为投诉风险 V 对政府策略选择的影响，曲线 1、2 和 3 分别代表投诉风险为 4、6 和 8。图 6-14 中曲线变化情况与图 6-13 相似，即随着政府面临的投诉风险的提高，政府策略会以更快的速度达到 1 的平衡状态。现实中，政府机构在面临学研方和企业投诉风险增加的情况下，为了争取信任以及促进当地战略性新兴产业集群高质量发展，也会通过税收优惠、财政补贴、金融支持等方式对集群内主体的组织学习进行积极引导。

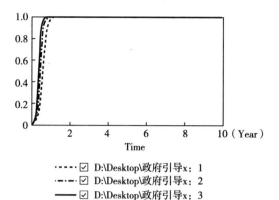

- - - - - ☑ D:\Desktop\政府引导x：1
- - - - ☑ D:\Desktop\政府引导x：2
———— ☑ D:\Desktop\政府引导x：3

图 6-12 宣传成本 L 对政府策略选择的影响

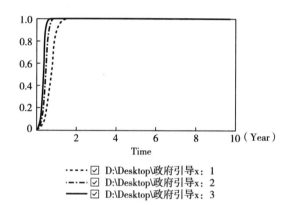

- - - - - ☑ D:\Desktop\政府引导x：1
- - - - ☑ D:\Desktop\政府引导x：2
———— ☑ D:\Desktop\政府引导x：3

图 6-13 社会声誉 B 对政府策略选择的影响

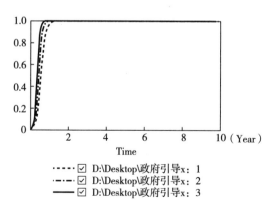

- - - - - ☑ D:\Desktop\政府引导x：1
- - - - ☑ D:\Desktop\政府引导x：2
———— ☑ D:\Desktop\政府引导x：3

图 6-14 投诉风险 V 对政府策略选择的影响

3. 学研方策略选择的演化稳定分析

将学研方初始策略设置为不参与组织学习，并以 0.01 的概率进行突变，通过模拟仿真可知其最终会演化为参与组织学习策略状态。进一步分析得知，学研方策略选择主要受政府资金奖励 I、企业违约时所支付的违约金 K_2 和学研方参与组织学习的风险成本 C_1 的影响。图 6-15 中曲线 1、2 和 3 分别代表政府给予参与组织学习学研方的资金奖励为 3、5 和 7，图 6-16 中的曲线 1、2 和 3 分别代表企业违约时所支付的违约金为 6、8 和 10，图 6-17 中的曲线 1、2 和 3 分别代表学研方参与组织学习面临的风险成本为 8、10 和 12。可以看出，随着政府资金奖励的增多、企业违约金的增加和学研方参与组织学习风险成本的减少，学研方选择"参与"组织学习策略的反应时间越短，因此可综合探索 I、K_2 和 C_1 对学研方策略的影响。

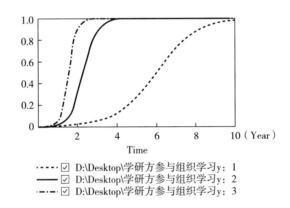

图 6-15　政府资金奖励 **I** 对学研方策略选择的影响

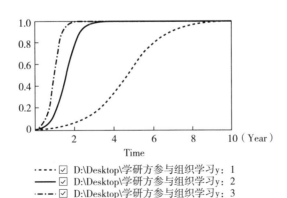

图 6-16　企业违约支付的违约金 **K₂** 对学研方策略选择的影响

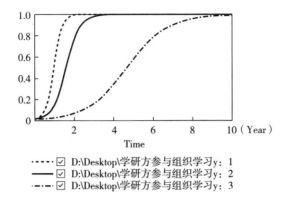

图 6-17 学研方参与组织学习的风险成本 C_1 对学研方策略选择的影响

图 6-18 中曲线 1、2 和 3 分别表示 $I+K_2-C_1>0$、$I+K_2-C_1=0$ 和 $I+K_2-C_1<0$。结果显示，当学研方参与组织学习成本小于企业违约需支付给学研方的违约金和政府给予学研方的资金奖励之和时（即 $I+K_2-C_1>0$），学研方最终会采取参与组织学习策略，而大于或者等于该值时，考虑到可能存在潜在风险和损失，学研方最终会选择不参与组织学习策略。现实中同样如此，当学研方意识到参与组织学习成本超过可承受范围时，便会降低组织学习意愿。

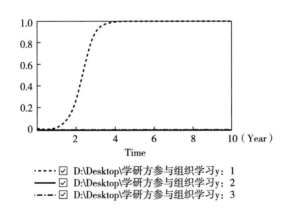

图 6-18 政府资金奖励 I、企业违约支付的违约金 K_2 和学研方参与组织学习的
风险成本 C_1 对学研方策略选择的影响

4. 企业策略选择的演化稳定分析
同理，将企业初始策略设置为不参与组织学习，并以 0.01 的概率进行突变，

通过模拟仿真可知其最终会演化为参与组织学习策略状态。进一步分析得知，企业策略主要受到政府资金奖励 M、学研方违约时所支付的违约金 K_1 和企业参与组织学习面临的风险成本 C_2 的影响。图 6-19 中曲线 1、2 和 3 分别代表政府资金奖励为 3、6 和 9，图 6-20 中曲线 1、2 和 3 分别代表学研方违约需要支付的违约金为 6、8 和 10，图 6-21 中曲线 1、2 和 3 分别代表企业参与组织学习面临的风险成本为 8、10 和 12。图中显示，随着政府资金奖励增加、学研方需要支付的违约金的增加和企业参与组织学习的风险成本的减少，企业将以更快的速度收敛至 1 的平衡状态。

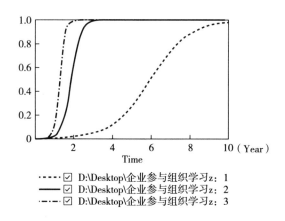

图 6-19　政府资金奖励 M 对企业策略选择的影响

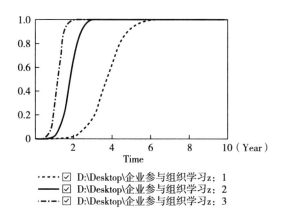

图 6-20　学研方违约支付的违约金 K_1 对企业策略选择的影响

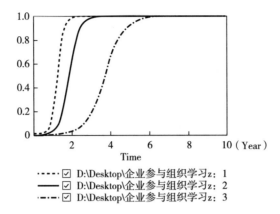

图 6-21　企业参与组织学习面临的风险成本 C_2 对企业策略选择的影响

当 M、K_1 和 C_2 这三个外生变量同时变化时，结果如图 6-22 所示。其中曲线 1、2 和 3 分别代表且 $M+K_1-C_2>0$、$M+K_1-C_2=0$ 和 $M+K_1-C_2<0$，该图所示的企业策略选择演化趋势同图 6-18 相似。当企业参与组织学习成本小于学研方违约支付给企业的违约金与政府给予企业的资金奖励之和时（即 $M+K_1-C_2>0$），企业最终会演化为参与组织学习策略，当大于或者等于该值时，企业参与组织学习付出的成本无法得到弥补，因此最终会选择不参与组织学习策略。由此可见，政府机构在引导组织学习时，应充分考虑财政补贴、违约机制等多方面因素对企业策略选择的影响，通过采取科学合理的措施最大限度地激发企业组织学习意愿。

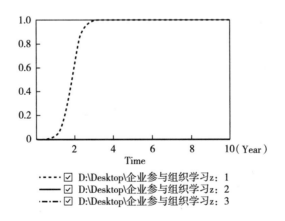

图 6-22　政府资金奖励 M、学研方违约支付的违约金 K_1 和企业参与组织学习
面临的风险成本 C_2 对企业策略选择的影响

第三节 战略性新兴产业集群组织学习与 双元创新实证研究

一、问题的提出

随着信息技术快速发展，外部环境日益呈现高度不确定性，战略性新兴产业作为技术、知识密集型行业，实现创新发展成为战略性新兴产业企业获得持续竞争优势的重要途径。Nonaka（1994）认为创新是知识创造的过程，为了提高创新活动开展的效率，企业应该提高知识存量，增强知识管理能力和应用能力（Subramanian et al.，2018）。但由于知识、技术等资源分布具有随机性、隐含性、积累性等特征，企业单凭自身无法高效获取新知识和新技术等有利于创新活动开展的资源，必须形成以资源共享、技术互补为目的的互连创新网络（张路蓬等，2018），借助创新网络与网络中的伙伴进行合作创新（杨春白雪等，2020），网络关系对企业创新的重要性日益凸显。处于创新网络中的异质性企业通过创新互动活动实现知识、技术、信息的交互（王宏起等，2018），有利于创新知识的转移和扩散（张红宇等，2016），从而有助于快速和低成本开发新产品（杨春白雪等，2020）。在创新合作网络中，与其他创新体构建商业关系为企业进行知识、技术等资源的获取和扩散提供了重要途径（Wang and Xie，2011），而与网络中合作伙伴之间高水平的网络关系有助于提高信息和资源交换的效率（Chang et al.，2012）。与合作伙伴保持良好关系可以促进双方知识的流动，有利于企业提升现有产品定位满足市场需求，也有利于企业引入新产品打开新市场（马鸿佳等，2017）。目前，中国企业利用企业间的网络关系与网络资源提高绩效的进展缓慢（Geoffrey et al.，2015），因此，对企业间的关系质量与创新绩效的关系进行研究具有重要意义。

现有研究显示，在不同情境下网络联结对组织绩效的影响存在差异，需要引入中介变量才能对网络联结和创新之间的关系有更全面和准确的认识（蔡彬清、陈国宏，2013）。尽管与合作伙伴维持良好的关系质量可以促进双方之间信息资源共享，但是多数新创企业受其自身知识和技能的限制，无法有效地对信息进行正确解读和及时应对外部环境变化，组织学习作为企业获取知识的重要方式，可以有效弥补这一劣势（蔡莉等，2010）。企业可以通过学习行为获取、整合、内化和利用所需新技术和专用性互补资源，从而提升创新绩效。已有研究探讨了利用式学习与探索性学习在网络关系与创新绩效之间的作用（蔡彬清、陈国宏，2013），但关于关系质量与双元创新关系中的中介变量的研究却极其匮乏。因此，探讨组织学习在关系质量与双元创新关系中的作用具有重要的研究意义。此外，外部环境作为影响企业创新的重要情境变量正逐渐被纳入考量范围（Tamayo-Torres，2017），不同程度的环境动态性对企业的学习行为和创新绩效的影响也不同（白景坤、丁军霞，2016）。可见，外部环境对企业行为和绩效有重要影响。基于此，本节以战略性新兴产业为研究对象，基于关系质量、组织学习等理论视角，深入探讨关系质量、组织学习与双元创新之间的关系，并且区分不同组织学习方式对双元创新的影响，以及环境动态性在组织学习与双元创新之间所发挥的调节作用，以丰富拓展现有理论，为企业管理实践提供启示。

二、理论推演与研究假设

（一）关系质量与双元创新

关系质量是指合作企业双方对商业往来过程和效果的认知以及综合评价，体现着企业与合作伙伴之间的信任、愿意与合作伙伴继续保持重要关系的意愿以及对现有合作过程和效果的满意度（马鸿佳等，2017）。根据创新的新颖程度，一般认为双元创新包括渐进式创新和突破性创新。渐进式创新强调利用市场现有成熟知识或技术对现有知识、技术、产品等进行组合和改进（Geiger et al.，2016）；突破性创新则注重知识基础的重构（李柏洲、曾经纬，2019），强调对未形成成熟体系的新知识的探索和获取，常常伴随着全新的技术、产品和工艺的出现。

在合作创新网络发展的趋势和背景下，通过网络获取外部潜在资源和技术是企业成功进行创新活动的重要途径。企业与网络合作伙伴维持高水平关系质量有利于促进双方进行互动和资源共享，提高知识、技术等信息资源共享效率，增强创新能力（孟卫东、杨伟明，2018），提升创新绩效。与合作伙伴具有良好的关系意味着双方互相信任，对过往的接触过程和合作效果感到满意，并且愿意与对方合作以及保持重要关系。对合作伙伴具有一定程度的信任是双方进行互惠互利行为的基础（蔡彬清、陈国宏，2013），信任可以提高心理承诺，降低不确定感，有利于促进伙伴彼此间的知识共享行为（喻登科、周子新，2020）。侯光文和薛惠锋（2017）也认为企业倾向于在稳定高质量的环境下分享重要知识。同时，关系紧密的企业之间更加容易识别共同的利益和目标，共同合作的机会更大（An-zures-Garcia，2015）。另外，企业与合作伙伴之间互相信任能够提升双方之间的满意度，降低交易成本、沟通成本和冲突发生的概率，使知识整合和创新活动的开展更加高效便捷（Lins et al.，2017；李丹、杨建君，2018）。与合作伙伴保持稳定、良好的关系有利于增强企业对异质性创新资源的易获得性和低成本性，减少关系不确定性带来的损失和风险（厉娜等，2018），有助于企业有效提升改进现有产品、技术的能力，以及增加知识存量，为探索全新知识和技术提供基础，从而开发新产品和服务。据此，本节提出以下假设。

H6-1：关系质量对双元创新呈正向影响。

H6-1a：关系质量对渐进式创新呈正向影响。

H6-1b：关系质量对突破性创新呈正向影响。

（二）关系质量与组织学习

与合作伙伴保持良好的关系是组织进行学习活动的前提和基础。研究显示，与合作者关系质量的提升可以加强双方之间的交流，促进显、隐性知识共享和转移，有利于企业对新知识的接收（刘伟、邸支艳，2016）。查成伟等（2016）也表示在组织环境中，高质量关系通过激励组织成员交流信息、提出建议以分享和创新问题解决方案，这成为企业员工致力于组织学习以实现组织目标的关键路径。企业借助与合作伙伴之间高质量的网络关系既可以获取外部潜在新知识，也可以通过与网络成员合作有效利用现有知识。据此，本节提出以下假设。

H6-2：关系质量对组织学习呈正向影响。

H6-2a：关系质量对利用式学习呈正向影响。

H6-2b：关系质量对探索性学习呈正向影响。

（三）组织学习与双元创新

在知识经济时代，知识的获取和运用至关重要，学习行为的成功开展是企业获取知识、构建组织核心创新优势的关键途径（Futterer et al.，2018；卢启程等，2018），越来越多学者和企业意识到组织学习对企业创新的重要意义。徐红涛和吴秋明（2018）指出企业进行学习型组织的构建有利于创造组织学习气氛，提升积极冲突因素，也有利于让危机感充满每个角落，增强创新活动的驱动作用。企业的创新包括一系列与组织学习相关的新技术的引用和新产品的开发等活动。企业的创新正是在组织学习过程中形成的结果，可以说企业的创新既需要利用已有知识也需要探索新知识（许晖、李文，2013）。

关于不同组织学习方式对双元创新的影响，多数研究认为利用式学习强调通过已有知识对现有产品或者技术进行改善提升，更加有利于渐进式创新；探索性学习则强调开发或者引入全新的产品或服务，既有利于企业改善升级现有产品和技术，也可以帮助企业实现产品或技术的根本性变革。关于利用式学习与突破性创新之间的关系学术界一直存在争论。有学者认为利用式学习和探索性学习是此消彼长的关系，利用式学习会给企业带来短期的利益和竞争优势，若过分偏向于利用式学习会限制企业对新知识技术的探索，从而削弱根本性创新（弋亚群等，2010）。但笔者支持许晖等学者的观点，认为利用式学习与探索性学习之间不是此消彼长，而是互补协同的关系，因此企业可以同时进行两种学习，并且利用式学习可以通过利用现有知识不断提高企业识别外部知识资源的能力，以促进突破性创新的高效进行。林春培和张振刚（2017）也指出高水平的利用式学习有利于企业将技术知识和市场需求进行匹配，并通过顾客导向的新旧知识整合推动知识创造与利用，从而提高渐进式创新和突破性创新水平；高水平的探索性学习则既可以帮助企业利用先发优势识别出有价值的外部技术知识，也可以推动外部知识获取和内部研发的有机结合，进而推动企业对现有产品工艺的改良及现有知识和技术的创新。据此，本节提出以下假设。

H6-3：组织学习对双元创新呈正向影响

H6-3a：利用式学习对渐进式创新呈正向影响。

H6-3b：利用式学习对突破性创新呈正向影响。

H6-3c：探索性学习对渐进式创新呈正向影响。

H6-3d：探索性学习对突破性创新呈正向影响。

（四）组织学习的中介作用

在与合作伙伴保持高水平的关系质量的情况下，双方进行信息等资源的交换和利用效率的提高，有利于企业对知识等资源进行接收、解读、整合以及内化，从而有助于企业引进新技术以及改善现有技术及产品。蔡彬清和陈国宏（2013）基于链式产业集群实证研究发现关系质量可以分别通过利用式学习和探索性学习影响创新绩效。张玉明等（2020）实证表明探索式学习在线上社会网络对创新绩效的影响中起非完全中介作用。与关系网络中的合作企业建立紧密和稳定的网络关系既可以实现知识的获取和扩散，提高企业之间的协作程度（侯光文、薛惠锋，2017），也可降低双方的机会主义和不确定行为，增强双方学习意愿，提高双方知识转移和联合能力（李丹、杨建君，2018），从而提升企业创新绩效。据此，本节提出以下假设。

H6-4：组织学习在关系质量与双元创新之间起中介作用。

H6-4a：利用式学习在关系质量与渐进式创新之间起中介作用。

H6-4b：利用式学习在关系质量与突破性创新之间起中介作用。

H6-4c：探索性学习在关系质量与渐进式创新之间起中介作用。

H6-4d：探索性学习在关系质量与突破性创新之间起中介作用。

（五）环境动态性的调节作用

组织外部环境是组织学习的主要力量来源，其动态变化可以不同程度地影响组织的知识、技术获取、整合和利用行为，进而影响创新绩效。外部环境动态性强调关注企业产品、技术、工艺、服务等变化程度和趋势，以及与企业利益相关者的行为或需求的变化程度（陈国权、王晓辉，2012），具有高度的不确定性、复杂性和不可预测性。目前国内外有部分学者在研究企业创新绩效时考虑到环境动态性的作用，但却鲜少有文献谈及环境动态性在组织学习与双元创新绩效之间所起的调节作用。郭爱芳和陈劲（2013）指出，不同程度的环境动态性会促使企业进行不同类型的学习方式。王丽平和狄凡莉（2017）指出，制度环境正向调节组织学习与新创企业绩效之间的关系。外部环境动态性越强，代表行业技术、市场偏好和需求、竞争策略等变化速度越快，已有产品和工艺更容易被淘汰，企业现有的原理知识和方法可能无法解决技术难题，为了生存和建立新的竞争优势，企业不得不对产品和工艺进行创新（马文聪、朱桂龙，2011）。但是在外部环境变动较大的情况下，仅依靠利用式创新改善现有产品或技术已无法维持企业竞争优势，因此这时企业需要探索新技术，拓展现有市场或者开拓新市场（白景坤、丁军霞，2016）。在环境比较稳定的情况下，出于对成本和风险的考虑，企业不会通过探索性学习获取技术和新知识，而是会更倾向于从当前的技术和市场领域内获取价值，对现有知识、技术和资源进行收集、运用和创新。因此，本节提出以下假设。

H6-5：环境动态性在组织学习与双元创新之间起调节作用。

H6-5a：环境动态性负向调节利用式学习对渐进式创新的影响。

H6-5b：环境动态性正向调节探索性学习对渐进式创新的影响。

H6-5c：环境动态性负向调节利用式学习对突破性创新的影响。

H6-5d：环境动态性正向调节探索性学习对突破性创新的影响。

三、研究设计

（一）模型构建

本节以战略性新兴产业企业为研究对象，探索关系质量、组织学习、环境动态性与双元创新之间的关系，并根据以往文献构建理论模型（见图6-23）。

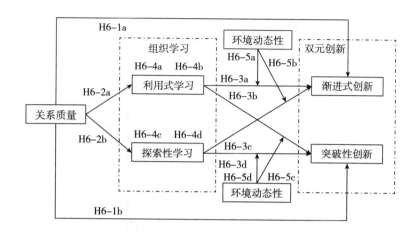

图6-23　关系质量、组织学习、环境动态性与双元创新之间关系的理论模型

（二）变量测量

本节基于研究框架，通过阅读国内外权威期刊关于关系质量、组织学习、双元创新以及环境动态性的文献，对相关成熟变量量表进行整合，再结合战略性新兴产业特征，与老师、同学等进行商讨和题项修订。其中：①关系质量主要使用刘刚和王岚（2014）、刘伟和邸支艳（2016）、马鸿佳等（2017）的量表，测量信任、承诺和满意三个维度；②组织学习主要借鉴陈国权和王晓辉（2012）、蔡彬清和陈国宏（2013）的量表，测量利用式学习和探索性学习两个维度；③双元创新主要借鉴Subramaniam和Youndt（2005）、Govindarajan和Kopalle（2006）、邓渝和邵云飞（2016）的量表，测量渐进式创新和突破性创新两个维度；④环境动态性主要使用陈国权和王晓辉（2012）的量表，从竞争对手、市场客户、合作伙伴、政府和相关技术发展五个方面进行测量；⑤控制变量主要借鉴蔡彬清和陈国宏（2013）、林春培和张振刚（2017）、邓渝和邵云飞（2016）等的量表，设置为企业年龄和企业规模。企业年龄是指至进行问卷调查时企业成立的年限，企业规模为企业全职员工数量。

（三）数据收集

本节以战略性新兴产业企业为对象进行问卷调查。为了保证数据的有效性和回收率，主要通过以下几种方式对问卷进行发放：第一，借助老师、同学、朋友和亲戚家人的社会资源对问卷进行发放；第二，委托专业的数据调查机构对符合要求的对象进行问卷调查。本次调查共发放问卷 400 份，回收问卷 264 份，剔除掉无效问卷后，剩余有效问卷 225 份，有效问卷回收率为 56.25%。样本属性如表 6-4 所示。

表 6-4　样本企业属性统计（N=225）

指标	指标取值	样本数量	占比（%）	指标	指标取值	样本数量	占比（%）
岗位层次	管理层	57	25.3	企业年龄	1~9 年	105	46.7
	技术层	80	35.6		10~15 年	69	30.7
	生产层	36	16.0		16~25 年	28	12.4
	销售层	33	14.7		25 年以上	23	10.2
	其他	19	8.4	企业规模	1~50 人	18	8.0
文化程度	专科及以下	40	17.8		51~200 人	70	31.1
	本科	147	65.3		201~500 人	74	32.9
	硕士	31	13.8		501~1000 人	35	15.6
	博士及以上	7	3.1		1000 人以上	28	12.4
产业类型	新一代信息技术产业	70	31.1	关系长度	≤5 年	72	32.0
	生物医药产业	49	21.8		6~10 年	107	47.6
	高端装备制造业	51	22.7		11~20 年	37	16.4
	新材料	17	7.6		20 年以上	9	4.0
	其他	38	16.9				

　　结果显示，调查对象所属的岗位层次多为技术层和管理层，分别占比 35.6%、25.3%；调查者多为本科学历，占比 65.3%。从产业类型来看，新一代信息技术产业、高端装备制造业和生物医药产业的企业居多，分别占比 31.1%、22.7% 和 21.8%。关于企业年龄，样本中企业的成立年限多为 1~9 年和 10~15 年，分别占比 46.7% 和 30.7%，成立 16~25 年和 25 年以上的企业较少，分别占比 12.4% 和 10.2%。在企业规模上，全职员工数量在 201~500 人和 51~200 人的企业居多，分别占比 32.9% 和 31.1%，全职员工数量 1~50 人的企业最少，占比仅为 8.0%。就关系长度而言，企业与合作伙伴的关系长度多为 6~10 年和小于 5 年，分别占比 47.6% 和 32.0%，与合作伙伴的关系长度为 20 年以上的企业最少，占比为 4.0%。

四、分析与结果

(一) 共同方法偏差检验

本问卷由企业的单个人员填写，可能会存在共同方法偏差问题。本节采用Harman单因子检验法对数据的同源性变异程度进行检验。通过主成分分析法共析出六个特征值大于1的因子且第一主成分仅解释了所有指标变异量的24.389%，远低于学者们所建议的门槛值50%，因此共同方法偏差问题不严重。

(二) 信效度检验

本节通过Cronbach's α 系数来检验量表信度，并利用IBM SPSS 24.0软件对量表数据进行处理。结果显示（见表6-5），各因子的Cronbach's α 均大于0.8，说明量表信度非常好。进行信度检验后，再对量表题项进行探索性因子分析，KMO值和Bartlett球形检验P值均在合理范围内且每个题项的因子载荷系数都通过了0.5的标准，说明量表题项具备良好的结构效度。

表6-5 研究变量的因子分析与信度检验结果

变量	维度	题项	因子载荷	Cronbach's α
关系质量	信任	合作伙伴是值得信任的	0.775	0.916
		合作伙伴提供的是完整且真实的信息	0.768	
		合作伙伴很坦率、真诚地与我们合作	0.761	
		合作伙伴真心关心本企业的业务成功和利益	0.764	
	承诺	我们希望能与合作伙伴保持长期的合作	0.734	0.896
		我们愿意投入更多的时间和精力来解决与合作伙伴合作过程中出现的问题	0.786	
		我们希望可以和合作伙伴的关系越来越稳固	0.816	
		如果有需要，合作伙伴会尽更大努力来支持我们的需求	0.768	
	满意	我们认为目前和合作伙伴之间的合作关系非常好	0.748	0.878
		我们可以通过和合作伙伴合作获取预期的效果与利益	0.734	
		在与合作伙伴接触的过程中是非常愉悦的	0.756	
		和合作伙伴合作可以快速实现目标	0.708	

续表

变量	维度	题项	因子载荷	Cronbach's α
组织学习	利用式学习	我们主要关注企业现有的市场与技术信息	0.854	0.927
		本企业采用现有成熟的知识或方法进行产品开发	0.771	
		本企业强调要充分运用自己在现有产品或服务方面的知识和经验	0.750	
		本企业获得的新知识与原有的知识能紧密结合和匹配	0.691	
		本企业经常组织开发企业当前技术经验活动	0.814	
	探索性学习	本企业寻求那些与具有试验性和风险性特点的产品相关的知识	0.710	0.914
		本企业收集我们现有市场和技术经验之外的各种信息和创意	0.651	
		本企业注重掌握有市场需要但暂时未知的新产品的相关技术	0.799	
		本企业注重学习超越企业当前经验的技术	0.564	
		本企业注重了解企业目前暂时不会应用到的新知识与新方法	0.756	
双元创新	渐进式创新	本企业对已有技术进行改良，以适应市场需要	0.652	0.869
		本企业有效提升现有产品质量	0.634	
		本企业经常改进现有主导产品的流程工艺	0.675	
		本企业经常更新生产手段	0.765	
	突破性创新	本企业经常开发全新主导产品	0.733	0.842
		本企业在本行业开发和引入全新技术	0.766	
		本企业产品包含全新技术	0.763	
		本企业经常淘汰原有主导产品线	0.738	
环境动态性		本企业的竞争对手的行为变化快	0.741	0.890
		本企业的市场和客户的需求变化快	0.766	
		本企业的合作伙伴的行为变化快	0.847	
		本企业相关的政府部门的政策和要求变化快	0.741	
		本企业相关的技术发展变化快	0.755	

（三）相关性分析

在量表具备良好信度和效度的基础上，本节对数据进行了描述性统计以及相关分析，如表6-6所示。结果表明，关系质量、利用式学习、探索性学习、渐进式创新、突破性创新之间均呈现显著正相关关系。此外，各个变量之间的相关系数未超过 0.65，并且回归模型中各变量的方差膨胀因子（VIF 值）均小于 10，DW 值在 1.5~2.5，因此可以基本排除模型的多重共线性问题以及序列相关问题。

表 6-6 描述性统计及相关系数

变量	均值	标准差	1	2	3	4	5	6	7	8
1. 企业年龄	1.86	1.00	1							
2. 企业规模	2.93	1.13	0.210**	1						
3. 关系质量	4.17	0.79	-0.218**	0.066	1					
4. 利用式学习	4.19	0.90	-0.191**	0.075	0.633**	1				
5. 探索性学习	4.07	0.86	-0.157**	0.075	0.602**	0.631**	1			
6. 渐进式创新	4.16	0.73	-0.123	0.162*	0.625**	0.599**	0.496**	1		
7. 突破性创新	4.08	0.71	-0.088	0.070	0.480**	0.423**	0.531**	0.492**	1	
8. 环境动态性	4.02	0.76	-0.004	0.031	0.481**	0.292**	0.426**	0.491**	0.410**	1

注：***、**、*表示分别在 0.1%、1%、5%水平上显著。

（四）假设检验

为检验概念模型中各变量之间的关系，本节利用 SPSS 24.0 对各变量进行层次回归分析。

1. 关系质量与双元创新和组织学习之间的关系

表 6-7 中的变量回归结果显示，关系质量与渐进式创新（β = 0.613，P< 0.001）、关系质量与突破性创新（β = 0.479，P<0.001）、关系质量与利用式学习（β = 0.615，P<0.001）、关系质量与探索性学习（β = 0.591，P<0.001）均呈正相关关系，影响显著，H1a、H1b、H2a、H2b 通过检验。

表 6-7 关系质量对双元创新和组织学习的影响

	渐进式创新		突破性创新		利用式学习		探索性学习	
	模型 1	模型 2	模型 3	模型 4	模型 5	模型 6	模型 7	模型 8
控制变量								
企业年龄	-0.164*	-0.015	-0.108	0.008	-0.216**	-0.067	-0.181**	-0.037
企业规模	0.197**	0.125*	0.093	0.037	0.121	0.049	0.112	0.044

续表

	渐进式创新		突破性创新		利用式学习		探索性学习	
	模型1	模型2	模型3	模型4	模型5	模型6	模型7	模型8
自变量								
关系质量		0.613***		0.479***		0.615***		0.591***
R^2	0.052	0.405	0.016	0.232	0.050	0.406	0.037	0.365
Adj R^2	0.044	0.397	0.007	0.221	0.042	0.398	0.028	0.357
F	6.095**	50.174***	1.182	22.218***	5.883**	50.351***	4.236*	42.380***

注：***、**、*表示分别在0.1%、1%、5%水平上显著；1.5<DW<2.5；1.038≤VIF≤1.142。

2. 组织学习在关系质量与双元创新之间的中介效应

按照中介变量检验步骤，表6-7所示的结果显示主效应H6-1a和H6-1b以及自变量与中介变量的关系H6-2a和H6-2b均已得到支持。表6-8中的模型1、模型2、模型5和模型6则显示利用式学习与渐进式创新（β＝0.583，P<0.001）、探索性学习与渐进式创新（β＝0.473，P<0.001）、利用式学习与突破性创新（β＝0.416，P<0.001）、探索性学习与突破性创新（β＝0.526，P<0.001）均呈正相关关系，影响显著，因此H6-3a、H6-3b、H6-3c和H6-3d通过检验，即中介变量与因变量的关系得到支持。

为了检验中介变量的中介效应，将自变量和中介变量同时纳入回归模型，表6-8中的模型3显示，关系质量对渐进式创新（β＝0.407，P<0.001）正向作用依旧显著，利用式学习对渐进式创新（β＝0.335，P<0.001）正向作用显著，同时对比表6-7中关系质量对渐进式创新（β＝0.613，P<0.001），回归系数明显下降，由0.613下降至0.407，影响效果减弱，说明利用式学习在关系质量与渐进式创新之间起部分中介作用，假设H6-4a通过检验。同理，H6-4b、H6-4c和H6-4d的检验分别参考表6-8中的模型7、模型4和模型8，结果显示H6-4b、H6-4c和H6-4d均通过检验。

表6-8 组织学习对关系质量与双元创新关系的中介作用

	渐进式创新				突破性创新			
	模型1	模型2	模型3	模型4	模型5	模型6	模型7	模型8
控制变量								
企业年龄	-0.038	-0.078	0.007	-0.009	-0.018	-0.013	0.022	0.023
企业规模	0.127*	0.144*	0.109*	0.117*	0.043	0.034	0.028	0.021

续表

	渐进式创新				突破性创新			
	模型1	模型2	模型3	模型4	模型5	模型6	模型7	模型8
自变量								
关系质量			0.407***	0.506***			0.357***	0.255***
中介变量								
利用式学习	0.583***		0.335***		0.416***		0.199***	
探索性学习		0.473***		0.181*		0.526***		0.379***
R^2	0.374	0.267	0.472	0.426	0.190	0.283	0.255	0.323
Adj R^2	0.366	0.258	0.462	0.416	0.169	0.273	0.242	0.311
F	44.100***	26.897***	49.125***	40.814***	16.212***	29.025***	18.844***	26.230***

注：***、**、*表示分别在0.1%、1%、5%水平上显著；1.5<DW<2.5；1.038≤VIF≤1.760。

3. 环境动态性在组织学习与双元创新之间的调节关系

表6-9显示，模型2和模型4中的交互项回归系数不显著，H6-5a和H6-5b未通过检验，主要原因可能是战略性新兴产业企业因其创新性特征，不管在高动态性环境还是低动态性环境下都会持续和稳定地进行渐进式创新，因此环境动态性在组织学习与渐进式创新之间的调节作用不显著。

结合表6-9中的模型6可知，交互项回归系数虽显著，但回归系数为正，与本节假设相矛盾，H6-5c未通过检验；结合模型8可知，探索性学习与环境动态性的交互项显著，H6-5d得到支持。出现以上结果的原因可能是突破性创新活动和环境动态性是互相影响的过程，对于战略性新兴产业而言，环境动态性提高会促进企业进行突破性创新的积极性，突破性创新活动也会增强环境的动态性程度。因此，高环境动态性条件下企业突破性创新趋势明显，而引起突破性创新的学习方式可以是利用式学习，也可以是探索性学习。

表6-9 环境动态性的调节效应回归模型

	渐进式创新				突破性创新			
	模型1	模型2	模型3	模型4	模型5	模型6	模型7	模型8
控制变量								
企业年龄	-0.057	-0.053	-0.102	-0.102	-0.035	-0.025	-0.028	-0.027
企业规模	0.128*	0.129*	0.149**	0.149**	0.044	0.047	0.037	0.044

续表

	渐进式创新				突破性创新			
	模型1	模型2	模型3	模型4	模型5	模型6	模型7	模型8
自变量								
利用式学习	0.477***	0.502***			0.321***	0.377***		
探索性学习			0.320***	0.316***			0.427***	0.487***
调节变量								
环境动态性	0.348***	0.351***	0.350***	0.347***	0.315***	0.323***	0.227***	0.273***
交互项								
利用式学习×环境动态性		0.068				0.160**		
探索性学习×环境动态性				-0.012				0.202***
R^2	0.485	0.489	0.367	0.367	0.271	0.293	0.324	0.357
Adj R^2	0.475	0.477	0.356	0.353	0.257	0.277	0.312	0.342
F	51.738***	41.871***	31.912***	25.427***	20.408***	18.138***	26.410***	24.308***

注：***、**、*表示分别在0.1%、1%、5%水平上显著；1.5<DW<2.5；1.046≤VIF≤1.385。

4. 不同环境动态性下探索性学习对突破性创新的影响

为进一步验证环境动态性在探索性学习与突破性创新之间所起的调节作用，本节利用交互效应图来分析（见图6-24）。探索性学习与突破性创新呈正相关关系。在较高的环境动态性下，探索性学习对突破性创新的正向影响较强，在较低的环境动态性下，探索性学习对突破性创新的影响较弱，H6-5d得到进一步验证。

（五）稳健性检验

为了验证上述结论的稳健性，本节进一步采用Preacher和Hayes（2008）推荐的Bootstrap方法，利用Process插件对组织学习的中介效应和环境动态性的调节效应进行再次检验。

1. 中介效应检验

将Bootstrap样本量设置为5000，置信区间设置为95%，组织学习的中介效应检验结果如表6-10所示。根据检验结果，利用式学习和探索性学习的中介效应置信区间均不包含0，因此中介效应显著，H6-4a、H6-4b、H6-4c和H6-4d再次得到支持。

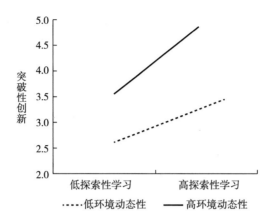

图 6-24　不同环境动态性下探索性学习对突破性创新的影响差异

表 6-10　Bootstrap 中介效应检验

变量		效应系数	Boot 标准误	95%置信区间	
因变量	自变量			下限	上限
渐进式创新	利用式学习	0.190 ***	0.073	0.052	0.340
	探索性学习	0.099 **	0.053	0.001	0.211
突破性创新	利用式学习	0.110 **	0.060	0.005	0.237
	探索性学习	0.201 ***	0.064	0.087	0.345

注：***、**、*表示分别在 0.1%、1%、5%水平上显著。

2. 调节效应检验

同样，将 Bootstrap 样本量设置为 5000，置信区间设置为 95%，对环境动态性在组织学习与双元创新之间的调节作用进行检验，结果如表 6-11 所示。环境动态性在利用式学习与渐进式创新或者探索性学习与渐进式创新之间的调节效应置信区间包含 0，因此调节效应不显著。环境动态性在利用式学习与突破性创新或者探索性学习与突破性创新之间的调节效应置信区间均不包含 0，调节效应显著，与前阶段利用层次回归法检验的调节效应结论相一致，说明此结论具有一定的稳健性与可靠性。

表 6-11　Bootstrap 调节效应检验

变量		效应系数	Boot 标准误	95%置信区间	
因变量	自变量/交互项			下限	上限
渐进式创新	利用式学习	0.422***	0.077	0.261	0.562
	环境动态性	0.335***	0.071	0.209	0.483
	利用式学习×环境动态性	0.055	0.077	-0.121	0.187
渐进式创新	探索性学习	0.294***	0.087	0.130	0.469
	环境动态性	0.324***	0.082	0.178	0.470
	探索性学习×环境动态性	-0.014	0.069	-0.163	0.114
突破性创新	利用式学习	0.304***	0.075	0.166	0.454
	环境动态性	0.301***	0.075	0.170	0.464
	利用式学习×环境动态性	0.128**	0.049	0.032	0.224
突破性创新	探索性学习	0.411***	0.082	0.243	0.567
	环境动态性	0.252***	0.073	0.120	0.405
	探索性学习×环境动态性	0.157**	0.069	0.003	0.272
不同水平环境动态性对探索性学习与突破性创新关系的影响					
低环境动态性		0.292***	0.054	0.185	0.398
中环境动态性		0.411***	0.052	0.309	0.514
高环境动态性		0.531***	0.071	0.391	0.672

注：***、**、*表示分别在 0.1%、1%、5%水平上显著。

第四节　战略性新兴产业集群组织学习促进策略

（一）政府加强对战略性新兴产业集群组织学习的引导与监督

促进战略性新兴产业集群主体组织学习不仅需要市场力量，更需要政府充分发挥其宏观引导和监督功能。发达国家的成功经验表明，政府的引导监督在企业、学研方等之间的知识、资源共享以及创新发展中扮演着重要角色。例如，美国政府从 20 世纪 70 年代开始便陆续制定了支持企业与科研机构联合体开发的先进技术计划及支持中小企业与大学和研究机构合作的计划，这些计划的实施大大缩短了科技成果转化为新产品的周期。另外，美国还制定和颁布了《拜杜法案》

《史蒂文森-怀勒技术创新法案》《国家合作研究法》《贝赫-多尔高校及企业专利法案》等一系列法律政策以保证政策的持续性与稳定性。在英国政府 12 个部门及各个研究理事会参与和支持下实施的"联系计划"，要求项目由科研机构和企业共同申请、合作承担，政府至多可提供 50%的研究和开发费用。日本政府积极通过"受托研究制度""共同研究制度""奖学捐赠金制度"将高校、科研单位和企业的科研力量有机融合起来，推动各个单位之间知识共享、知识创新，进行实用技术攻关。德国政府也通过建立"创新网络计划""主题研发计划"等进行研究资助，促进科研机构与企业之间进行知识转移。

鉴于此，我国政府首先应准确认识战略性新兴产业集群中不同行为主体在组织学习过程中的定位，引导各个主体充分发挥各自的功能与资源优势；其次，政府在战略性新兴产业集群组织学习中应积极发挥公共服务职能，提高公共服务质量。比如，通过财政支持、税收优惠等相关政策，激励一定区域内的企业、高校、科研院所等进行知识交流互动以及建立合作关系；完善并严格实施知识产权相关法律法规，建立健全集群主体组织学习违约机制、奖惩机制维护各方利益，保证组织学习顺利进行；开辟多种信息渠道，通过建立专用数据库、信息交流及知识共享平台，开展学术交流活动等方式，促进集群内行为主体间信息和知识资源流动，降低组织学习成本，提高组织学习意愿。

（二）提高战略性新兴产业集群组织学习价值

战略性新兴产业集群组织学习价值的提升与集群内行为主体的组织学习能力、组织学习对象的差异性相关。提升战略性新兴产业集群组织学习价值有利于提高集群内行为主体的组织学习意愿。组织学习能力是指集群内各行为主体在长期整合个人学习能力基础上形成的知识识别、共享、吸收、整合、运用和创造的能力，这种能力可以根据新知识和长期目标进行调整。在以知识密集和技术密集为特征的战略性新兴产业集群中，组织学习能力在增强主体组织学习意愿以及提高集群组织学习价值方面作用明显。为提高战略性新兴产业集群内各主体的组织学习能力，集群内各行为主体首先应该关注组织内员工的学习意识和学习能力，定期对员工进行教育和培训，提高员工的知识水平和认知能力；其次，行为主体应不断优化内部业务流程和组织结构，以提升员工获取知识的便捷度和效率；最后，行为主体应建立团队共同愿景，积极调动团队成员学习积极性，促进团队成员为实现共同愿景而进行知识共享、知识学习和知识应用等。

战略性新兴产业集群内部主体具有多元化特征，不同主体之间存在知识势差，组织学习对象选择的合适与否直接影响着集群组织学习价值。在组织学习对象选择上，行为主体应该遵循互补性原则，准确认识自身知识优势与不足，选择具有自身所需异质性、互补性资源的主体进行学习，可大大提升组织学习效率以及预期收益。

（三）培养和提升战略性新兴产业集群内部主体之间的关系质量

战略性新兴产业集群主体与合作伙伴构建社会网络关系并保持良好的关系质量不仅有利于提高主体的组织学习意愿，也有利于促进企业的创新产出。集群内行为主体间保持高水平的网络关系质量既为组织高效率获取互补性资源提供了重要渠道，有助于行为主体获取、提炼以及整合异质性创新资源，又能提高知识合作网络的稳定性，有效降低关系不确定性带来的机会主义行为、知识外溢等风险和损失。首先，战略性新兴产业集群内各主体应该加强与合作伙伴的互动交流，有效的交流沟通可以使双方了解对方的知识优势和知识缺陷，减少组织学习障碍，为下一步进行知识共享和知识协同打好基础；其次，在与合作伙伴交流过程中，行为主体应该加深信任等情感投入，建立良好和稳定的相互依赖关系，从而提高组织学习效率，降低组织学习风险与成本。

（四）发挥集群知识网络的功能性

战略性新兴产业集群网络内包括政府、企业、高校和科研院所、金融机构以及科技中介服务机构的各个网络节点。政府与各个节点建立交互式联系，为集群内行为主体进行组织学习提供相关政策、资金等支持，并为集群网络有效运行营造有序、公平、开放的市场环境；集群内的各个企业进行知识优势互补与良性竞争，扩张集群网络动力；高校和科研院所在集群网络中主要扮演创新知识资源产出者和人才资源提供者的角色；金融机构为集群内的相关企业提供研发资金，科技中介服务机构则为相关企业提供技术咨询等服务（崔蕊、霍明奎，2016）。在战略性新兴产业集群内，行为主体所在网络的不同网络关系特征与结构特征不仅会影响组织在外部环境中对机会与威胁的识别，也会影响组织在网络中接触与利用知识资源的数量与质量。因此，战略性新兴产业集群内的行为主体应该基于集群网络的功能性，利用自己在集群网络中的位置优势、网络规模以及和其他网络成员的联结强度等资源进行知识资源的识别与获取。

第七章　战略性新兴产业集群创新
网络协同创新绩效研究

战略性新兴产业已成为中国经济新时代构建现代化经济体系的重要组成部分，但目前战略性新兴产业创新能力不足、核心技术缺失等问题仍比较突出。产业集群创新网络对于提升战略性新兴产业集群协同创新能力和竞争优势具有重要作用。本章在对战略性新兴产业集群创新网络内涵进行界定的基础上，通过实证研究验证集群创新网络结构、网络能力、知识协同与协同创新绩效的关系。

第一节　战略性新兴产业集群创新网络内涵及特征

战略性新兴产业集群创新网络作为关系网络被提出是结合产业集群创新网络内涵与战略性新兴产业创新特征的结果。集群内主体的不同网络关系产生不同的网络结构，网络的形成与发展处于动态演进过程中，集群内创新主体占有资源与网络位置差异导致产生不同网络支配能力。

一、战略性新兴产业集群创新网络内涵

战略性新兴产业协同创新系统内创新主体间是一种非零和博弈关系，可以通过改善各主体间行为来实现系统主体间协同利益最大化（高璇，2016）。张敬文等（2016）运用演化博弈理论对战略性新兴产业集群协同创新发生机理进行研究，以协同创新作为驱动力的战略性新兴产业，集群内各创新主体间的协同强度与合作频率直接影响创新网络形成。张曼和菅利荣（2017）基于灰靶双边匹配的决策方法研究战略性新兴产业集群创新网络形成机制。协同创新作为战略性新兴

产业集群创新网络主要的驱动机制，是战略性新兴产业集群创新网络形成与发展的重要组成部分。

根据创新主体间的关联度与合作频度可将战略性新兴产业集群网络分为中卫型与市场型。市场型结构比较松散，节点之间的关联性处于较低状态。中卫型是以核心企业为中心，以产业关联建立起集群式合作关系形成的创新网络，网络结构较紧密。战略性新兴产业集群网络形成初期为市场型，由于受到集群聚集效应影响，相关机构加入集群，各创新主体间协同频率增加，网络结构向中卫型动态转化。战略性新兴产业集群创新网络结构包含单核结构、多核结构以及网状结构（张曼、菅利荣，2017）。战略性新兴产业集群创新网络结构的形成和动态演进主要受网络结构形成初期的创新主体对称性、产业相关性、外部政府政策环境等因素影响；发展时期主要受创新主体间知识溢出程度、人才流动频率、主体间利益分配机制、市场需求影响；成熟时期主要受网络文化、企业家精神影响。网络领导者在政治动员和行政支持上的程度影响着网络正规化与协同创新进程（Haug，2018）。Perri 等（2017）认为中国新兴产业与全球知识联系网络知识溢出的关键是外国参与者，这也是新兴产业集群的始源。其结果强调了来自经济研究机构的个人动机是网络形成的关键作用。

综上所述，本节将战略性新兴产业集群创新网络定义为：战略性新兴产业集群创新网络是由集群内创新主体间的协同方式及关联强度构成，是一种非静态关系网络，在产业集群内创新主体协同合作过程中动态形成，并受到外部环境及集群网络创新主体规模影响，在战略性新兴产业集群创新网络中形成协同关系及创新主体类别占据一定比例结构的关系网络。

二、战略性新兴产业集群创新网络结构特征

（一）动态性

战略性新兴产业集群内各创新主体间的合作意愿、方式、频率以及关联强度决定战略性新兴产业集群创新网络的结构特征。由于集群内各创新主体进行有向选择进入或退出集群，集群内的网络节点保持动态变化（董微微，2015）。Schütz 等（2018）提出产学研创新网络是一种螺旋创新网络。战略性新兴产业集群创新网络中创新主体合作关系的建立是一个逐步形成的过程，两个或多个主体间的关联度随着合作频率加大而增强，战略性新兴产业集群集聚度不断提高，网络结构由市场型向中卫型动态转变。战略性新兴产业集群网络创新主体间的非对称性产生网络"结构洞"，产学研协同创新过程实质是以发现和填补创新网络中

的结构洞为手段（柳洲，2018）。占据结构洞的企业会占据资源优势，但当网络规模过度扩张时，占据结构洞的集群企业会逐步丧失其结构洞优势（Hurmelinna-Laukkanen et al.，2012）。战略性新兴产业集群中创新主体合作频率的增加、利益共享机制的完善以及知识溢出效应的增强会使创新主体间关联度变强，"结构洞"将逐渐被弥补。战略性新兴产业集群创新网络动态性体现在"结构洞"被弥补的过程中。创新主体之间网络地位、关系能力、知识权力和信任水平分布越均衡，集群创新网络抗毁性越强（李莉等，2021）。战略性新兴产业集群创新网络各创新主体间的关联程度受协同过程中的知识流动与知识溢出现象影响，创新主体间关联程度改变导致战略性新兴产业集群创新网络结构变化。

（二）耦合性

耦合是指在由多个主体相互关联形成的网络中，各主体间存在紧密的输入输出配合且相互影响的现象。李北伟等（2012）指出集群产业在一定区域或者领域内，通过产业链、价值链和知识链相互耦合、相互作用形成复杂的创新网络。在战略性新兴产业集群创新网络中创新主体相互影响，技术资源相互传输渗透，知识与技术相互交流，彼此间存在着技术研发、商业模式、激励制度、人力资源等多个方面的耦合。Wei 等（2018）运用系统仿真方法，研究协同创新网络中知识耦合的演化现象，总结出协同创新网络拓扑结构的演化规律，并阐明网络拓扑结构。王欢芳等（2021）认为产业集群的构建有助于搭建协同创新主体间知识流动和技术创新的桥梁，促进资源共享和协同创新，实现资源整合互补、价值提升，提高各创新主体的创新产出水平和效率。因此，在战略性新兴产业集群创新网络中，各协同创新主体间存在耦合关系，战略性新兴产业集群创新网络结构具有耦合性。创新主体间可以依据地理距离远近或是产品关联度的强弱建立配套的合作关系，这种配套的合作关系并不是建立在两个主体之间，同一个主体可以与多个战略性新兴产业集群内的多个企业主体、中介机构主体等建立合作关系。

（三）系统性

战略性新兴产业集群创新网络具有系统性。Silva 等（2018）基于复杂系统性视角研究协同创新网络自组织性结构的成因。战略性新兴产业集群既不是一种可以自身生长或消亡的有机体，也不是仅靠单一技术或优势而形成的经济实体（吕国庆等，2014），而是一种层次范围广、合作主体多元的社会关系系统（赫连志巍、邢建军，2017）。张治河等（2014）提出战略性新兴产业集群的形成具有多样性，不是简单分阶段的动态思维，而应是系统思维，其鲜明的特性是强调自主创新。He 等（2011）提出集群创新网络是具有自组织特性的复杂自适应性系统。战略性新兴产业集群创新遵循生产范式，从技术研发的合作到生产运营协同，体现出系统运作过程。集群创新网络中的每个节点都拥有独特外部资源或地理禀赋。同时，作为网络节点，主体与其他一个或多个节点存在联系。由于网络中各节点间的协同方式或关联程度存在差异，局部协同方式与联结强度不同，所以战略性新兴产业集群创新网络中有多个不同功能的子系统。在同一个系统下不同的节点拥有不同的资源，不同节点间又有不同的耦合方式，会产生独特结构下的自有系统。每个子系统以一定的结构方式独立运作，各子系统间保持一定联系和距离，众多子系统构成了战略性新兴产业集群创新网络。

第二节　战略性新兴产业集群创新网络协同创新绩效实证研究

一、研究假设

集群企业协同过程中的知识溢出将导致知识在集群主体间的学习与吸收，集群网络结构动态性进一步强化集群内的知识协同效应，共性知识及核心技术的学习与吸收创造可提升集群协同创新绩效。集群网络能力能够增强与巩固知识在集群各主体间的整合能力，保证知识的有效吸收性，进而提升集群协同创新绩效。

产业集群主体间相互学习形成关系网络，知识作为学习对象是组织内部以及协同企业网络之间的资源（Cormican and Dooley，2007）。知识协同具有动态性（董睿、张海涛，2018）。在集群创新网络中，企业间交流和互动可以实现知识在集群内部企业间的互补、整合与吸收创造，并提升企业创新能力（Ibrahim et al.，2009）。知识转移绩效的可度量程度、合作主体间的关系强度对产学研协同创新知识转移效果的提高起决定性作用（Anklam，2002）。侯光文和薛惠锋（2017）以知识获取为中介变量，探讨先进制造业产业集群网络关系对协同创新绩效的影响。Mudambi 等（2016）分析了美国俄亥俄州阿克伦产业集群内部的知识演化与创新机理。网络能力可通过技术交互作为中介变量来影响创新绩效，网络能力还对创新绩效有显著直接影响（Ritter and Gemünden，2003）。郭韧等（2018）以知识产权投入量、吸收性、创新能力、转移要素为合作效率评价维度。基于此，本节进一步探究网络结构、网络能力、知识协同与战略性新兴产业集群创新网络协同创新绩效之间的关系。

（一）网络结构与战略性新兴产业集群创新网络协同创新绩效

良好的创新网络结构对于集群创新网络协同创新绩效的提高有重要作用，网络内部成员间的合作关系、网络规模及主体间耦合性、资源异质性和互补性对集群协同创新绩效有着积极影响。外部知识资源能力对组织创新能力提高非常关键，企业对外部创新资源的开放度越高，创新能力就越强（Laursen and Salter，2006）。叶琴和曾刚（2020）以中国生物医药产业和节能环保产业为例，研究发现两类产业创新网络结构存在差异，网络结构不同对创新绩效的影响机理也不同。王松和盛亚（2013）认为市场竞争环境动态性越强，主体间合作度对集群创新绩效的影响越重要。技术不确定性越高，网络开放度对集群创新绩效的影响越显著。网络规模大，开放性程度较高时，企业进行协同创新易取得较好效果。创新网络关系强度对创新绩效有显著影响（刘学元等，2016）。产业集群网络关系对协同创新绩效有显著影响，知识获取在网络强度、网络质量对协同创新绩效的影响中存在中介作用（侯光文、薛惠锋，2017）。战略性新兴产业集群创新网络结构由不同主体分层连接而成，不同层次的创新资源以及同一层次不同主体的创新资源多层次交互联结，共同推动战略性新兴产业共性技术和关键核心技术的有效突破。因此，本节提出以下假设。

H7-1：网络结构对战略性新兴产业集群创新网络协同创新绩效具有显著影响。

H7-1a：网络规模性对协同创新绩效具有显著影响。

H7-1b：网络异质性对协同创新绩效具有显著影响。

H7-1c：网络耦合性对协同创新绩效具有显著影响。

H7-1d：网络开放性对协同创新绩效具有显著影响。

（二）网络能力与战略性新兴产业集群创新网络协同创新绩效

在复杂多变的网络环境中，网络能力是企业基于内部资源状况，通过识别网络价值和机会，有效获取企业所需资源的动态能力。Dyer 和 Nobeoka（2000）认为创新网络对技术创新有重要影响，企业应注重提升自己有效的网络能力。网络配置和占位能力可使企业筛选更好的合作伙伴，提升企业突破性创新绩效（Hagedoorn et al.，2006）。企业网络能力通过影响企业网络结构和吸收能力对集群创新网络合作创新绩效产生影响（沙振权、周飞，2013）。游达明等（2015）探索了创新网络能力对创新网络绩效的影响路径及其网络中其他变量对创新网络能力和创新网络绩效的敏感度。合作创新网络能力形成的主要因素包括知识资源、网络位置、网络权力和组织间信任（宋晶、孙永磊，2016）。白景坤和丁军霞（2016）以高技术企业为例，研究发现网络能力对探索式创新和利用式创新均有显著影响，其中网络规划能力、网络占位能力和网络运作能力对利用式创新影响显著。网络能力通过企业利用网络间合作伙伴有价值的知识、信息与其他关键性资源来提高创新绩效。基于此，本节提出以下假设。

H7-2：网络能力对战略性新兴产业集群创新网络协同创新绩效具有显著影响。

H7-2a：网络配置能力对战略性新兴产业集群创新网络协同创新绩效具有显著影响。

H7-2b：网络占位能力对战略性新兴产业集群创新网络协同创新绩效具有显著影响。

H7-2c：网络运作能力对战略性新兴产业集群创新网络协同创新绩效具有显著影响。

（三）知识协同与战略性新兴产业集群创新网络协同创新绩效

知识协同是组织间通过知识流动、知识共享和知识整合，实现知识资源有效配置，推动企业进行创新，提升企业协同创新绩效的有效方法。Anklam（2002）提出，知识协同发展分为知识传递、知识共享与知识协同三个阶段。知识协同过程中合作双方会产生知识溢出效应，使双方能够实现知识共享、知识转移并根据自身情况对从外部吸收的知识进行内化整合（吴悦、顾新，2012）。知识整合能力、吸收能力对协同创新绩效具有正向影响作用，知识共享对协同创新绩效有促进作用（谢永平等，2012）。企业知识吸收能力对企业创新绩效有显著的正向影响（刘学元等，2016）。佟泽华和韩春花（2017）通过实证研究表明，环境扰动对非知识协同行为产生正向影响，对知识协同行为产生反向影响，知识协同行为对组织创新绩效有显著影响。知识整合创新促进企业突破性创新（蔡猷花等，2017）。战略性新兴产业集群创新网络内部不同学科、不同领域的知识较多，集群创新网络为各知识主体提供知识互动平台，知识主体通过创新网络平台跨层次互动，实现集群创新网络知识协同和创新。基于此，本节提出以下假设。

H7-3：知识协同对战略性新兴产业集群创新网络协同创新绩效具有显著影响。

H7-3a：知识共享能力对战略性新兴产业集群创新网络协同创新绩效具有显著影响。

H7-3b：知识转移能力对战略性新兴产业集群创新网络协同创新绩效具有显著影响。

H7-3c：知识整合能力对战略性新兴产业集群创新网络协同创新绩效具有显著影响。

（四）网络结构与战略性新兴产业集群创新网络知识协同

集群网络连接强度会影响知识转移程度（高菲等，2014）。集群创新网络协同所产生的技术积累与扩散，会增强区域内、集群内各主体间的交流和学习（崔蕊、霍明奎，2016）。知识具有纵向过程演进功能与横向模块化集成功能，知识在其协同过程中主要包含知识共享、知识耦合、知识创新三个过程（杨坤等，2016）。集群环境差异性条件下，转移企业结网策略会显著影响集群创新网络结构和知识水平（马永红、张帆，2017）。网络位置优化能够使企业占据更多的信息来源、知识资源，企业也因此能够更好地利用网络中溢出的知识，提升企业知识创造能力（李宇等，2017）。知识协同过程中伴随着知识搜寻协同行为，知识搜寻协同对创新绩效具有正向影响，情景双元在知识搜寻协同与创新绩效之间起中介作用（郑浩，2018）。张志华等（2019）提出协同创新网络的开放度越深，企业越能够对多元化的资源、知识、信息进行接触和吸收。战略性新兴产业是新知识和新技术深度融合的产业，战略性新兴产业集群创新网络是相关产业企业、高等院校、科研院所及辅助机构等主体共同构成的知识载体和平台，不同主体来自不同产业或领域，集群中主体的知识具有不同的背景、内容和结构，知识资源属性差异较大。基于此，本节提出以下假设。

H7-4：网络结构对战略性新兴产业集群创新网络知识协同具有显著影响。

H7-4a：网络规模性对战略性新兴产业集群创新网络知识协同具有显著影响。

H7-4b：网络异质性对战略性新兴产业集群创新网络知识协同具有显著影响。

H7-4c：网络耦合性对战略性新兴产业集群创新网络知识协同具有显著影响。

H7-4d：网络开放性对战略性新兴产业集群创新网络知识协同具有显著影响。

（五）网络能力与战略性新兴产业集群创新网络知识协同

企业利用网络能力从外部网络获取新的知识，从而有利于提升创新绩效。Zacharia 等（2009）认为通过协同合作过程中的信息分享与意见交流，企业能够获取、学习与整合每位伙伴的经验与专业知识，提升企业绩效。新创企业网络构想能力、网络关系管理能力以及网络角色定位能力对知识管理能力均产生了显著的正向影响（吴岩，2014）。网络规划、配置、运作和占位能力对组织获取文化型和根植型隐性知识均有显著正向影响（范钧等，2014）。网络能力中的资源管理能力和关系管理能力会促进企业获取外部知识，网络规划能力对知识获取没有显著影响（李纲等，2017）。基于此，本节提出以下假设。

H7-5：网络能力与战略性新兴产业集群创新网络知识协同存在相关关系。

H7-5a：网络配置能力与战略性新兴产业集群创新网络知识协同存在相关关系。

H7-5b：网络占位能力与战略性新兴产业集群创新网络知识协同存在相关关系。

H7-5c：网络运作能力与战略性新兴产业集群创新网络知识协同存在相关关系。

（六）知识协同在战略性新兴产业集群创新网络与协同创新绩效之间的中介作用

企业协同创新的过程就是知识协同和整合的过程。蔡猷花等（2017）提出集群中合作双方建立起合作关系，合作主体的知识水平与知识存量通过对内外部知识的整合、吸收而提高，随着合作双方知识的增加，互补意愿降低，集群创新网络会变得稀疏进而影响网络创新绩效。网络节点间的距离影响知识在网络中的传递速度与完整性。海本禄等（2017）结合战略管理理论与知识管理理论，构建了知识获取、知识泄露影响企业创新绩效的理论模型，研究发现技术知识获取与市场知识获取对企业创新绩效有显著正向影响。战略性新兴产业集群创新网络中知识的复杂性和异质性程度较高，同时各行为主体之间的知识具有较强互补性，具有异质性和互补性知识的不同行为主体通过集群创新网络知识系统平台进行知识共享、知识协同等知识活动，共同实现战略性新兴产业协同创新。基于此，本书提出以下假设。

H7-6：知识协同在战略性新兴产业集群创新网络与协同创新绩效关系间起到中介作用。

二、研究设计

（一）模型构建

基于以上研究，将知识协同作为中介变量引入战略性新兴产业集群创新网络中，并以此提出研究网络结构、网络能力与战略性新兴产业集群创新网络协同创新绩效之间关系的概念模型，如图7-1所示。

（二）变量测量

本节主要通过研读集群创新网络、战略性新兴产业、知识协同、协同创新等方面的文献，通过文献比较选择相对成熟的量表，结合战略性新兴产业特点进行

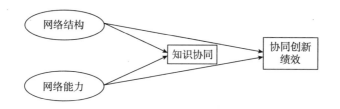

图7-1 网络结构、网络能力与战略性新兴产业集群创新网络协同创新绩效
之间关系的研究概念模型

适当修订，根据预调研对量表问题项加以修改以确保其科学性与合理性，并通过与本研究领域中的专家学者和业界人士进行讨论进一步修改完善，最后形成所需要的测度量表。研究量表主要涉及集群创新网络结构、集群创新网络能力、知识协同以及协同创新绩效四个研究变量。其中，集群创新网络结构测度量表根据Ghemawat 和 Cassiman（2007）、谢永平等（2012）、解学梅和徐茂元（2014）等研究成果修订形成；网络能力测度量表借鉴吴岩（2014）、Dolfsma 和 Eijk（2017）、Provan 等（2007）、何郁冰和张迎春（2015）等的研究成果修订而成，选取网络配置能力、网络占位能力以及网络运作能力作为测度指标；知识协同测度量表主要借鉴侍文庚和蒋天颖（2012）的研究成果，选取知识共享能力、知识整合能力、知识转移能力三个维度作为测度指标；协同创新绩效测度量表主要采用解学梅等（2015）的研究成果，选取企业新产品市场反应、新产品创新成功率、新产品技术含量、新产品开发速度、新产品的投入产出效率五个测度指标进行测度。

（三）数据收集

本节使用的数据主要来源于问卷调研。根据国家对战略性新兴产业的分类，笔者选择的调研对象涉及高端装备制造业、节能环保产业、新能源产业、新一代信息技术产业、新材料产业等战略性新兴产业。考虑到调研工作的可行性和样本选择的合理性，主要选取江西省和福建省的部分战略性新兴产业企业以及江西师范大学 MBA 中心在战略性新兴产业企业工作的学员作为调研对象。问卷调查主要采用问卷寄回（主要通过校友发放问卷，然后收集并寄回）与 E-mail 调查两种方式进行。调查问卷采用了通用的 Likert 五级量表进行反映，评价等级中数字"1"代表"完全不符合"，"5"代表"完全符合"。

本次调研共发放问卷 900 份，回收 347 份，有效问卷 290 份。其中，通过E-mail 发放问卷 300 份，回收问卷 108 份，有效问卷 71 份；校友调研问卷 600份，回收问卷 239 份，有效问卷 219 份（见表 7-1）。

表7-1　问卷回收基本情况

调查方式	问卷发放（份）	问卷回收（份）	有效问卷（份）	有效回收率（%）
E-mail	300	108	71	23.67
校友调研	600	239	219	36.50
合计	900	347	290	32.22

问卷调查内容包括被调查企业的基本概况、行业分类以及被调查者的受教育程度、工作年限等，具体如表7-2所示。

表7-2　研究样本特征

分类	行业概况	样本数	占比（%）	分类	企业概况	样本数	占比（%）
行业分类	节能环保	61	21.03	企业规模	100人及以下	61	21.03
	新一代信息技术	36	12.41		101~500人	64	22.07
	高端装备制造业	131	45.17		501~1000人	45	15.52
	新能源	13	4.48		1000人以上	120	41.38
	新材料	20	6.90	工作年限	1年以下	26	8.97
	生物医药	20	6.90		1~3年	74	25.52
	新能源汽车	9	3.10		3~5年	72	24.83
从事工作类型	研发类工作	38	13.10		5年以上	118	40.69
	生产类工作	63	21.72	受教育程度	专科及以下	71	24.48
	管理类工作	107	36.90		大学本科	164	56.55
	市场类工作	38	13.10		硕士及以上	55	18.97
	其他类工作	44	15.17				

表7-2基本统计结果表明：从产业分类来看，高端装备制造业人员较多，占比45.17%，其他依次是节能环保产业、新一代信息技术产业、新材料产业、生物医药产业和新能源产业；从调查人员从事工作类型来看，管理类工作者较多，占比为36.90%，市场类工作者最少，占比13.10%；从企业规模来看，1000人以上占比最多，为41.38%，501~1000人占比最少，为15.52%；从调查人员工作年限来看，5年以上占比最多，为40.69%，1年以下最少，占比8.97%；从调查人员受教育程度来看，大学本科人数占比56.55%，硕士及以上占比为18.97%。

（四）信度与效度检验

本节采用Cronbach's α系数法测量各量表的信度，根据表7-3可知，各子量表 Cronbach's α 系数均大于 0.90，且问卷总的内部一致性系数为 0.981，这说明问卷总体具有较高的信度。

效度分析采用构建效度的方法，对量表进行 KMO 检验和 Bartlett 球形检验。表 7-3 显示，本研究总的 KMO 值为 0.953，且各子量表 KMO 值均大于 0.8，因素解释量均大于 0.7，表明本节量表具有较高的构建效度，符合研究需要。

表 7-3　信度和效度检验结果

测量项目	α 信度系数	KMO 值	因素解释量（%）
创新网络结构	0.942	0.885	73.781
创新网络能力	0.961	0.885	73.198
知识协同能力	0.956	0.888	74.844
协同创新绩效	0.918	0.841	80.481
总值	0.981	0.953	

表 7-4 所示的研究结果表明 Bartlett 球形检验的相伴概率（P 值）小于 0.001，说明因子的相关系数矩阵是非单位矩阵，适合做进一步的因子分析，将知识协同和协同创新绩效分别进行探索性因子分析的结果显示，知识协同和协同创新绩效相应变量的共同度都大于 0.7。因此，探索性因子分析所提取的公共因子能够反映原变量 70% 以上的信息，因子分析效果较好。知识协同维度对变量的累计解释量达到 82.712%，协同创新绩效维度对变量的累计解释量达到 80.481%。

表 7-4　知识协同与协同创新绩效的探索性因子分析

度量题项	知识协同因子	创新绩效因子	共同度
知识共享能力	0.889		0.790
知识转移能力	0.925		0.856
知识整合能力	0.914		0.836
样本充分性检验 KMO=0.741；Bartlett's 球形检验 $\chi^2 = 526.013$；df=3；Sig.=0.000			
新产品市场反应情况		0.905	0.818
新产品成功率		0.917	0.841

续表

度量题项	知识协同因子	创新绩效因子	共同度
新产品技术含量		0.907	0.822
新产品开发速度		0.859	0.738

样本充分性检验 KMO＝0.841；Bartlett＇s 球形检验 χ^2＝853.271；df＝6；Sig.＝0.000

表 7-5 所示的因子分析结果表明，经过正交因子旋转后，集群创新网络能力对变量的累计解释量达到 73.198%。集群创新网络能力除变量"企业处于网络的边缘位置"共同度为 0.515 外，其余变量共同度均大于 0.6。可见，探索性因子分析所提取的公共因子基本能够反映原变量 60% 以上的信息，因子分析效果较好。

表 7-5 正交旋转后创新网络能力的因素载荷矩阵

变量	网络配置能力	网络占位能力	网络运作能力	共同度
企业可以影响其他企业决策或行为	0.852			0.761
企业对核心技术拥有控制力	0.659			0.806
企业对核心人才拥有控制力	0.817			0.814
企业对社会资源拥有控制力	0.856			0.810
企业处于网络的中心位置		0.764		0.706
企业处于网络的结构洞位置		0.747		0.695
企业处于网络的边缘位置		0.879		0.515
合作双方信息流动性强			0.793	0.671
合作双方机制构建完善			0.633	0.771
合作双方合作意愿双向			0.866	0.679
合作双方合作次数频繁			0.657	0.824

样本充分性检验 KMO＝0.885；Bartlett＇s 球形检验 χ^2＝4223.022；df＝55；Sig.＝0.000

三、研究结果及评价

（一）相关性分析

本节采用 Pearson（皮尔逊）相关系数假设检验方法对变量相关性进行检验。结果如表 7-6 所示，战略性新兴产业集群创新网络结构特征、创新网络能力、知识协同与协同创新绩效均存在显著相关关系。

表7-6　变量间的描述性统计与 Pearson 相关系数

变量	均值	标准差	1	2	3	4	5	6	7	8	9	10	11
1. 网络规模性	3.145	1.1586	1										
2. 网络异质性	3.207	0.9477	0.597**	1									
3. 网络耦合性	3.253	1.1220	0.625**	0.633**	1								
4. 网络开放性	3.300	1.1630	0.599**	0.609**	0.766**	1							
5. 网络配置能力	2.059	0.7441	0.664**	0.621**	0.594**	0.623**	1						
6. 网络占位能力	3.190	1.1232	0.561**	0.639**	0.608**	0.626**	0.740**	1					
7. 网络运作能力	3.328	1.0651	0.632**	0.615**	0.727**	0.703**	0.709**	0.735**	1				
8. 知识共享能力	3.266	0.9676	0.583**	0.532**	0.692**	0.639**	0.632**	0.600**	0.718**	1			
9. 知识转移能力	3.297	1.1138	0.546**	0.528**	0.625**	0.644**	0.618**	0.613**	0.670**	0.729**	1		
10. 知识整合能力	3.324	1.1369	0.582**	0.545**	0.667**	0.635**	0.636**	0.624**	0.686**	0.702**	0.790**	1	
11. 协同创新绩效	3.300	1.1050	0.574**	0.529**	0.599**	0.560**	0.690**	0.626**	0.675**	0.692**	0.715**	0.696**	1

注：***、**、* 表示分别在 0.1%、1%、10%水平上显著，N=290。

（二）以知识协同能力为中介效应的多元回归分析

以知识协同为中介效应的多元回归分析分为以下三个部分：第一部分测量自变量战略性新兴产业集群创新网络结构、网络能力、知识协同与因变量协同创新绩效的关系；第二部分测量自变量战略性新兴产业集群网络结构、网络能力与中介变量知识协同的关系；第三部分将自变量与中介变量知识协同同时代入回归方程，测量其与因变量协同创新绩效的关系。多元回归分析结果具体如表 7-7 所示。

表 7-7　知识协同集群创新网络结构对协同创新绩效影响的多元回归分析

自变量	协同创新绩效		自变量	协同创新绩效		自变量	协同创新绩效	
	β	t 值		β	t 值		β	t 值
知识共享能力	0.340	5.170***	网络规模性	0.240	4.123***	网络配置能力	0.658	7.031***
知识转移能力	0.297	4.461***	网络异质性	0.158	2.203**	网络占位能力	0.165	2.548*
知识整合能力	0.244	3.899***	网络耦合性	0.259	3.500**	网络运作能力	0.193	3.356***
F	139.910***		网络开放性	0.113	1.642	F	104.914***	
R²	0.595		F	55.443***		R²	0.524	
ΔR²	0.590		R²	0.438		ΔR²	0.519	
			ΔR²	0.431				

注：***、**、*表示分别在 0.1%、1%、10%水平上显著。

1. 集群创新网络结构对协同创新绩效的影响

本部分以集群创新网络结构为自变量、协同创新绩效为因变量进行多元回归分析，表 7-7 的结果表明回归方程中 F 值为 55.443（P<0.001），回归方程显著。网络规模性（β=0.240，P<0.001）与网络耦合性（β=0.259，P<0.01）影响较为显著；网络异质性（β=0.158，P<0.01）影响较低；网络开放性影响不显著。可见，战略性新兴产业集群创新网络规模性在 0.001 的置信水平上对集群企业的协同创新绩效具有显著正向影响，表明战略性新兴产业集群网络规模性加大、耦合性与开放性提高，并保持网络异质性能够提升战略性新兴产业企业协同创新绩效。由此，H7-1a、H7-1b、H7-1c 得到验证。

2. 知识协同、创新网络能力对协同创新绩效的影响

以集群创新网络能力为自变量、协同创新绩效为因变量进行多元回归分析，表 7-7 的结果表明回归方程中 F 值为 104.914（P<0.001），回归方程显著。其

中，网络配置能力（β = 0.658，P<0.001）与网络运作能力（β = 0.193，P<0.001）影响较为显著，网络占位能力（β = 0.165，P<0.1）相对较低。在战略性新兴产业集群创新网络中企业占据网络中心位置，拥有核心技术和人才，同时与其他企业相互影响、相互协作会加大企业协同创新绩效。由此，H7-2 得到验证。

以知识协同为自变量、协同创新绩效为因变量进行多元回归分析，表7-7 的结果表明回归方程中 F 值为 139.910（P<0.001），回归方程显著，知识协同的三个维度，知识共享能力、知识转移能力、知识整合能力对战略性新兴产业集群协同创新绩效具有正向影响。知识共享能力的影响最为显著（β = 0.340，P<0.001），其次是知识转移能力（β = 0.297，P<0.001），知识整合能力影响相对较低（β = 0.244，P<0.001）。由此可知，知识协同对战略性新兴产业协同创新绩效具有显著的正向影响，H7-3 得到验证。

3. 集群创新网络结构、网络能力对知识协同的影响

以战略性新兴产业集群创新网络结构为自变量、知识协同为因变量进行多元回归分析，表7-8 的结果表明回归方程中 F 值为 64.810，回归方程显著。网络开放性（β = 0.302，P<0.001）与网络耦合性（β = 0.222，P<0.01）影响较为显著；网络规模性（β = 0.146，P<0.1）与网络异质性（β = 0.118，P<0.1）影响相对较低。因此，H7-4 得到验证。

表7-8　集群创新网络结构特征对知识协同的影响

自变量	知识协同		自变量	知识协同	
	β	t 值		β	t 值
网络规模性	0.146	2.576*	网络配置能力	0.426	4.275***
网络异质性	0.118	1.695*	网络占位能力	0.225	3.260**
网络耦合性	0.222	3.087**	网络运作能力	0.263	4.312***
网络开放性	0.302	4.520***	F	84.504***	
F	64.810***		R²	0.470	
R²	0.477		ΔR²	0.464	
ΔR²	0.470				

注：***、**、*表示分别在 0.1%、1%、10%水平上显著。

同理，以集群创新网络能力为自变量、知识协同为因变量进行多元回归分析，表7-8 的结果表明回归方程中 F 值为 84.504，回归方程显著。网络配置能

力 （β=0.426，P<0.001） 与网络运作能力 （β=0.263，P<0.001） 在 0.000 置信水平上对知识协同影响显著，而网络占位能力影响较低 （β=0.225，P<0.01）。战略性新兴产业集群网络中知识协同主要受到企业间的知识溢出、知识共享、知识转移与企业内部的知识整合能力的影响。战略性新兴产业企业、相关产业企业、客户、高等院校及科研机构的沟通有利于创新知识的转移与整合。因此，H7-5 得到验证。

4. 知识协同能力的中介效应

表7-7 和表7-8 的结果已经证实了战略性新兴产业集群创新网络结构的变化能够部分显著解释协同创新绩效的变化，以及战略性新兴产业集群创新网络的变化能够显著解释知识协同的变化。将自变量与中介变量同时纳入回归模型（见表7-9），回归方程中 F 值为 57.803，回归方程显著。战略性新兴产业集群创新网络结构特征中网络规模性、网络异质性、网路耦合性三个维度均由显著变为不显著，即在此过程中知识协同存在完全中介效应。战略性新兴产业集群创新网络能力中网络配置能力对创新绩效的影响仍显著，但比之前有所下降，即知识协同在此过程中存在部分中介效应；网络占位能力与网络运作能力对创新绩效的影响由显著变为不显著，表明知识协同在此过程中存在完全中介效应。由此，H7-6 得到验证。

表7-9 知识协同中介效应检验结果

自变量	协同创新绩效		检验结果
	β	t 值	
网络规模性	0.061	1.168	不显著，1.168<4.123，完全中介成立
网路异质性	-0.007	-0.108	不显著，-0.108<2.203，完全中介成立
网络耦合性	0.134	1.636	不显著，1.636<3.500，完全中介成立
网络配置能力	0.448	4.803***	显著，4.803<7.031，部分中介成立
网络占位能力	0.071	1.154	不显著，1.154<2.548，完全中介成立
网络运作能力	0.044	0.766	不显著 0.766<3.356，完全中介成立
中介变量			
知识协同	0.402	7.593***	
F	57.803***		
R²	0.623		
ΔR²	0.612		

注：***、**、*表示分别在 0.1%、1%、10%水平上显著。

（三）结论

研究结果表明：集群网络结构的四个维度——网络规模性、网络异质性、网络耦合性和网络开放性对战略性新兴产业集群创新网络协同创新绩效具有显著影响；集群创新网络能力中的网络配置能力、网络占位能力、网络运作能力对战略性新兴产业集群创新网络协同创新绩效具有显著影响；知识协同在战略性新兴产业集群创新网络结构与协同创新绩效之间起到完全中介作用，在网络能力与战略性新兴产业集群创新网络协同创新绩效之间对网络配置能力起到部分中介作用，对网络运作能力与网络占位能力起到完全中介作用。

1. 构建知识协同平台，提升战略性新兴产业集群创新网络知识协同价值

知识协同平台是集群创新网络的基础环境，为集群创新网络参与创新的行为主体提供知识共享、知识整合的独特创新环境。知识协同平台在提升企业自身知识创造能力和利用企业内外部知识资源方面的作用越来越受到企业重视。战略性新兴产业集群创新网络中知识协同平台虽然能集聚一定知识和信息资源，但资源集聚能力毕竟有限，很难满足战略性新兴产业技术创新要求。政府应通过财税政策、金融政策、产业政策、人才政策等优惠政策支持战略性新兴产业集群创新网络建设知识协同平台。

2. 强化网络能力，提高战略性新兴产业集群创新网络资源的配置和运作效率

良好的网络能力能充分调动企业内部资源，网络能力强的企业可以通过组织间学习从集群创新网络中获取创新所需的稀缺知识资源，实现与外部创新主体的链接，对企业创新绩效有显著影响。集群创新网络能力主要由网络配置能力、网络运作能力和网络占位能力组成。网络配置能力能帮助战略性新兴产业集群创新网络核心企业识别评估具有比较优势同时又和集群创新网络中其他创新主体资源互补的企业，避免冗余联结，优化集群创新网络资源配置。网络运作能力能强化战略性新兴产业集群创新网络不同创新主体间的网络关系管理，提升创新主体间的信任水平，促进网络中创新资源流动。网络占位能力能帮助企业在战略性新兴产业集群创新网络中获得有利地位，从而更容易获取集群创新网络中不同创新资源。

3. 加强政府引导，优化战略性新兴产业集群创新网络结构

集群创新网络集成了产业创新优势资源，是战略性新兴产业的主导优势，是产业核心能力形成的基础。由于核心能力是构筑战略性新兴产业竞争力的基石，集群创新网络作为培育核心能力的重要载体，政府部门对战略性新兴产业创新资

源进行配置时，首先需要考虑能够成为创新网络核心企业的优势主体，围绕核心主体构建战略性新兴产业集群创新网络。其次通过产业政策、税收政策等政策措施吸引更多的优势企业及其他创新主体和科技服务组织进入创新网络，进一步优化战略性新兴产业集群创新网络结构和创新资源配置，以对提升战略性新兴产业集群创新网络协同创新绩效产生推动作用。

第三节 战略性新兴产业集群创新网络协同 创新绩效提升策略

战略性新兴产业集群创新网络是由集群内多主体协同合作或非正式关联而产生的特殊关系网络。技术协同强度、知识传递程度、政府参与频度、成果产品数量以及内外部创新环境是影响战略性新兴产业集群创新网络协同创新绩效的重要因素。笔者从技术协同创新层面、组织协同创新层面、协同创新产出层面以及协同创新环境层面提出战略性新兴产业集群创新网络协同创新绩效提升策略。具体建议如下：

（一）技术协同创新层面

习近平总书记强调，坚持把科技自立自强作为国家发展的战略支撑。当前，新一轮科技革命和产业变革突飞猛进，应把握科技创新规律，发挥科技创新的引领作用，实现高水平科技自立自强，为国家发展提供战略支撑。战略性新兴产业集群多为高技术产业，其核心驱动力为创新突破。但其技术协同中存在研发周期较长、R&D 投入强度小、联合研发数量少、设备先进水平较低等多个问题，这都将影响战略性新兴产业集群创新网络的协同创新绩效。为改善目前不足，企业应加强 R&D 投入，培养、引进高新技术人才，更新研究设备。政府应注重完善知识产权保护制度，使集群创新网络中各行为主体愿意把各自的知识贡献到知识协同平台中。在集群创新网络内建设信任机制、利益分享机制、激励机制以及协同创新机制，促使战略性新兴产业技术创新所需知识资源通过知识协同平台在集群创新网络内实现集聚与共享，提升战略性新兴产业集群创新网络知识协同效应价值。战略性新兴产业是高端技术需求产业，其核心驱动力为重大技术突破创新，R&D 投入强度与研究设备先进水平是技术创新的基本保障。因此，随着R&D 投入的加强与研究设备水平的提高，战略性新兴产业集群创新网络创新主体的技术协同创新能力会有所提升。企业应定向培养核心技术人员并从外部引进高素质技术人员，提升战略性新兴产业集群创新网络内部研发水平。战略性新兴产业集群创新网络内的企业应实行联合研发战略，与科研能力较强的科研院所或高校进行专利协同合作，各方研究人员应交流互动，建立正式与非正式联系，突破研究薄弱环节，缩短技术研发周期，形成集群向心力。

（二）组织协同创新层面

战略性新兴产业集群创新网络是由多元创新主体间正式合作与非正式交流形成的关系集合。创新主体与机构间的联结方式与组织方式将对协同创新绩效产生影响。因此，在战略性新兴产业集群创新网络中，各创新主体应注意提升自身的网络能力，维持良好伙伴关系，并通过伙伴间的交流，从集群创新网络内外获取和利用所需创新资源，提升战略性新兴产业集群创新网络协同创新绩效。战略性新兴产业集群创新网络的形成是一个渐进的过程。战略性新兴产业集群创新网络在形成过程中会产生一定的集聚效应，集聚效应会将产业链上下游或是相关行业企业紧密联系在一起，但若企业内部未形成创新文化氛围，人才激励制度不完善，企业内部各部门间协调情况较差，与其他创新主体合作方式单一化，缺乏有效的协同创新机制，则会大大降低产业集群网络所产生的集聚效应。同时，在战略性新兴产业集群创新网络中，产业链上各企业与各协同创新主体间的利益诉求不尽相同。因此，形成保障协同合作机制、创新主体利益共享机制与风险分担机制显得尤为重要。由于战略性新兴产业集群创新网络协同创新主体合作模式不同，在对集群创新网络进行治理时，应针对不同的合作模式选择相应的治理机制，加强不同创新主体间的知识与信息交流，整合集群创新网络中不同的创新资源，进一步发挥战略性新兴产业集群创新网络协同效应。战略性新兴产业是典型的创新驱动型产业，创新人才的培养与引进对于战略性新兴产业企业而言十分重要。因此，企业内部应建立合理完善的人才激励制度，加强企业内各部门间的协调沟通，在企业内营造包容失败与鼓励创新的文化氛围，发挥企业软文化的作用，将各部门的协同作用发挥到最大化，避免各组织及各部门创新资源的冗余与浪费。

（三）协同创新产出层面

创新驱动是战略性新兴产业的基本特征之一，其产出能带来的经济利益将高出其他传统产业。但其核心技术及边缘支持条件较为苛刻，因此，战略性新兴产业集群创新网络中的主体需要进行协同合作，而协同合作的产出将直接决定战略性新兴产业集群创新网络协同创新绩效。协同创新产出在战略性新兴产业集群创新网络中占据着重要位置。根据已有研究及实证研究结果来看，目前战略性新兴产业集群创新网络中科研机构产出数量较少，专利拥有数量较多，而科研成果投产率却不高，产品销量收入一般。其中，新材料产业的问题较为突出，其未实现关键共性技术突破，产学研合作模式尚未成熟，协同创新效率低下导致协同创新产出水平不高。

为进一步提升战略性新兴产业集群创新网络的协同创新产出能力，应提升战略性新兴产业集群创新网络的开放水平，注意技术输出与产品销售并行，组建专项团队与科研机构合作，提高研发成果投产率，加快新材料研发成果的产业化；提升战略性新兴产业集群创新网络开放性，横向融入多个产业与机构，实现多产融合，纵向拓展产业链长度，促进相同产业或不同产业主体间沟通合作，使创新主体从单向协同到多向协同再到交互协同，以形成创新系统。战略性新兴产业集群创新网络中科研机构与高校的创新多是理论创新与基础技术创新，企业主体应组建专项合作小组与科研机构、高校对接，形成联合研发团队，加快理论创新的研发与产业化，在基础技术上共同攻克"高精尖"技术，实现核心技术突破，以提高研发成果投产率，进一步增强产品销量收入。

（四）协同创新环境层面

战略性新兴产业是我国产业转型升级和创新驱动发展的重要着力点，也是构建现代产业体系的核心内容，因此更需要政府引导和推动战略性新兴产业集群创新的实现。在我国，战略性新兴产业集群的市场化成熟程度不高，政府职能部门对战略性新兴产业集群创新网络构建的参与程度需要更高。政府职能部门应根据国家创新战略发展需要，明确创新要求，引导战略性新兴产业集群创新网络构建。另外，战略性新兴产业属于前沿高端技术领域，创新更具复杂性和不确定性，产业领先技术分布在不同的区域甚至不同国家，相关技术专有性和保密性更强，这就更需要政府部门积极参与，协调创新网络内外部的网络联系，以保障战略性新兴产业集群创新网络技术创新的顺利实现。

战略性新兴产业集群创新网络协同创新环境分为企业内部协同创新环境与企业外部协同创新环境。内部协同创新环境重点建设包容失败、鼓励创新的创新文化氛围，外部协同创新环境主要为创新政策支持。为进一步优化战略性新兴产业集群创新网络协同创新环境，集群内企业应与中介机构构建战略联盟协同模式，建立共性技术平台；政府投资基础设施建设，完善产业制度，创造良好协同创新环境，如航空航天制造项目启动资金庞大，政府可牵头整合民间资本成立创新基金。战略性新兴产业集群创新网络协同创新环境具有不确定性、复杂性，需要大量的人才、资金、信息等相关资源支撑，企业与中介机构间形成战略联盟、研发合作等协同模式是战略性新兴产业集群创新网络协同创新运作的基本保障。政府在完善基础设施、建立专项创新基金的同时，可引入民间资本拓宽风险投资渠道，对基础类共性技术进行资金支持，对应用类共性技术提供知识产权保护并维护市场秩序，为战略性新兴产业集群创新网络创造有利的政策环境与市场环境，使创新政策功能与创新政策目标相匹配，最大限度地发挥创新政策环境的作用。

第八章　战略性新兴产业集群创新政策研究

战略性新兴产业具有促进产业结构转换和引导科技进步的能力，而产业集群是产业协同创新、健康发展的重要途径。因此，构建战略性新兴产业集群对于发展战略性新兴产业，促进国民经济可持续发展具有举足轻重的作用。但目前我国战略性新兴产业集群发展存在集聚度较低、创新能力弱、信息化水平低、公共服务滞后等问题，部分区域的产业集群也存在同质化和无序竞争问题。因此在战略性新兴产业集群培育过程中，不仅需要发挥市场力量，还要充分发挥政府宏观规划和政策激励作用，推动战略性新兴产业集群高质量发展。

第一节　战略性新兴产业集群创新政策现状

一、战略性新兴产业集群创新政策的功能

（一）解决集群市场失灵

市场失灵理论为政府介入经济活动提供了理论依据，研究表明，政府适度干预，能缓解市场失灵带来的一系列问题。市场失灵理论被认为是制定集群创新政策的基本依据，在产业集群内，市场失灵一般会通过以下几个方面反映出来：第一，集群存在大企业垄断现象，造成集群资源分配失衡，各主体协同创新受到影响；第二，集群信息不对称导致产品同质性严重而形成恶性竞争，进而导致集群资源配置缺乏效率；第三，由于缺乏识别外部环境的能力，企业在自利行为驱动下产生"搭便车"行为和进行非合作博弈，导致价格机制失灵，并使集群知识共享和溢出功能

失效，影响集群技术创新过程；第四，集群缺乏制度规范，企业在利益最大化驱使下过度使用公共资源，造成公共产品缺乏。此外，企业缺乏共同使命感和一致性目标等能促进集群协作效应的关键性要素也是市场失灵的具体表现。市场失灵问题极大地影响集群技术创新，因此在集群市场失灵时，政府有必要采取措施进行调节和干预，如建设集群基础设施、落实知识产权法律制度、提高专利申请审批效率、构建创新技术标准体系、优化科技成果转化机制、搭建技术信息共享平台等。

（二）化解创新系统失灵

系统失灵的思想源于创新系统理论。战略性新兴产业集群作为一个创新系统，"系统失灵"问题是客观存在的，系统可能失灵的因素包括组织、制度、组织之间的互动、制度之间的互动、组织与制度之间的互动及系统本身，如果系统内各个有关系的机构、组织以及交易规则等方面有不协调或者不一致的因素，就可能导致系统失灵（Metcalfe，1995）；系统内部的制度设计无法给创新主体进行科技创新提供有效激励，或者系统的技术能力与需求不匹配，难以满足创新主体的真实需求，也会使创新机制无法有效发挥作用。在战略性新兴产业集群创新系统中，系统失灵主要表现为：第一，组织和制度失灵。组织失灵即集群科研机构、供应商、金融服务等关键要素发育不足，制度失灵则是集群发展缺乏由法制系统和监管框架构成的正式制度，也缺乏由社会文化、价值观和社会习俗等构成的非正式制度。第二，网络失灵。网络失灵包括强势网络失灵和弱势网络失灵，强势网络失灵是指集群各主体形成紧密的关系网络，难以获取或难以适应甚至排斥来自外部的新知识、新技术、新工艺，弱势网络失灵是指集群各主体间缺乏交流和互动，主体间难以充分进行资源互补。第三，基础设施失灵。基础设施包括物质基础设施、科技基础设施等。第四，锁定失灵。创新系统具有惯性和路径依赖的特点，这一特点造成创新集群不能适应新技术、新工艺和新商业模式等技术范式变化（赵林海，2013）。系统失灵难以靠市场机制得到有效解决，需要政府针对性地对系统内部存在的具体问题进行干预。

（三）优化集群动力机制

产业集群动力是促进产业集群形成和发展的力量或规则体系，在产业集群的生命周期内，集群动力一般可分成内生动力和发展动力。著名学者波特的"钻石模型"是研究产业集群动力的成熟模型，该模型认为动力要素包括生产要素，需求条件，相关支撑行业以及企业战略、结构和竞争对手。Brenner（2001）在波特钻石模型的基础上，将集群的成功归因于七种动力机制，具体包括人力资本积累、非正式接触引起的信息流动、公司间相互依赖、公司间合作、当地资本市场、公众舆论和当地政策，其中前六种机制属于集群内生动力机制，当地政策是集群的发展动力机制。集群的成长以内生动力机制为基础，发展动力机制对内生动力机制起指导和辅助作用。有学者认为集群政策的功能就是发挥这些动力要素的作用推动集群发展。现阶段，我国强调创新是集群发展的第一动力，政府可通过制定和实施各种集群创新政策，如建立专门的技术和研究中心，为合作项目提供资金支持和激励，设立优良的产业研究合作中心以促进产学研合作和人力资本开发，加大知识产权保护力度等，不断提高集群自主创新能力。

（四）改善集群创新环境

创新环境是影响集群创新能力的关键因素，良好的创新环境可以优化、整合区域内的创新资源，为集群创新提供支撑。集群创新政策极大改善了集群创新环境，主要体现在三个方面：第一，发展创新要素市场，发展对内直接投资，引进关键研发设备，吸引新企业加入，建立产业技术创新联盟和区域产业创新中心，引进高技术人才，吸引风险资本和设立专项基金；第二，改善集群创新条件，建设集群通信、交通等基础设施，并完善相关配套设施，完善信息交流、技术创新、政策推广、人力资本等平台的建设，培育集群创新文化，构建产学研合作体系等，打造有利于集群创新的软件、硬件环境；第三，调整政府行为，转变政府角色，做好集群发展的服务者和促进者，不断调整和完善相关政策措施和法律法规，构建有利于集群创新的制度环境。

二、战略性新兴产业集群创新政策梳理

（一）国家层面的政策

自战略性新兴产业发展以来，我国一直重视集群这一重要载体在产业技术创新中发挥的重要作用。2010年，《国务院关于加快培育和发展战略性新兴产业的决定》正式出台，明确指出要推进产业集聚发展，依托具有优势的产业集聚区，培育一批创新能力强、创业环境好、特色突出、集聚发展的战略性新兴产业示范基地，辐射带动区域经济发展。近年来，为了进一步增强战略性新兴产业集群的创新能力，我国相继出台了一系列支持产业集群创新的政策文件。例如，2012年《关于加强战略性新兴产业知识产权工作若干意见的通知》，提出实施产业集聚区知识产权集群管理，加快推动建设产业集聚区知识产权公共服务平台和产业集聚区知识产权战略支持中心；2012年发布的《战略性新兴产业发展专项资金管理暂行办法》、2014年发布的《国务院关于加快科技服务业发展的若干意见》和2017年发布的《关于促进科技和金融结合加快实施自主创新战略的若干意

见》，在国家财政资金、科技服务和金融服务方面为产业集群自主创新提供重要保障。2016年《关于完善国家级经济技术开发区考核制度促进创新驱动发展的指导意见》中明确提出要大力发展战略性新兴产业，积极创建国家新型工业化产业示范基地。2019年国家发展和改革委员会发布了《关于加快推进战略性新兴产业集群建设有关工作的通知》，公布了第一批66个国家级战略性新兴产业集群名单，对入选名单的产业集群，国家发展和改革委员会同有关部门（单位）及金融机构，将在协同创新平台建设、基础设施建设、信贷金融服务等方面给予支持。通过对这些国家政策的梳理，整理出我国促进战略性新兴产业发展的政策要点主要有：制定规划性、纲领性的战略性新兴产业集群发展战略；关注战略性新兴产业集群、科技园区和产业基地的建设和发展；注重产业技术及产业化；着手建立战略性新兴产业企业孵化器；构建区域协同创新平台；制定优惠财税金融政策；鼓励集群内企业的研发与合作；吸引人才、充实产业集群内人力资本含量；落实促进创新的政府采购政策；提升科技开放和国际合作与交流水平并加大外商直接投资；注重对政策效果进行考核评估等（见表8-1）。

表8-1 2010~2020年我国促进战略性新兴产业集群创新发展的重要政策

年份	主要集群政策文件
2010	《国务院关于加快培育和发展战略性新兴产业的决定》（国发〔2010〕32号）
2012	《"十二五"国家战略性新兴产业发展规划》（国发〔2012〕28号）、《关于加强战略性新兴产业知识产权工作若干意见的通知》、《战略性新兴产业发展专项资金管理暂行办法》
2014	《国务院关于加快科技服务业发展的若干意见》（国发〔2014〕49号）、《国务院办公厅关于促进国家级经济技术开发区转型升级创新发展的若干意见》（国办发〔2014〕54号）
2015	《工业和信息化部关于进一步促进产业集群发展的指导意见》（工信部企业〔2015〕236号）
2016	《"十三五"国家战略性新兴产业发展规划》、《"十三五"国家科技创新规划》、《国务院办公厅关于完善国家级经济技术开发区考核制度促进创新驱动发展的指导意见》（国办发〔2016〕14号）、《国家创新驱动发展战略纲要》
2017	《中共中央 国务院关于开展质量提升行动的指导意见》、《国家科技企业孵化器"十三五"发展规划》、《关于促进科技和金融结合加快实施自主创新战略的若干意见》（国科发财〔2011〕540号）
2018	《国务院关于推动创新创业高质量发展打造"双创"升级版的意见》（国发〔2018〕32号）
2019	《国家发展改革委关于加快推进战略性新兴产业集群建设有关工作的通知》（发改高技〔2019〕1473号）、《国务院办公厅关于支持国家级新区深化改革创新加快推动高质量发展的指导意见》（国办发〔2019〕58号）、《国务院关于推进国家级经济技术开发区创新提升打造改革开放新高地的意见》（国发〔2019〕11号）
2020	《关于深入推进创新型产业集群高质量发展的意见》、《创新型产业集群评价指引（试行）》

资料来源：笔者根据相关资料整理所得。

（二）地方政府层面政策

在集群创新政策领域，中央政府和地方政府应进行有效分工，通过提供多层级、全方位的政策引导和制度保障，改善和解决产业集群已有缺陷，提高产业集群的整体创新水平（陈旭、赵芮，2017）。国家层面的政策主要是起导向和规划作用，地方政府则应出台具有可操作性的政策并实施，各省区市根据地方产业发展实际状况和区域创新基础、特点、需求，制定区域产业集群发展政策，谋求集群创新能力增强和关键技术突破。地方政府层面，在中央政府出台有关产业集群创新的政策与文件后，北京市、广东省、江西省、上海市、山东省、福建省、陕西省等地积极响应，制定了符合本区域战略性新兴产业集群创新发展的政策法规。下面重点以北京市、广东省和江西省为例来阐述地方政府制定的支持战略性新兴产业集群创新的政策法规及相关配套措施（见表8-2）。

表8-2　我国部分地区促进战略性新兴产业集群创新发展的政策

地区	主要政策文件
北京市	《中关村国家自主创新示范区发展规划纲要（2011—2020 年）》
	《关于印发〈中关村战略性新兴产业集群创新引领工程（2013—2015 年）〉的通知》（中示区组发〔2012〕2 号）
	《关于印发〈中关村国家自主创新示范区中小微企业银行信贷创新融资支持资金管理办法〉的通知》（中科园发〔2014〕50 号）
	《关于印发〈中关村国家自主创新示范区优秀人才支持资金管理办法〉的通知》（中科园发〔2016〕14 号）
	《关于印发〈中关村国家自主创新示范区科技型小微企业研发费用支持资金管理办法（试行）〉的通知》（中科园发〔2018〕12 号）
	《中关村科技园区管理委员会　北京市知识产权局关于印发〈中关村国家自主创新示范区知识产权行动方案（2019—2021）〉的通知》（中科园发〔2019〕26 号）
广东省	《广东省人民政府办公厅关于印发广东省现代产业体系建设总体规划的通知》（粤府办〔2010〕54 号）
	《广东省人民政府办公厅关于印发〈珠江三角洲产业布局一体化规划（2009—2020 年）〉的通知》（粤府办〔2010〕45 号）
	《广东省人民政府办公厅关于推广三资融合建设模式促进我省民营科技园发展的意见》（粤府办〔2012〕100 号）、《广东省人民政府办公厅关于印发〈广东省战略性新兴产业发展"十二五"规划〉的通知》（粤府办〔2012〕15 号）

续表

地区	主要政策文件
广东省	《广东省人民政府办公厅关于印发〈推进珠江三角洲地区科技创新一体化行动计划（2014—2020年）〉的通知》（粤办函〔2014〕519号）
	《广东省人民政府办公厅关于印发〈广东省战略性新兴产业发展"十三五"规划〉的通知》（粤府办〔2017〕56号）
	《广东省人民政府关于培育发展战略性支柱产业集群和战略性新兴产业集群的意见》（粤府函〔2020〕82号）
江西省	《江西省人民政府办公厅关于印发〈江西工业三年强攻规划纲要（2010—2012年）〉的通知》（赣府厅发〔2010〕28号）
	《江西省人民政府办公厅关于在全省工业园区推进产业集群促进集约发展的指导意见》（赣府厅发〔2011〕65号）
	《江西省人民政府关于加快产业集群发展促进工业园区发展升级的意见》（赣府发〔2014〕19号）
	《江西省人民政府办公厅关于印发〈江西省战略性新兴产业倍增计划（2016—2020年）〉的通知》（赣府厅发〔2016〕61号）
	《江西省人民政府办公厅关于印发〈江西省生物医药产业发展行动计划（2016—2020年）〉的通知》（赣府厅字〔2016〕86号）
	《江西省人民政府办公厅关于加快推进新能源汽车产业发展的实施意见》（赣府厅发〔2018〕17号）
	《江西省人民政府办公厅关于印发〈推进新一代宽带无线移动通信网国家科技重大专项成果转移转化试点示范实施方案〉的通知》（赣府厅字〔2018〕12号）
	《江西省发展改革委关于加快推进战略性新兴产业集群建设有关工作的通知》（赣发改高技〔2019〕857号）
	《江西省工业和信息化厅关于印发〈江西省省级工业产业集群综合评价办法〉的通知》（赣工信规字〔2021〕5号）

资料来源：笔者根据相关资料整理所得。

北京市中关村国家自主创新示范区自 2009 年被国务院批复建设以来，在促进资源整合和协同创新，加快培育和发展战略性新兴产业等方面取得了显著成效，2011 年国家发展和改革委员会印发了《中关村国家自主创新示范区发展规划纲要（2011—2020 年）》，提到要建立健全促进中关村创新创业政策支撑体系。2011 年《国民经济和社会发展第十二个五年规划纲要》中，明确提出了要将北京中关村逐步建设为具有全球影响力的科技创新中心。为了实现建设目标，中关村陆续开展了"1+6""新四条""京校十条"等政策，此外，围绕中关村的发展，相关部门陆续出台关于财税金融、人才、科技教育、知识产权保护、园区协同发展等方面的政策，构建了较为完善的创新政策支撑体系。

广东省为推动战略性新兴产业集聚和创新发展，也出台了一系列政策文件。2010 年广东省人民政府办公厅印发《广东省现代产业体系建设总体规划》，将培育战略性新兴产业作为主要任务，并提出要促进优势产业集聚发展，构建产业链高、中、低端有机统一的现代产业集群。同年出台的《珠江三角洲产业布局一体化规划（2009—2020 年）》同样把发展战略性新兴产业集群作为工作的重点，明确提出要把珠江三角洲建设成核心竞争力强、高端产业集聚的现代产业示范区。2014 年，广东省人民政府办公厅印发《推进珠江三角洲地区科技创新一体化行动计划（2014—2020 年）》，提出到 2020 年，在优势重点产业形成一批跨区域的高端创新型产业集群，形成具有国际竞争力的高技术产业带。2020 年 5 月，《广东省人民政府关于培育发展战略性支柱产业集群和战略性新兴产业集群的意见》（粤府函〔2020〕82 号）要求坚持创新驱动，推动科技创新、产业创新与制度创新协调互促，带动重点领域和关键环节取得新突破，并聚焦产业共性短板，采取"一群一策"方式，分行业、分步骤，积极推动产业集群专业化、差异化发展。随后，广东省工业和信息化厅牵头五部门制定了 20 个战略性产业集群行动计划，指导数字创意、新能源、先进材料、医药健康等产业集群培育发展。目前，广东省战略性新兴产业集群集聚效应已经显现，半导体与集成电路、高端装备制造、智能机器人等十大战略性新兴产业集群 2019 年的营业收入合计达 1.5 万亿元，增长潜力巨大。

江西省为了加速新型工业化进程，于 2010 年制定《江西工业三年强攻规划纲要（2010—2012 年）》，指出要建设一批工业园区和培育一批战略性新兴产业，通过科学规划布局，引导产业集聚，并加大政策支持，注重政策在工业发展中的指导服务。2011 年，江西省人民政府办公厅制定《关于在全省工业园区推进产业集群促进集约发展的指导意见》，推进产业集群发展，集中培育一批规划科学、特色鲜明、链条完整、竞争力强的产业集群。2014 年江西省发展和改革委员会公布了《江西省十大战略性新兴产业发展规划（2013—2017 年）》，提出建设十大战略性新兴产业，打造千亿产业集群的战略目标，同年，江西省人民政府继续出台《关于加快产业集群发展促进工业园区发展升级的意见》，指出要坚持以市场为导向、以改革创新为动力，突出特色优势，加强整体谋划，引进培育和发展提升并重，加快发展龙头带动明显、配套协作紧密、创新动力强劲、平台支撑有力、生态优势突出的产业集群。为深入实施工业强省战略，加快产业集群发展，江西省政府和各级地方政府根据产业发展实际推行"一产一策"，陆续对生物医药、半导体、新能源、新一代信息技术、新材料等战略性新兴产业和产业园区发展制定配套政策。如 2016 年出台《江西省生物医药产业发展行动计划（2016—2020 年）》，2018 年出台《关于加快推进新能源汽车产业发展的实施意见》，加强政策在具体产业集群发展中的引导和支撑作用。

综上所述，地方政府层面的政策主要是国家层面政策的延伸和细化，各省级政府根据国家层面政策的引导和规划，结合本省区市战略性新兴产业发展实际和区域特色，制定出适应产业集群发展的政策，提高了国家层面政策的地方适应性和针对性。

三、战略性新兴产业集群创新政策的不足

战略性新兴产业是以科技创新为基础的产业，代表着未来科技和产业的发展方向，对我国科技和经济的发展具有重大意义。自战略性新兴产业发展以来，产业集群以外部性优势和增长极效应，成为产业创新发展的重要载体。政府在推进战略性新兴产业发展过程中，出台了诸多政策引导人才、资本和技术等各项创新要素围绕核心产业进行集聚，加快集群的培育与发展，不断提高集群创新能力，促进产业集群向着创新型产业集群演化。但是，就现有政策而言，还存在一些不足，具体表现在以下几个方面：

（一）政策法规不够完善

科学规范的创新政策是促进战略性新兴产业集群发展，推动国家科技、经济进步的重要保障。从国家层面来看，我国虽然出台了《关于进一步促进产业集群发展的指导意见》《关于深入推进创新型产业集群高质量发展的意见》等政策措施，并着重提出要推动产业技术创新，但是，针对战略性新兴产业集群的政策较少且比较笼统，缺乏统一的集群政策工具来指导产业集群的培育发展。相较而言，地方政府根据区域产业发展实际制定的有关战略性新兴产业集群创新的政策法规更具有针对性。总体而言，针对战略性新兴产业集群创新我国已经初步形成互相协调和促进的政策体系，但在产业要素、资源要素、市场监管等方面的支持仍然不够全面，具体表现包括：对中小企业创新的支持力度不足、标准化体系建设滞后、配套设施建设不健全、公共服务支持不足等，这要求政府进一步发挥宏观调控和政策激励作用，建立起完善的产业集群创新发展政策支持体系，培育具有国际竞争力的产业集群。

（二）政策有效性发挥不足

我国战略性新兴产业集群的培育和发展多是由政府主导，因而科学制定政策，充分发挥政策的有效性显得尤为重要。自2010年战略性新兴产业发展以来，国家和地方政府都积极制定相关的政策和配套措施支持战略性新兴产业集群的技术创新，并取得了比较显著的成效。但是支持战略性新兴产业集群创新的政策工具仍然比较单一，重点集中在短期的产业政策，忽视需求层面和供给层面的引导作用，没能形成有效的政策工具组合，政策实施偏重于集群硬件设施的投入和建设，忽略软环境的培育和发展；重项目引进而忽视对集群成员互动与结网的服务；重区域协调发展而轻视差异化、特色化发展，导致产业碎片化、同质化，没能最大程度发挥政策对技术创新的激励作用。政府过度干预也是制约战略性新兴产业集群技术创新的因素之一，集群创新项目多以政府选择代替市场选择，影响了创新资源的配置效率。此外，政策执行力度不够也使战略性新兴产业集群中大中小企业、科研机构等没有应享尽享已有的创新激励政策。

（三）政府的监管和协调不到位

战略性新兴产业集群创新的政策体系除了包括相应的产业集群政策，还包括与之相关的金融、人才、科技、信息等方面的配套支持政策，涉及工业和信息化部、科学技术部、财政部等多个职能部门。如果各部门之间缺乏沟通和有效协调，容易制定出一些不合理甚至矛盾的政策，难以对集群内部的协同创新进行有效引导、支持和协调，导致集群协同创新效率不高。由于战略性新兴产业集群由企业、科研机构、高校、金融机构、中介机构等组织构成，各主体参与集群技术创新、合作研发的需求也各不相同，如果缺乏政府的监管，集群内部的运行管理、合作项目研发、研发成果的推广、成果知识产权的归属以及利益分配等方面容易陷入无序的状态，难以保证集群发展与国家战略相一致，因此战略性新兴产业集群的培育发展需要政府加强对集群发展的监管以及对自身政策的协调运用和有效评估。目前我国仍缺乏完善的战略性新兴产业集群创新绩效评估体系和标准化的战略性新兴产业集群创新政策绩效评估体系，尚未建立起由政府部门、专家库、第三方评估机构等多方构成的监管体系，难以全方面、多角度地对集群创新绩效、政策绩效进行考核。

第二节 战略性新兴产业集群创新政策绩效评估

产业集群具有提升经济生产效率、促进企业竞争、改善创新环境等外部性优势（马有才、刘柱，2019），对社会经济整体发展具有重要作用。在创新驱动发展战略背景下，我国提出发展创新型产业集群，并陆续出台政策推动创新型产业集群的培育和发展。2011年，科学技术部启动实施创新型产业集群建设工程。2013年，科学技术部火炬高技术产业开发中心认定了第一批国家级创新型产业集群试点，截至2020年，科学技术部在全国布局了61个国家级创新型产业集群试点单位及48个集群培育单位，主要分布在生物医药、高端制造、新一代信息技术、新能源等战略性新兴产业，中央和地方政府将在政策方面给予资源倾斜。创新型产业集群试点政策的实施作为贯彻落实创新驱动发展战略的重大部署，对于促进战略性新兴产业集群培育、创新能力增强和国际竞争力提高具有重要意义。

从现有关于集群政策的文献看，研究内容集中在政策比较研究、政策文本分析和政策有效性评价三个方面。在政策比较和文本分析上，于丽英和童心（2014）、童心和陶武杰（2018）及余川江等（2021）对中国和发达国家集群政策进行了比较，并指出了中国集群政策的不足；张爱琴和郭丕斌（2018）采用文本挖掘法，从策动数量和力度、内容解构、策动效应三方面对国家和省域创新集群政策做了评价和比较分析；马有才和刘柱（2019）基于系统动力学模型，分析不同集群政策组合对集群升级的驱动效应。在政策有效性评价方面，张冀新和李燕红（2019）将创新型产业集群试点政策视为一次准自然实验，采用双重差分模型实证检验创新型产业集群是否促进了国家高新区创新效率的提升。田颖等（2019）基于合成控制法的研究表明创新型产业集群政策的实施提高了区域创新能力。综合已有研究结论发现，部分学者的研究显示，集群政策显著提高了产业创新水平或增强了区域创新能力，也有部分学者的研究发现，政府对产业集群发展的干预存在"政策失灵"问题（Duranton，2011），特别是在政府主导下的产业集群，"政策失灵"的问题普遍存在（贺斌，2020）。总而言之，集群政策对产业创新的影响效应还未有定论，需要根据实际情况具体分析。

现阶段，我国正加快推进创新型产业集群建设，以期发挥产业集群集聚创新资源和带动示范创新的作用，提升产业竞争能力。那么，在战略性新兴产业中，创新型产业集群试点政策是否真正集聚了创新资源？是否能够促进战略性新兴产业实质性创新能力的提升？针对这些问题，本节将创新型产业集群试点政策作为一次准自然实验，结合我国 31 个省份（除港澳台外）的面板数据，采用双重差分模型实证检验创新型产业集群试点政策对战略性新兴产业创新能力的影响效应和作用机制。

一、理论分析与研究假设

与传统产业集群不同，创新型产业集群是围绕主导产业，由创新企业、研发机构、服务机构等主体构成，依托技术创新和知识流动，在特定区域聚集而形成的产业组织形态。主导产业依靠集群创新要素、规模效应和协作机制提高创新能力，增强竞争优势。创新型产业集群试点政策实施，还能够聚集政府政策支持（田颖等，2019），中央对已认定的产业集群提供资金支持，地方政府完善和落实相应配套政策措施，如研发补贴、税收减免、知识产权保护、创新基础设施建设等，为企业技术创新提供良好的制度环境。同时，国家级创新型产业集群的认定意味着官方肯定，向外传递集群企业技术优势的积极信号，有利于提高外部投资者或产业链相关企业对集群企业的信任程度（郭玥，2018），帮助企业获得外部资金和发展资源，降低集群企业研发成本和研发风险，激发企业创新活力，进而推动产业整体创新能力的提升。据此，本节提出以下假设。

H8-1：创新型产业集群试点政策提高了战略性新兴产业创新能力。

产业创新能力的提高，依赖于企业能够投入创新要素，不断进行技术研发。创新资金和创新人才是企业技术创新最基本的创新投入要素，也是制约企业进行技术创新最主要的因素。创新型产业集群试点政策的实施，除了为集群企业创新提供了一定的制度保障和良好的创新环境，也为企业创新聚集了资金和人才资源。在资金方面，政府出台一系列财政税收、金融信贷等针对产业集群的政策措施，有助于激励企业加大研发投入，开展技术创新和重大技术攻关。在人才方面，产业集群是人力资本集中和人力资本提升的一个载体，不仅为地区内的劳动者提供了大量工作机会，还会吸引其他地区的高素质劳动者，从而形成产业与人力资本的共同集聚现象（倪进峰、李华，2017）。同时，政府制定的人才政策在高水平人才的引进、落户、住房、经费等方面提供了便利，会吸引创新人才向集群聚集，为集群主导产业技术创新与知识转化提供充足的人力资本，提升主导产业的创新能力。据此，本节提出以下假设。

H8-2：创新型产业集群政策通过增加研发资金投入提高战略性新兴产业创新能力。

H8-3：创新型产业集群政策通过增加研发人员投入提高战略性新兴产业创新能力。

二、研究设计

（一）模型构建

本节采用 2010~2019 年中国 31 个省区市战略性新兴产业面板数据，构建双重差分模型对上述假设进行验证，主要分为两个步骤进行：第一步，检验创新型产业集群试点政策对战略性新兴产业创新能力的净效应；第二步，检验研发资金投入和研发人员投入在创新型产业集群试点政策和战略性新兴产业集群创新能力之间的中介效应。

1. 基准回归模型

双重差分法（DID）是普遍应用于政策效果评估的一种方法，该方法由于可以在一定程度上避免模型可能存在的内生性问题，且使用固定效应估计，能在一定程度上缓解遗漏变量偏误的问题，所以受到众多学者的青睐。本节将 2013 年开始的创新型产业集群试点政策作为研究切入点，探讨创新型产业集群试点政策对战略性新兴产业创新能力的影响效应和作用机制。

科学技术部火炬高技术产业开发中心官网显示，科学技术部在 2013 年、2014 年和 2017 年分三批部署了 61 个国家级创新型产业集群试点单位，分布在北京市、河北省、辽宁省、吉林省、江苏省、浙江省、安徽省、福建省、江西省、山东省、湖南省、湖北省、广东省、广西壮族自治区、重庆市、四川省、陕西省和青海省 18 个省区市。由于创新型产业集群试点政策的实施存在时间差异，笔者在此借鉴 Beck（2010）的做法，将具有创新型产业集群试点单位的省区市作为实验组，其他地区作为控制组。其中：省区市虚拟变量记为 Treated，把具有创新型产业集群试点单位的地区赋值为 1，不具有的赋值为 0；时间虚拟变量记为 Time，根据各地区创新型产业集群试点单位最早的设立时间，实际设立当年及以后赋值为 1，设立之前赋值为 0；创新型产业集群试点政策为省区市虚拟变量与时间虚拟变量的交乘项，即 DID = Treated×Time，多时点双重差分估计模型设定为：

$$INNO_{i,t} = \beta_0 + \beta_1 DID_{i,t} + \beta_i X_{i,t} + \mu_i + \delta_t + \varepsilon_{i,t} \tag{8-1}$$

其中，$INNO_{i,t}$ 代表各省区市战略性新兴产业创新能力；$DID_{i,t}$ 是创新型产业集群试点政策的虚拟变量，其系数 β_1 衡量创新型产业集群试点政策的实施对战略性新兴产业创新能力的净影响，如果该项政策的实施显著提高了战略性新兴产业创新能力，则 β_1 显著为正；$X_{i,t}$ 为一系列省级层面的控制变量；μ_i 代表各省份的个体固定效应；δ_t 代表时间固定效应，用来控制时变因素和省区市个体因素对结果造成的影响；$\varepsilon_{i,t}$ 为随机误差项。

2. 中介效应模型

由前文的理论假设可知，创新型产业集群试点政策可能通过聚集产业研发资金和研发人员影响战略性新兴产业创新能力。因此，为检验研发资金投入和研发人员投入的中介机制，采用逐步回归法进行中介效应检验。具体模型设定为：

$$INNO_{i,t} = \beta_0 + \beta_1 DID_{i,t} + \beta_i X_{i,t} + \mu_i + \delta_t + \varepsilon_{i,t} \tag{8-2}$$

$$M_{i,t} = \omega_0 + \omega_1 DID_{i,t} + \omega_i X_{i,t} + \mu_i + \delta_t + \varepsilon_{i,t} \tag{8-3}$$

$$INNO_{i,t} = \gamma_0 + \gamma_1 DID_{i,t} + \gamma_2 M_{i,t} + \gamma_i X_{i,t} + \mu_i + \delta_t + \varepsilon_{i,t} \tag{8-4}$$

其中，M 为中介变量，表示研发资金投入和研发人员投入，其他变量与模型（8-1）一致，中介效应按模型（8-2）~模型（8-4）的顺序检验。

（二）变量选取

被解释变量为战略性新兴产业创新能力（INNO），已有研究主要采用专利产出或研发投入来衡量产业创新能力，本节以专利产出衡量产业创新能力。我国的专利主要可以分为发明专利、实用新型专利和外观专利。其中，发明专利具有更高的技术含量，申请难度更大，更能体现产业实质性创新能力，因此采用各省区市战略性新兴产业发明专利申请量来衡量产业创新能力。

核心解释变量为虚拟变量 DID，即省区市虚拟变量（Treated）与时间虚拟变量（Time）的交乘项，省区市虚拟变量和时间虚拟变量根据《中国火炬统计年鉴》中统计的创新型产业集群的试点省区市和试点设立时间进行赋值。

中介变量：中介变量分别为研发资金投入（RDF）和研发人员投入（RDP），研发资金投入采用战略性新兴产业研发经费内部支出占营业收入的比重衡量，研发人员投入采用战略性新兴产业研究人员全时当量占从业人员平均人数的比重表示。

控制变量：产业发展水平（NUM），采用各省区市战略性新兴产业拥有的企业数的对数来衡量；对外开放程度（FDI），采用各省区市外商直接投资金额占GDP 的比重来衡量；科技化水平（TECH），采用政府科技支出占财政总支出的比重来衡量；人力资本水平（HCL），采用每十万在校生人数的对数来衡量；工业化水平（IS），采用第二产业占 GDP 的比重来衡量。

（三）数据说明与描述性统计分析

根据比对国家统计局发布的《战略性新兴产业分类（2018）》和《高技术产业（制造业）分类（2017）》，发现战略性新兴产业与高技术产业的细分行业高度吻合，因此 2010—2019 年 31 个省份战略性新兴产业的数据均以各省区市高技术产业数据进行替代（邵云飞、穆荣平和李刚磊，2020），其中西藏数据有所缺失，予以剔除，相关数据主要来源于《中国高技术产业统计年鉴》（2011—2020 年）。核心解释变量和控制变量的数据来源于国家统计局、《中国统计年鉴》（2011—2020 年）和《中国科技统计年鉴》（2011—2020 年）。部分数据进行对数化处理，具体变量说明和描述性统计结果如表 8-3 所示。

表 8-3 主要变量描述性统计分析

变量	变量说明	样本量	最大值	最小值	均值	标准差
INNO	战略性新兴产业发明专利申请量的对数	300	11.719	0.693	7.207	1.945
DID	Treated×Time	300	1	0	0.37	0.483
NUM	战略性新兴产业企业数的对数	300	9.163	2.398	6.021	1.437
FDI	外商直接投资金额占 GDP 的比重（%）	300	11.792	0.039	2.101	1.795
TECH	政府科技支出占财政总支出的比重（%）	300	6.757	0.388	2.044	1.452
HCL	每十万在校生人数的对数	300	8.732	6.987	7.805	0.295
IS	第二产业占 GDP 的比重（%）	300	86.836	11.043	37.028	9.232
RDF	研发经费内部支出占营业收入的比重（%）	300	5.340	0.163	1.924	1.033
RDP	战略性新兴产业研究人员全时当量占从业人员平均人数的比重（%）	300	19.337	0.428	5.139	2.599

三、实证结果与分析

（一）基准回归分析

根据双重差分模型设定，运用 STATA 15.0 软件进行统计分析，得到基准回归结果，如表 8-4 所示。表 8-4 列（1）是未加入控制变量的回归结果，可以发现创新型产业集群试点政策 DID 的回归系数为 0.277，在 1% 的水平上显著，说明创新型产业集群试点政策显著促进了战略性新兴产业集群创新能力的提高；列（2）为加入控制变量后的回归结果，可以发现交互项 DID 的系数为 0.245，在 5% 的显著性水平上显著，说明排除其他因素的干扰，创新型产业集群试点政策依旧对战略性新兴产业集群创新能力具有显著的促进效应。基准回归结果验证了

H8-1。从控制变量的回归结果来看，产业发展水平和人力资本水平的回归系数分别为0.098、1.010，且都在5%的水平下显著，说明产业发展水平和人力资本水平的提高，有助于提高区域产业创新水平，增强产业创新能力，其中创新人才是影响产业技术创新的关键要素；对外开放程度的回归系数为0.048，在10%的水平上显著，说明对外技术交流和合作，有助于区域产业创新；科技化水平的回归系数为0.072，且不显著，说明科技化水平并未显著促进区域产业创新；工业化水平的回归系数为-0.018，在1%的水平上显著，说明地区工业化水平抑制了产业创新，这可能是因为区域工业存在产业结构单一、竞争力弱的问题，产业规模的扩大并未带动产业创新发展。

表8-4　基准回归结果

变量	INNO （1）	INNO （2）
DID	0.277*** （2.78）	0.245** （2.51）
NUM		0.098** （2.36）
FDI		0.048* （1.78）
TECH		0.072 （1.51）
HCL		1.010** （2.43）
IS		-0.018*** （-1.89）
常数项	5.988*** （70.90）	-1.854 （-0.61）
年份固定	是	是
地区固定	是	是
N	300	300
R^2	0.606	0.647

注：括号内为标准差，***、**、*表示分别在1%、5%、10%水平上显著。

(二) 稳健性检验

1. 平行趋势检验

双重差分模型估计结果达成一致性的前提是要满足平行趋势假设条件,即如果不存在政策冲击,实验组和控制组战略性新兴产业创新能力的发展趋势应保持一致,本节利用回归法进行平行趋势检验。为了避免多重共线性问题,将政策实施当年设为基期,不纳入回归模型进行平行趋势检验,检验结果如表8-5所示。从表8-5的数据可以发现,创新型产业集群试点政策的回归系数在试点政策实施之前的三年均不显著,在政策实施后的第二年,政策回归系数开始显著,并持续到第五年,回归结果满足平行趋势假设。同时,表8-5的数据也表明创新型产业集群试点政策对战略性新兴产业创新能力的影响存在滞后性,且政策的效果具有持续性,在政策实施后的第四年效果最显著。

表8-5 平行趋势检验结果

变量	INNO (1)	INNO (2)
试点政策实施前三年	-0.246 (-1.58)	-0.200 (-1.34)
试点政策实施前两年	-0.051 (-0.29)	-0.065 (-0.37)
试点政策实施前一年	-0.045 (-0.28)	0.052 (0.34)
试点政策实施后一年	0.149 (0.92)	0.119 (0.77)
试点政策实施后两年	0.315* (1.82)	0.299* (1.81)
试点政策实施后三年	0.344* (1.87)	0.381** (2.16)
试点政策实施后四年	0.412** (2.25)	0.533*** (2.95)
试点政策实施后五年	0.406** (2.22)	0.395** (2.12)
常数项	6.143*** (47.42)	-2.263 (-0.74)

续表

变量	INNO (1)	INNO (2)
控制变量	否	是
年份固定	是	是
地区固定	是	是
N	300	300
R^2	0.622	0.663

注：括号内为标准差，＊＊＊、＊＊、＊表示分别在1%、5%、10%水平上显著。

2. 基于PSM-DID方法的回归分析

创新型产业集群试点政策是以地方主动申报、科学技术部组织认定的方式推行，科学技术部认定集群试点时会综合考虑集群发展状况、产业发展水平等因素，这就会使准自然实验中存在"选择性偏差"，引发内生性问题，因此，本节利用倾向得分匹配（PSM）方法来解决这一问题。基于多时点双重差分模型，本节采用1∶1邻近匹配有放回抽样对实验组与控制组进行逐年匹配，再根据匹配后的样本重新进行双重差分估计，具体选择地区经济发展水平、对外开放水平、科技化水平、人力资本水平和工业化水平作为匹配变量进行倾向得分匹配，其中，地区经济发展水平用人均GDP测度。在采用核密度图检验匹配效果后，基于新样本再次进行双重差分检验，检验结果如表8-6所示。表8-6列（1）和列（2）的数据显示，无论有没有加入控制变量，创新型产业集群试点政策均呈现显著的正向效应，即创新型产业集群试点政策显著提高了战略性新兴产业的创新能力，这与基准回归的结果一致，表明基准结果具有稳健性。

表8-6 PSM-DID检验结果

变量	INNO (1)	INNO (2)
DID	0.477＊＊ (2.42)	0.503＊＊＊ (2.59)
常数项	5.318＊＊＊ (43.09)	4.14 (0.86)
控制变量	否	是
年份固定	是	是

续表

变量	INNO (1)	INNO (2)
地区固定	是	是
N	156	156
R^2	0.623	0.662

注：括号内为标准差，***、**、*表示分别在1%、5%、10%水平上显著。

3. 安慰剂检验

考虑到创新型产业集群试点政策实施对战略性新兴产业创新能力的正向影响可能会受到其他政策或随机因素的干扰，为了排除干扰，本节进行基于时间的反事实检验，即保持实验组和控制组分组不变，将政策实行时间分别提前1年和2年，再回归检验创新型产业集群政策效应是否显著。由于创新型产业集群试点政策实施时间不一致，本节参考黄榕冰（2019）的做法，保留全部控制组样本和最早在2013年设立创新型产业集群试点单位的实验组样本，假设政策实施时间为2011年和2012年，重新进行双重差分估计。检验结果如表8-7所示，政策实施时间提前1年和提前2年的虚拟政策变量均不显著，安慰剂检验通过，说明基准回归结果具有稳健性。

表8-7　安慰剂检验结果

变量	政策实施时间提前1年		政策实施时间提前2年	
	INNO (1)	INNO (2)	INNO (3)	INNO (4)
DID	0.129 (0.84)	0.178 (1.15)	0.034 (0.16)	0.094 (0.45)
常数项	6.118*** (62.90)	1.453 (0.43)	6.120*** (62.74)	1.902 (0.56)
控制变量	否	是	否	是
年份固定	是	是	是	是
地区固定	是	是	是	是
N	199	199	199	199
R^2	0.568	0.594	0.566	0.724

注：括号内为标准差，***、**、*表示分别在1%、5%、10%水平上显著。

（三）中介效应检验

根据上述的中介效应检验模型，开始检验研发资金投入和研发人员投入的中介效应，检验结果如表 8-8 所示。表 8-8 列（2）和列（3）是对研发资金投入的中介效应进行检验的结果，可以看到政策变量 DID 对研发资金投入和产业创新能力的回归系数分别为 0.233 和 0.187，且分别在 10%和 5%的水平上显著，说明创新型产业集群试点政策通过促进产业研发资金数量的增加进而推动了战略性新兴产业创新能力的提高，验证了 H8-2。表 8-8 列（4）和列（5）是对研发人员投入的中介效应进行检验的结果，可以看到政策变量 DID 对研发人员投入和产业创新能力的回归系数分别为 0.558 和 0.208，且分别在 10%和 5%的水平上显著，说明创新型产业集群试点政策通过促进产业研发人员数量的增加进而推动了战略性新兴产业创新能力的提高，验证了 H8-2。

表 8-8　中介效应检验结果

变量	INNO （1）	RDF （2）	INNO （3）	RDP （4）	INNO （5）
DID	0.245** （2.51）	0.233* （1.86）	0.187** （2.01）	0.558* （1.80）	0.208** （2.16）
RDF			0.249*** （5.38）		
RDP					0.067*** （3.47）
常数项	−1.854 （−0.61）	17.964*** （4.60）	−6.33** （−2.11）	48.900*** （5.05）	4.14 （0.86）
控制变量	是	是	是	是	是
年份固定	是	是	是	是	是
地区固定	是	是	是	是	是
N	300	300	300	300	300
R^2	0.647	0.194	0.683	0.284	0.663

注：括号内为标准差，***、**、*表示分别在 1%、5%、10%水平上显著。

四、结论与建议

(一)研究结论

创新是科技进步、经济发展的第一驱动力,创新型产业集群试点政策是深入实施创新驱动发展战略、推动战略性新兴产业高质量发展的重要举措。本节采用2010—2019年31个省份战略性新兴产业的数据进行分析,将创新型产业集群试点政策作为一项准自然实验,通过多时点双重差分法,检验试点政策对战略性新兴产业创新能力的影响及其影响机制。研究发现:①创新型产业集群试点政策能够显著提高区域战略性新兴产业创新能力,从时间上看,试点政策对产业创新能力产生的净效应存在滞后性,大致在试点政策实施后的第二年显示出显著的促进效应,且具有持续性。②经过一系列平行趋势检验、PSM-DID检验和安慰剂检验后,上述结论仍然成立,研究的结果具有稳健性。③研发资金投入和研发人员投入在创新型产业集群试点政策和战略性新兴产业创新能力之间具有部分中介效应,即创新型产业集群能够集聚创新资金和创新人才资源,通过推动企业提高研发经费投入和吸收研发人员,显著提升战略性新兴产业创新能力。

(二)政策建议

上述研究结论对于提升战略性新兴产业的创新能力具有以下政策参考意义:①有序推进创新型产业集群试点设立。创新型产业集群试点政策对产业创新具有显著的促进效应,已有创新型产业集群的成功经验为战略性新兴产业创新集群的培育提供了借鉴。政府应加大政策支持力度,创造有利于创新的制度环境,围绕集群发展需求,完善创新基础设施、创新平台、研发机构建设,不断强化产业集群的吸引力和竞争力。②强化资金、人才和其他创新要素保障。政府应进行财政专项拨款补助,为创新企业提供部分科技研发费用来源,以税收减免减少创新企业的创新活动成本,降低创新活动风险,构建金融支持体系,引导社会资本投入,为企业科技研发提供更多资金,从而带动产业科技创新水平的提升。在人才方面,加大科技创新人才扶持政策,通过增加财政投入、优化就业环境等方式引进创新人才,为产业高质量发展提供相匹配的人力资本数量、质量。此外,加强集群科技企业孵化器、生产力促进中心、知识产权信息服务与利用中心、技术转移机构等科技中介机构建设,完善创新服务体系,以提高企业产业研发和创新能力。

第三节　发达国家产业集群创新政策经验分析

一、美国产业集群创新政策经验分析①

（一）美国产业集群创新政策发展历程

20 世纪 90 年代，美国政府制定并实施了产业集群计划，要求政府转变服务方式，推动集群片区的市场化，以吸引资本和人才等资源。2008 年金融危机后，美国政府高度重视集群建设，鼓励发展区域创新集群成为当时奥巴马政府提出的科技创新政策的重要内容。2010 年美国国会通过《美国竞争力再授权法案》，2011 年修订《史蒂文森-怀勒技术创新法案》，提出制定多个联邦部门共同推动的区域创新集群计划，并设立专项集群资金，为区域创新集群发展提供资助，此外该计划还设立了支持科技园区发展的专项经费，明确为科技园区的设施建设提供不超过 80% 的贷款担保，促进科技园区新兴产业集群的形成和发展。该计划实施资助的项目主要分为三类：i6 挑战赛、种子资金支持资助和科技园发展资助，其中 i6 挑战赛主要支持在地方层面将创新点子和发明转化为产品并建立企业，包括创新成果商业化、建立初创企业及创造新的就业岗位，涉及特定领域的项目主要集中在生物医药、制造业、材料、能源、环境技术以及本地区具有资源优势的产业（李昕，2017）；种子资金支持资助主要针对集群投资基金，对高成长、创新型的初创企业进行股权投资；科技园发展资助就新建或扩建科技园开展可行性研究和规划，仅在 2014 年，就资助了 12 个科技园项目。

美国联邦政府主要建立了三个区域创新集群计划，分别为"能源区域创新集群计划""工作加速器合作集群计划"和"区域创新集群计划"，支持 56 个创新集群。在州政府层面，支持集群发展的政策更加具有针对性，自 1996 年起，专门负责制定地区经济发展战略的加利福尼亚州（简称加州）经济战略小组，开始对全加州的产业集群进行跟踪研究，并适时提出政策援助建议，包括调整经济政策、实行经济发展激励、完善公共服务体系等，比如俄亥俄州推出了 23 亿美元计划，以培育新兴高科技产业。此外，美国与产业集群发展密切相关的科技政策、支持中小企业发展的政策和区域政策也相当完善，进一步促进了集群的健康

---

① 本案例主要根据陈劲等（2014）、李昕（2017）等文献改编而成。

发展。2010 年的区域创新集群计划，就重点支持小企业参与集群合作网络，为集群内小企业的发展提供机会，并定期对计划进行全过程评估，《小企业股权投资促进法》等政策完善了中小企业的社会服务体系，中小企业管理局则为中小企业或中介机构提供贷款（林敏，2017）。

值得注意的是，美国十分注重创新集群治理架构，以区域优势为发展基础，以产学研协同创新为发展动力，充分实现"市场+政府+中介组织"通力合作。2014 年美国商务部同哈佛大学、麻省理工学院等高校合作开展了"产业集群描绘计划"，在累计搜集与美国集群发展、区域社会经济特征、商业环境质量相关的多达 5000 万条数据后，对外发布了美国集群地图和集群数据库，同时为政府和企业提供了一套对集群优势和潜在机会进行分类和比较的算法，帮助政府和企业在充分知情的情况下做出有效布局，搭建起企业间、企业与政府间的沟通平台，供企业获取各级政府部门推动的集群项目信息，并就经营中的有效实践、创新经验进行交流和讨论（张舰等，2019）。

（二）美国产业集群发展政策经验

1. 消除部门壁垒，多角度、多途径推进集群建设

美国在推动产业集群发展方面出台了一系列政策。由于影响集群发展的因素（规划、资金、劳动力、土地、合作网络等）涉及不同政府部门的业务范围，所以美国的集群政策一般由一个部门主导，多个部门参与制定或实施，主导部门根据实际发展需要，对特定集群提供政策引导、基金资助等支持，同时联合其他部门提供相关配套政策或服务。这种做法消除了部门壁垒，调动各部门的资源来支持产业集群发展。以"能源区域创新集群计划"为例，该计划由能源部主导，商务部经济发展局、小企业管理局、国家标准技术研究院、劳工部、教育部和国家科学基金会等参与，各部门从不同角度协作以推动集群发展，其中能源部负责集群内企业的技术研发合作、资本及技术支持，小企业管理局侧重于提供商业网络、教育培训、贷款申请、专利申请等服务，同时帮助制定营销策略、技术转移策略等（张舰等，2019）。

2. 制定完备的集群政策的同时兼顾集群的差异性

美国的产业集群多种多样，而且集群包含很多不同类型的系统联系、产业和功能，单一的集群政策难以满足不同集群的发展要求，所以美国总体上没有国家层面的集群政策，更多的是州政府制定和实施的集群政策，如明尼苏达州、俄勒冈州和纽约州等都制定了集群政策，培育和扶持现有的产业集群。美国的集群多由市场主导形成，政府主要充当"催化剂"的角色，因而美国联邦政府的集群

政策比较完备但是针对性不明显，侧重于产业集群环境的建设，包括但不限于提供较为全面的信息咨询服务、开展专项投资计划、发展企业孵化器、构建信息交流平台、推动建立人才培训中心、促进产学研合作等。州政府的集群计划的针对性更强，且面向区域内的集群也采用了方式各异的支持手段。以北卡三角地创新型产业集群为例，政府为其中的生物技术产业集群提供了大量的研发资金和信息平台，而对于通信器材产业集群，政府则偏向于协调集群和相关机构合作。

3. 注重培养集群的可持续发展能力

市场要求和企业驱动是集群成长的核心动力，美国政府在政策实施过程中明确政府作为催化剂的角色定位，充分发挥政府和市场的作用，培养集群的可持续发展和自我"造血"能力。政府通过提供完整的配套服务来吸引企业、科研机构、金融机构等多方主体加入集群，实现集聚效应。政府在制定区域集群政策时充分考虑当地的区位因素，充分发挥区域集群优势，提高集群的吸引力和获取国家竞争优势，吸引各方入驻集群。美国也鼓励集群参与方特别是企业从政府以外渠道获取各类资金支持，通过政府采购、拓展出口市场等方式帮助企业获得商业机会。有效的公共服务也是集群可持续发展的强力保障，美国政府为集群的发展提供各种有效的公共服务，如提供技术和需求服务、开展人才培训、举办信息交流会、培养专业化市场等。此外，美国政府在促进集群发展中也充分发挥了政府的组织作用，高度重视企业、科研机构、金融机构、教育培训机构间的有效联结以及企业商会、行业协会、高校商学院等非政府机构的合作，联合成立能够促进集群企业间联结、促进技术创新合作和信息沟通交流，以及增强集体行动效率的集群组织管理机构，塑造集群"有机整体"，优化集群效率和协同创新能力。

（三）美国产业集群发展典型案例分析：硅谷高新技术产业集群

自19世纪末电子工业萌芽以来，硅谷开始出现工业企业，一直到20世纪50年代，硅谷的发展都和国家力量密不可分，如政府的采购和财政拨款，这时硅谷主要发展国防工业和军事技术产业。1951年斯坦福大学工业园建立，硅谷吸引了大量的技术研发企业，并初步形成了以高科技企业为基础的网络系统，为硅谷发展高技术产业奠定了基础，同时也吸引了众多老牌公司，如西屋、瑞森、IBM等在该地区建立研究中心（孙维武、杨晶，2019）。20世纪60年代，硅谷借助国防部采购基金的支持，逐步建立了微电子公司，在60年代后期成为航天工业和电子工业中心。20世纪70年代，半导体工业成为硅谷经济中最大且最具活力的部分，同时风险投资取代军费成为硅谷创业者的主要经费来源，硅谷造就了自我支持的金融系统。20世纪80~90年代，计算机工业逐步超过了半导体产业成为硅谷最重要的基础产业，20世纪90年代至今，硅谷迎来了软件业和网络业的大发展时期，成为行业的先锋。目前硅谷以微电子工业为主导，集中了数千家电子工业企业，拥有百万人以上的各类科技人员，是美国乃至世界电子工业的中心，还形成微电子产业、信息技术产业、新能源产业、生物医药产业等产业集群。许多国际知名企业都将总部设立在硅谷，如惠普、苹果、甲骨文、谷歌等。硅谷地区还拥有很多科研实力雄厚的大学，如斯坦福大学、加州大学伯克利分校、圣塔克拉拉大学等（雷琳，2017）。硅谷产业集群发展如此成功的原因可以归纳为以下几个方面：

1. 丰富的人力资源要素

人才是硅谷兴盛的核心要素。硅谷地区拥有众多顶尖大学，大学与工业相结合的科学园区模式也使高校和企业直接相连，实现教学和科研相互促进发展，为硅谷培养了大量的高层次技术人才和管理人才。独特的硅谷文化吸引了来自世界各地的人才，同时美国也积极吸纳高学历、高科技人才移民，不断为硅谷地区输送新的人才、成果和创意，逐步集中了世界最先进的人才和尖端的技术（李海超、齐中英，2009）。除了技术创新人才之外，硅谷还拥有成千上万的创业家，能够快速地将技术创新成果转化，投入市场实现经济效益。

2. 市场主导、政府辅助的发展模式

硅谷是典型的市场主导型集群发展模式，也正因为遵循市场原则，硅谷集群内部秩序良好、效率高、重复建设率低，集群内部充分磨合、和谐发展，保持了整个区域的整体竞争力。同时，市场将高校、科研机构、中介服务组织、金融机构等重要因素聚集在一起，自动磨合了产业集群内部的各种不和谐要素（雷琳，2017）。美国政府在硅谷的发展中是辅助性、间接性的，政府始终尊重硅谷内企业的主体地位。政府主要通过制定法律法规、政策措施扶持硅谷的发展，这些政策措施和法律法规主要包括：建立知识产权保护制度、推进产学合作、制定高科技人才移民法案、通过税收制度推进风险投资增长以激励企业创新、建立庞大的技术转让机构网络等（李海超、齐中英，2009）。市场主导、政府辅助的发展模式避免了政府主导型产业集群往往出现的产能过剩、资源损耗和企业倒闭现象。

3. 集群文化和品牌建设

硅谷具有鼓励创业、包容创新失败的文化。对知识产权的保护刺激硅谷形成知识创新和技术创新的氛围。硅谷所具有的开放化和多元化的环境，也使企业在这里可依托集群内部提供的技术、上下游产业链、中介机构等要素，实现资源和信息共享，在技术溢出的效应下提升自身效用。此外，硅谷注重集群品牌建设，硅谷内各企业专业化分工特征明显，企业能突出自身的异质性和比较优势，弥补单一企业的技术和知识缺口，有利于企业提升产品品质。同时，专业化分工能够约束企业"搭便车"的行为，保障创新企业的权益不受侵犯，使企业全心全意建设品牌。

4. 完善的金融服务体系

硅谷拥有众多中小科技型企业，普遍面临融资难、融资成本高等问题，硅谷发达的风险投资体系，解决了很多中小企业的资金"瓶颈"问题，促进了硅谷地区高科技产业群的形成、发展、壮大。很多硅谷高科技企业巨头都曾受惠于风险投资，如苹果、微软、英特尔等，风险投资与硅谷地区的发展已形成一种相互促进的良性循环体系。此外，硅谷银行的成立也为发展潜力大的中小企业提供了满足企业需求的金融支持和金融服务。

二、日本产业集群创新政策经验分析①

（一）日本产业集群创新政策发展历程

国内许多学者认为日本的产业集群政策开始于 20 世纪 90 年代，但通过对战后日本产业政策的梳理，发现日本产业集群政策最早可以追溯到 20 世纪 60 年代，当时日本政府为解决全国各区域发展不均衡的问题，在 1962 年发布了《全国综合开发计划》，首次尝试在全国统筹规划工厂分布、开发新的产业集群，该计划优先考虑地域之间的布局平衡，在既有的四大工业集群地带之外，通过"据点开发方式"，开发新的产业集群，以推进国家层面上的综合发展。随后，日本政府又制定了《新产业都市建设促进法》（1962 年）和《工业特别地域整备促进法》（1964 年），并在全国范围内最终选定 21 个地区实施和推广"据点开发方式"（张浩川，2010）。到 1998 年，日本政府先后制定了五次《全国综合开发计划》，并制定了相应的配套政策，试图通过产业转移实现区域之间的发展均衡，如 1983 年，日本政府制定了《科技城法》，旨在培育高科技产业集群；1988 年，日本政府颁布《头脑布局法》，有效地推动了原本集结于东京工业区的研究机构和信息服务机构合理地向地方扩散，一定程度上弥补了地方企业在科研信息资源上的匮乏。但这些政策并没有从根本上解决区域发展不均衡问题，在经受 20 世纪 90 年代的经济泡沫考验后，日本政府调整传统产业集群政策，开始采用以"创新"为核心的产业集聚政策，比如 1995 年颁布的《支持中小企业创新临时

---

① 本案例主要根据张浩川（2010）、康青松（2012）、邱丹逸和袁永（2018）、方晓霞（2020）等文献改编而成。

法》、1997 颁布的《促进特定地区产业集聚的临时措施法》、1998 年颁布的《新事业创造促进法》、1999 年颁布的《中小企业基本法》等，对部分垄断行业实施规制，促进更多中小企业参与竞争，激励中小企业形成创新机制。

从 2001 年开始，日本开始推行新的产业集群政策，日本经济产业省在全国范围内启动了产业集群计划。该计划的规划期长达 20 年，主要分为三个阶段：产业集群启动阶段（2001—2005 年）、产业集群发展阶段（2006—2010 年）、产业集群自主成长阶段（2011—2020 年），计划主要涉及制造业、信息技术、生物技术、环境/能源四个主要技术领域，并结合国情在全国范围内规划了 19 个产业集群。该计划的主要政策目标是通过构建企业创新网络提升区域创新能力，为了实现这个计划目标，日本政府投入了大量的资金，用于创新网络构建、技术研发、企业孵化器建设、市场培育、金融支持、人才培养等。为了配合经济产业省的产业集群计划，2002 年日本文部科学省也启动了"知识集群计划"，该计划旨在整合日本国内各项研究资源，强化企业、政府和科研机构之间的创新网络联系，加快科研成果的转化。作为阶段性成果的展示，日本文部科学省联合经济产业省与日本科学技术振兴机构、新能源产业技术综合开发机构召开了全国规模的产学整合活动"创新日本 2005——大学商品展览会"，这场展览会涉及纳米技术、医疗数字技术、信息技术、环境技术等诸多领域，日本各大学及研究机构向企业界展示了尖端的科研成果（张浩川，2010）。进入 2010 年，日本在相关的"知识型创新集群"政策的制定中，进一步重视加强项目与区域组织和大学的合作关系，将已经开展的"知识型集群建设项目""城市社区官产学合作促进项目"与在大学建设的产学官协作体系相结合，将"产学官合作战略项目"与"创新系统建设项目"统合，形成一体化的"知识型创新集群援助项目"。2010年文部科学省地区知识集群计划年度预算额达 1206500 万日元，分别用于国际目标集群项目、都市社区产学官联合项目和部分已取得一定成绩的地区项目。此外，日本还设立了促进院校等产学官自立合作计划，该计划从加强地区官产学合作的观点出发，以形成世界级集群为目标，重点支持与地区核心机构及组织合作研究中心的院校开展官产学合作（春燕，2014）。

（二）日本产业集群发展政策经验

1. 政府主导和民间力量相结合

日本的产业集群政策有着明显的政府导向，中央政府和地方政府联合实施新兴产业集群计划。文部科学省和经济产业省作为日本中央职能部门，根据国家战略需要制定新兴产业集群计划，有权审批各区域的集群计划，引导集群发展。区域机构根据地区特点制定促进本地区新兴产业集群发展的计划，组织协调本地区新兴产业集群的发展。地区还会设立推进机构来负责集群计划的实施，推进机构有政府事业单位也有民间机构，推进机构下设专门的集群管理部门，部门成员由当地企业、大学、研究机构、政府机构内的人员组成，主要职能为构建官产学合作网络，支持官产学合作研发。日本政府认为，在集群的发展中，政府的作用在于提供集群网络、研发资金、孵化器设施、金融、人才等方面的支撑，不应超越"创造环境"这一边界线，集群主要应该由企业、大学、科研机构自主运作。

2. 以创新网络构建为核心，注重官产学的沟通与协调

官产学合作是日本新兴产业集群创新活动的源泉。官产学合作通过组织和协调政府、企业、大学及科研机构的资源和力量，促进新兴产业集群技术创新和成果转化，提高集群竞争力。为促进"官产学"合作，需要构建合作网络，并加强合作网络之间的联系。日本政府的"产业集群计划"和"知识集群计划"，都以创建大学等科研机构、产业以及政府机构共同参与、相互合作的创新网络为主要政策目标和焦点，而非直接给予选定集群以税收、补贴等政策倾斜手段，其官产学合作体系是由大学知识产权本部、技术转移组织、官产学合作协调员和共同研发中心组成，有效支撑了各种项目的开展，并使集群内官产学之间的合作进一步网络化，最终促使产业集群项目持续发展。同时，日本高度发达的教育体系和完善的资助体系也为官产学合作提供了坚实的人才基础和金融支撑。

3. 重视产业集群外部环境的培养

成熟的外部环境在日本产业集群的发展中起到了至关重要的作用，日本已经形成政府、企业、大学及科研机构间互动并分工合作的网络，具备产业集群长期发展的关键资源。日本政府在进行新兴产业集群规划时，会考虑地区的实际发展情况，比如区域的自然环境、人文历史等其他有利于创新的社会环境，尽可能利用区域优势，促进企业技术开发，也会通过各项政策培养集群外部环境，促进产业集群的形成和发展，提升区域整体竞争能力。

（三）日本产业集群发展典型案例分析：九州半导体产业集群

从 20 世纪 70 年代开始，日本九州地区调整产业结构，开始大力发展半导体产业；20 世纪 80 年代，九州地区的半导体产业步入快速成长的阶段；20 世纪 90 年代末，九州地区经过 30 多年的发展，成为日本国内仅次于关东地区的第二大半导体制造设备聚集地。但是，多数半导体骨干企业的总部、研发机构和人才仍主要聚集在东京等大城市，九州地区只是作为半导体生产与组装基地，是以各个大企业为核心的垂直化分工的简单聚集，并未建立起有效的横向协作关系。同

时，日本半导体产业又面临着韩国、中国台湾半导体企业的竞争，市场占有率逐渐下滑，九州的半导体产业迫切需要进行产业集群的升级。

21 世纪初，日本经济产业省和文部科学省相继推出了《产业集群计划》（2001 年）和《知识集群创成事业》（2002 年），试图通过高新技术产业集群的培育，促进创新，带动区域经济振兴与发展。作为《产业集群计划》重点推动的 19 个产业集群项目之一，九州地区制定的"硅岛产业集群计划"，主要分为三个阶段实施。第一阶段（2001 年 4 月至 2006 年 3 月）是产业集群启动期，主要举措包括深化产学研之间的网络、加强各地产业集群项目的联动、促进半导体相关企业的集聚。第二阶段（2006 年 4 月至 2011 年 3 月）是产业集群成长期，2006 年制定了"九州半导体产业集群新发展战略"，以培育有竞争力的全球公司并树立九州品牌为目标，采取了促进市场开发、建立联盟、进行区域合作、建立国际业务网络、培育优秀人才、构建全面综合的支持体系等措施。第三阶段（2011 年 4 月至 2020 年 3 月）是产业集群自主发展期，主要目标是促进官产学合作网络形成和新产业、新业务发展，实现产业集群财务独立、自主发展。目前，九州吸引了大量半导体企业落户，如爱发科、第一精工、石井工作研究所等著名企业和研发机构。近年来，九州一些实力雄厚的集成电路企业转向生产附加价值更高的产品，2018 年九州集成电路生产金额占日本全国的比重达到了38.3%，而且随着智能手机使用的 CMOS 影像传感器、汽车用半导体等附加价值较高的电子零部件产品的发展，九州半导体产业又焕发出新的活力。日本九州半导体产业集群的发展得益于以下几点：

1. 以政府和行业协会为主导

日本半导体产业链中仍以政府和行业协会为主导。九州经济产业局作为政府职能机构，负责集群发展计划和政策的制定、组织实施以及资金支持等，如"海上硅带福冈构想""熊本半导体森林构想"和"大分 LSI 集群构想"等发展计划。九州半导体和电子创新协议会则负责促进官产学联系与合作的具体业务和事宜。九州半导体创新协议会由企业、大学、研究所、地方政府、个人等构成，会长一般由大型企业的经营者轮流担任。设立九州半导体和电子创新协议会的目的在于，以半导体技术为轴，通过构筑广泛的官产学协作网络，促进知识创造与产业活力的良性循环（康青松，2012）。九州各地政府结合各自的优势，也提出了自己的发展计划。

2. 以大型企业为核心的产业集聚

在日本，企业间基于精细分工与专业化进行产业链的关联与集聚。九州半导体产业在初创时多采取纵向一体化模式，前道工序及后道工序全部在企业内部完成，随着越来越多的当地中小企业参与半导体相关零部件、模具、设备、仪器等产品的生产，九州半导体产业逐步形成了以大型 IDM 企业为核心、中小配套企业为辅助的产业集聚，这些制造企业基本都分布在半导体制造的设计、前工程、后工程、设备制造、原材料五个产业链上，并均有较精细的分工。

3. 以高层次人才为创新源

人才是半导体产业集群创新发展不可或缺的要素。大学、研究所是人才培养和技术创新的主要场所，九州地区设有工科专业的大学有 31 所，其中国立大学 8 所，县、市立大学 4 所，私立大学 10 多所。这些大学不仅设有半导体设计、系统信息、电子器件、纳米材料等与半导体相关的专业，还拥有系统 LSI 研究中心（九州大学）、系统信息科学研究院（九州大学）、微化综合技术中心（九州工业大学）等研究机构，它们源源不断地为九州半导体产业集群创新输送相关专业人才。

4. 以协调支援机构为纽带

为了促进科技成果的产业化，九州各地的大学先后设立六家技术许可办公室（TLO），负责大学内研究人员的专利申请、技术许可等事务。此外，九州地区的七个县都设有各自的集群支援、协调机构，促进当地半导体产业孵化和官产学之间的合作，主要有福冈系统 LSI 综合开发中心、熊本县组装制造中心、大分县检测中心等。另外，日本中小企业厅主导的中小企业政策性融资体系也为创新创业企业发展提供资金、担保方面强有力的支持。

三、德国产业集群创新政策经验分析①

（一）德国产业集群创新政策发展历程

德国创新政策的侧重点多次发生变化，但直到 20 世纪 90 年代中期，德国联邦教研部发布著名的《联邦研究报告》，地理集聚才开始在德国创新政策中占据重要地位，随之而来的是政府出台了多种集群计划。1995 年，德国聚焦生物领域，通过生物区域计划促进生物集群的发展。1999 年，德国为解决统一后东、西部地区发展水平差异问题，实施创新区域计划，制定了多个集群计划，全面支持东部地区中小企业、科学家团队、科研机构及社会团体的协作发展。2006 年，德国联邦政府首次在国家层面提出中长期发展战略《德国高科技战略》，该战略将支持引导中小企业从事高科技研发创新置于战略中心地位，并重点加强了对处

---

① 本案例主要根据底晶（2017）、邓元慧（2018）等文献改编而成。

于未来战略重点领域的 17 个高科技产业的研发支持以及创新集群建设（底晶，2017），涵盖医疗、能源、通信、航空航天、生物、光学和新材料等领域。2007年，德国联邦教研部在《德国高科技战略》框架下发起"德国尖端集群项目"，旨在通过竞赛性的评选和资助，促进优秀集群的发展，提升它们的国际竞争力。2010 年 7 月，德国联邦政府通过了《思想、创新、增长——德国 2020 高科技战略》，此战略是 2006 年《德国高科技战略》的升级版，延续重点支持中小企业创新政策的同时，进一步将战略研发支持领域缩减为五个，该战略特别强调了产业集群化发展的战略意义，强调创新成果的商业化，并重点支持实施"领先集群竞争计划"以及集结创新联盟计划。随后又推出《高科技战略行动计划》，为《德国 2020 高科技战略》框架下十大未来项目的开展保驾护航。

为了提升集群的管理能力和运营效率，推动集群进一步与国际接轨，2012年德国联邦经济事务与能源部启动"走向集群"计划，参选集群需要先获得"欧洲卓越集群计划"的集群管理质量银标或者金标，证明自身具备与国际接轨的能力，"走向集群计划"的获选集群除了最多可获得联邦政府 4 万欧元的资金支持，还可以获得相应的政策咨询和管理咨询服务（邓元慧，2018）。2013 年 4月，在汉诺威工业博览会上，德国正式推出了《保障德国制造业的未来——关于实施工业 4.0 战略的建议》，"工业 4.0"计划是《德国 2020 高科技战略》中 ICT领域的重点项目，"工业 4.0"除了包括对中小企业创新及产业集聚的支持政策，还突出强调了"官产学研"结合的目标实施战术途径，实现了产品设计与开发、生产计划实施，甚至售后维护等不同阶段之间的信息共享，从而达成产品工程的数字化集群，为产业间的协调合作提供了更加便利的方式（史世伟，2014）。2018 年，德国联邦政府又出台了《高科技战略 2025》，涵盖了健康和护理、可持续发展、气候保护和能源、零排放智能化交通等七个重点领域，为德国未来高科技产业的发展制定了具体的战略（孙浩林，2018）。

（二）德国产业集群发展政策经验

1. 从顶层战略着手，多种方式共同推进集群发展

德国在发展产业集群方面，特别注重顶层设计和科学战略决策的作用，以集群为核心的创新发展战略成为联邦政府和州政府的共识，联邦和各州都会根据自身的实际情况制定相应的创新联盟计划及创新产业集群政策，产业集群成为德国科技计划直接的扶持对象，在两个层级政府部门的推动下，德国产业集群得以迅速、高效发展。但是仅靠政府的支持，集群是无法持续发展的，因此联邦政府将"自上而下"的集群政策和"自下而上"的集群内部选择相结合，采取分类推进

的方式，对弱势技术与产业、落后区域的专项计划予以支持，扶持中小企业创新，有的放矢，避免"摊大饼"式发展，1995 年针对生物区域的集群计划和 1999 年针对德国东部落后地区发展的集群计划，均取得了较好的成果。对于发展较好的集群，德国政府则采取竞赛的方式，既保证了"自上而下"的政策意图，又充分调动了社会资本参与集群建设的积极性，促进集群的优胜劣汰，政府则在一定的时间内为优胜集群的发展提供资金支持、专业的咨询服务，以促进其不断提高自己的创新能力、管理能力和国际化水平。

2. 给予集群计划多样性、连续性和互补性的支持

德国的集群计划主要可以分为三类：第一类是针对单一产业的集群推进计划，比如生物产业领域的集群计划；第二类是针对某一区域实施的集群计划，比如针对德国东部地区实施的创新区域计划，目的是提升德国东部地区的技术、产业发展能力，改善德国东西区域发展不平衡的状况；第三类是综合类的集群计划，这类计划没有具体的产业、区域限制，目的是提高集群的创新能力、管理能力和国际化水平等，如"顶尖集群竞争计划""走向集群计划"等。可以看出，德国的集群计划体系非常清晰，而且随着时间推移，德国政府会适时推出新的计划或者补充计划来适应国家或地区新的发展形势，实现集群计划的动态演化。同时，德国集群计划之间具有互补性，不同部门、不同类别的集群计划具有一定的偏向，如顶尖集群竞争计划主要关注顶尖集群和大企业，经济技术部的很多集群计划则更关注中小企业和集群管理。此外，一个集群计划下还设置有不同的子计划或附属计划，以满足集群发展的需要。

3. 以中小企业创新能力提升为核心支撑集群发展

德国政府十分重视产业集群中中小企业的作用，德国创新政策的核心是支持中小企业的发展，为中小企业提供有针对性的资金支持和其他服务，调动国家的创新资源向中小企业流动，使整个生产过程更加灵活。德国集群计划也主要是以企业为支持对象，比如生物产业领域的集群计划中超过 60% 的资金用于支持私人企业，而且大部分都是新创企业。德国联邦经济事务与能源部及联邦教育与研究部关注中小企业的科学研究与创新水平的提升，提高中小企业在国际上的竞争力。德国产业集群成为企业之间、企业和科研机构之间沟通合作的桥梁，政府为了推动集群各主体之间的信息交流、合作学习和竞争，及时搭建集群信息平台，为中小企业的发展提供了很多便利。

4. 重视对集群计划进行绩效评估

德国在实施一系列集群计划的同时，也注重对集群计划进行评估，在集群计

划项目实施前后都会进行相应的评估。以巴登-符腾堡州的汽车工业集群为例，政府在五年内平均每年为其提供 200 万欧元的资助，并且每五年对该集群进行一次评估，然后制定下一个五年计划。德国对集群计划多采用第三方评估的方法，VDI/VDE 创新技术有限责任公司作为德国联邦政府多个部门的服务提供商，在集群管理、集群评估方面有着丰富的经验，并在集群评估方面建立了一套比较完善、适用性广的评估体系（陈强和赵程程，2011），该体系从投入、产出、成果和影响四个方面对集群计划进行综合评估，并进一步将评估内容细化成具体的指标，以方便评估过程的实施。

（三）德国产业集群典型案例：It's OWL 智能技术系统集群

世界先进制造业集群 It's OWL 是德国针对中小企业实施的最大的工业 4.0 计划。2012 年以来，It's OWL 一直是德国制造业竞争力的主导力量。作为德国"尖端集群竞争计划"（Leading-Edge Cluster Competition）的杰出代表，It's OWL 获得了德国联邦政府 4000 万欧元的资助。集群由北莱茵-威斯特法伦州政府牵头，集合近 191 个合作伙伴，包括 BECKHOFF、LENZE 和 HETTICH 等 27 家核心企业，比勒费尔德应用科学大学、比勒费尔德大学和帕德伯恩大学等 6 所大学，弗劳恩霍夫协会光电、系统技术及图像处理研究所工业自动化应用中心（FRAUNHOFER IOSB-INA）等 16 个研究机构，以及 6 家负责技术转移的企业和 136 家赞助企业。为帮助集群成员有效应用工业 4.0 智能技术研究成果，It's OWL 搭建科技创新平台（Technology and Innovation Platform），即工业互联网平台。智能系统、社会技术系统、数字基础设施、安全保障、价值网络和先进系统工程等新科技领域正在重构 It's OWL 的技术网络，有助于其开发出用户友好型机器设备、软件和系统来提高交易效率及资源配置效率（张佩、赵作权，2020）。It's OWL 集群的成功因素主要有以下几点：

1. 构建集群组织，推进网络化建设运营

It's OWL 的集群组织是一种类似公司的非营利机构，有董事会、执行处和科技咨询委员会三个部门，其中董事会由集群内企业、大学或研究机构等部门的权威人士构成，共同决定集群的战略发展方向；执行处下设战略处、运营处和区域发展处负责不同领域的子部门；科技咨询委员会则由国际知名科技专家构成，为集群提供战略决策指导。It's OWL 注重推进研发合作网络建设，集群内的企业、大学和科研机构等主体通过网络化合作，实现知识、技术共享和技术转移。目前，It's OWL 集群建立了三个集群网络示范中心，包括人机交互（HMI）、OWL 智能工厂和 IEM 系统工程实验室，同时也不断寻求与世界各地优秀伙伴的联系和合作，建设国际协作网络。集群合作网络的构建为集群内各主体的技术创新提供了广泛的支持。

2. 搭建工业互联网平台，落实先进制造

德国投入 45 亿欧元搭建工业互联网平台，经过大量的实践探索，工业互联网平台在 It's OWL 科技创新战略实施下应运而生，涉及短期项目和长期项目。短期项目包括自我优化、人机交互、智能网络、能源效率和系统工程五大模块，长期项目涉及市场中心、技术遇见、网络安全、技术认同和工业 4.0 五个领域。基于工业互联网平台，产业链的上下游企业间可以构建新型生产关系，实现工业要素在生产关系中的优化配置。竞合企业之间也可以通过互联网平台中面向中小型企业需求的系统实现技术转移，集群内企业能够共享技术创新项目的成果和经验。同时，借助互联网平台，企业和用户之间能够建立交易关系，辅之产品或服务创新，可实现企业和用户之间的供需匹配，为企业开拓、占领新市场提供机会。

第四节　战略性新兴产业集群创新政策建议

党的十九大报告指出，我国经济已由高速增长阶段转向高质量发展阶段，正处在转变发展方式、优化经济结构、转换增长动力的攻关期，建设现代化体系是跨越关口的迫切要求，坚定实施创新驱动发展战略，加快建设创新型国家成为我国现代化建设的战略举措。依托战略性新兴产业集群，不断提高集群的创新水平，对提升产业竞争优势、拉动地方经济增长和建设创新型国家具有重大意义。政府作为政策的制定者和执行者，应积极发挥引导作用，通过制定和出台政策措施和法律法规，提高战略性新兴产业集群发展的质量，不断增强产业发展创新能力和竞争力，并发挥市场在资源配置中的决定性作用，实现产业集群的高质量、可持续发展。

（一）加强政府引导

我国战略性新兴产业集群的培育发展大多由政府主导，对于战略性新兴产业集群的中长期发展，政府具有整体调控和规划约束的权力，政府掌握的政策资源和要素资源往往能够对产业集群的发展产生较大影响。政府应该充分发挥引导作用，遵循集群发展的基本规律，加快集群规划和顶层设计，对集群的管理体制、产业选择、发展模式、品牌战略等进行规划引导与统筹协调，科学引导产业集群的发展。对集群动态性的研究表明，集群的竞争优势具有动态性，随着集群的发展，集群的竞争优势从依赖规模和范围经济转变为依托集群内在持续的创新能力和系统资源整合能力。政府应该根据集群发展规划目标，结合集群实际发展状况，及时制定和实施新的集群发展战略，制定和完善各种经济政策、产业政策和科技政策，为人才、资本和技术各项创新要素围绕核心产业进行集聚创造条件，通过营造良好的制度环境，将企业和其他创新主体聚集到集群中，激发企业、高校和科研机构合作开发关键技术，形成有利于集群创新发展的合作机制。此外，中央政府和地方政府、政府各部门之间要加强沟通，省区市的政策要与国家政策保持协同性和协调性。在国家政策的指导下，地方政府应根据地方集群发展实际制定和执行有针对性的政策，同时针对集群发展的短板，例如知识产权保护、产学研合作、成果转化、集群创新网络构建、技术创新平台建设等，政府各部门应该通力合作，联合制定政策，保证政策之间的协调配合，以最大程度实现政策目标。

（二）完善创新激励政策

政府的引导和扶持是战略性新兴产业集群发展的重要保障，在战略性新兴产业集群的发展过程中，政策对集群技术创新的推动作用越来越明显，不断完善相关创新政策体系，对于提高集群创新能力，推动集群升级发展具有重要意义。当前，我国与集群创新相关的政策支撑仍有不足，存在针对性不足、政策滞后、政策执行失灵等问题。对此，政府应综合运用财政、税收、土地、金融以及科技项目等方面的政策，完善相关法律法规和标准化体系建设，协同支持建设战略性新兴产业集群。政府应加大集群重大创新资金投入，运用多种财税金融政策，集中支持地区特色优势产业、支柱产业和基础产业的关键技术创新；培育集群骨干企业和创新型中小企业，促进大中小企业协同创新、融通发展；推动落实各项人才培训、人才引进、人才服务保障和评价激励政策，挖掘和培养高科技人才、创新型企业家人才和科技创新领军人才队伍，全方位实现集群高质量人才队伍建设，为集群技术创新提供坚实的人才保障，综合提高集群的研发能力和自主创新能力；完善政府采购政策，扩大首购、订购等非招标方式的应用，鼓励优先购买集群技术创新产品。集群的健康有序运行离不开法律制度的保障，政府应在知识产权保护、集群治理、集群利益分配、集群技术成果交易与转化等方面设置相关的法律法规，以保护集群各主体的利益，同时约束集群各主体的行为，保障集群的稳定有序发展；强化战略性新兴产业的标准化工作，积极参与国际标准化活动，提升自主技术标准的国际话语权，并发挥企业主体作用，引导产业集群内骨干企业参与标准化工作建设，制定出适应我国技术和产业发展的行业标准体系，稳步提高集群技术创新成果的质量，促进集群高质量、可持续发展。

（三）搭建高效的公共服务平台

高效的公共服务平台体系是产业集群可持续发展的必要条件。政府在促进产业集群发展的政策中，都明确提出了要建立健全公共服务体系，加强集群平台建设，创新服务方式。目前，我国战略性新兴产业集群处于发展阶段，根据集群发展实践，发现我国部分产业集群面临着创新软件设施建设不足、公共服务主体单一、服务体系不完善和创新不足等问题。针对这些问题，政府在建设集群硬件环境的同时，还需要进一步加强集群平台和服务体系建设，围绕产业集群发展需求，通过建设扶持、认定奖励、采购服务等方式，鼓励社会团体、骨干企业、中介组织等各种市场主体投入集群平台建设，鼓励建设研发、检测、设计、融资、展销、物流等各种类型的产业集群公共服务平台，使集群内企业能通过平台及时获取各项信息资源，更好地实现协同创新。针对集群缺乏关键技术和核心技术等问题，应充分发挥企业、高校、科研院所的作用，建设若干资源共享、优势互补的国家级共性技术平台；同时结合国家战略发展需要和区域集群优势，建立跨层次、跨区域的技术创新中心，集聚全国创新元素，支持关键共性技术研究和重大战略研究；完善技术转移和成果转化机制，激发集群创新的潜力、动力和活力，加快创新成果的产出和转化应用。

（四）培育产学研协同创新体系

产学研协同创新是指企业、高校和科研院所三方联合完成科学创新、技术创新和成果转化。产学研之间的合作在一种有效制度的安排下可以实现优势互补、风险共担、收益共享和共同发展，从而达到分散产业共性技术研发风险、缩短研发周期和提高攻克产业共性技术能力的目的（吴勇，2008）。产学研协同创新是提升集群自主创新能力的重要途径，在我国，部分产业集群的产学研合作存在联系不紧密、沟通不畅的问题，从而导致三者无法有效结合，发挥各自的最大效用。对此，政府应充分发挥在产学研协同创新中的引导和协调作用，完善相关的政策和法律法规，加大经济投入力度，通过设立产学研合作专项资金和构建产学研合作平台，推动产学合作的顺利进行；建立产学研协同创新利益共享和风险共担的责任机制，根据技术研究的不同过程及不同阶段，结合各方的利益和风险偏好，分解技术创新中的风险，并确定适合的利益分配方式，使集群产学研合作保持长期稳定。培育产学研协同创新体系要发挥企业在产学研合作中的主体地位，在产学研协同创新中，企业具有市场及资金优势，拥有先进的生产设备、具有实践经验的技术人才及科技成果产业化的必需资金，是集群创新的主体，中小企业在技术开发、商业模式创新方面具有独特的作用，成为集群技术创新的重要源泉和核心力量，因此应该突出企业的主体地位，不断优化集群创新环境，增强企业的创新意愿和创新动力，促进创新成果与市场需求有效衔接，确保产学研合作创新的顺利进行。

（五）优化政府对集群的监管机制

战略性新兴产业集群涉及多方利益主体，存在一定的道德风险和法律风险，需要政府发挥监管职能，保证集群利益分配、风险承担的相对公平，保障集群活动的合法性和有效性。同时对产业集群的运行活动进行监管，有利于政府把握集群发展的特点和存在的问题，引导集群朝着既定的发展目标或特定的战略方向发展，保证产业集群与国家战略利益相吻合，并能够及时调整政策手段，保障战略性新兴产业健康有序发展。

在对集群的监管中，政府要完善对集群的动态监测和考核评价体系，依据不同集群以及集群发展不同阶段的性质和特点，在进行基本的法律、行政监管的同时，着眼于未来集群创新发展方向，强化国家和地方的监管力量，对集群技术创新的全过程进行科学合理的监督和评价。同时，政府也要关注集群创新政策、制度对集群造成的影响，对政策的制定、执行、实施效果进行评价，及时优化和创新政府监管方式，比如引进第三方监管，引导集群内部形成监管机制，以使监管更加合理客观，解决政府监管不到位的问题。

参考文献

［1］ Ansoff H. Strategies for diversification ［J］. Harvard Business Review, 1965, 35 (5): 113-124.

［2］ Ansoff H. Corporate strategy ［M］. New York: McGraw-Hill Book Company, 1987.

［3］ Argyris C, Schön D. Organizational learning: A theory of action perspective ［J］. Reis, 1997 (77/78): 345-348.

［4］ Anklam P. Knowledge management: The collaboration thread ［J］. Bulletin of the American Society for Information Science and Technology, 2002 (6): 8-11.

［5］ Altenburg T, Schmitz H, Stamm A. Breakthrough? China's and India's transition from production to innovation ［J］. World Development, 2008, 36 (2): 325-344.

［6］ Arikan T. Interfirm knowledge exchanges and the knowledge creation capability of clusters ［J］. Academy of Management Review, 2009, 34 (4): 658-676.

［7］ Anzures-Garcia M, Sanchez-Galvez A, Hornos J, et al. A knowledge base for the development of collaborative applications ［J］. Engineering Letters, 2015, 23 (2): 65-71.

［8］ Anderson R, Hardwick J. Collaborating for innovation: The socialised management of knowledge ［J］. International Entrepreneurship & Management Journal, 2017, 13 (1): 1-17.

［9］ Amin V, Alireza A. Describing the necessity of multi-Methodological approach for viable system model: Case study of viable system model and system dynamics multi-methodology ［J］. Systemic Practice and Action Research, 2019, 32 (1): 13-37.

［10］ Baptista R. Do innovations diffuse faster within geographical clusters? ［J］.

International Journal of Industrial Organization, 2000 (3): 515-535.

[11] Brenner T. Simulating the evolution of localised industrial clusters—an identi-fication of the basic mechanisms [J]. Journal of Artificial Societies & Social Simula-tion, 2001, 4 (3): 127-147.

[12] Bathelt H, Malmberg A, Maskell P. Clusters and knowledge: Local buzz, global pipelines and the process of knowledge creation [J]. Progress in Human Geogra-phy, 2004, 28 (1): 31-56.

[13] Beck L. Seizing the opportunity: Using availability samples in policy pro-grams for creating relevance in broader contexts [J]. Electronic Journal of Business Re-search Methods, 2010, 8 (2): 146-155.

[14] Balland A, Belso-Martínez A, Morrison A. The dynamics of technical and business knowledge networks in industrial clusters: Embeddedness, status, or proxim-ity? [J]. Economic Geography, 2016, 92 (1): 35-60.

[15] Belsomartínez J, Expósitolanga M, Tomásmiquel J. Knowledge network dy-namics in clusters: Past performance and absorptive capacity [J]. Baltic Journal of Management, 2016, 11 (3): 310-327.

[16] Canals A. Knowledge diffusion and complex networks: A model of high−tech geographical industrial clusters [C]. Proceedings of the 6th European conference on organizational knowledge, Learning, and Capabilities, 2005.

[17] Cormican K, Dooley L. Knowledge sharing in a collaborative networked en-vironment [J]. Journal of Information & Knowledge Management, 2007, 6 (2): 105-114.

[18] Chang L, Cheng F, Wu Y. How buyer−seller relationship quality influ-ences adaptation and innovation by foreign MNCs' subsidiaries [J]. Industrial Market-ing Management, 2012, 41 (7): 1047-1057.

[19] Connell J, Kriz A, Thorpe M. Industry clusters: An antidote for knowledge sharing and collaborative innovation? [J]. Journal of Knowledge Management, 2014, 18 (1): 137-151.

[20] Chunlei W, Simon R, Mark F, Xiao Y X. Networks, Collaboration net-works, and exploratory innovation [J] . academy of Management Journal, 2014, 57 (2): 459-514.

[21] Cano-Kollmann M, Cantwell J, Hannigan J, Mudambi R, Song J. Knowl-

edge connectivity: An agenda for innovation research in international business [J]. Journal of International Business Studies, 2016 (3): 255-262.

[22] Cohen K, Caner T. Converting inventions into breakthrough innovations: The role of exploitation and alliance network knowledge heterogeneity [J]. Journal of Engineering & Technology Management, 2016, 40 (1): 29-44.

[23] Chi M, Wang W, Lu X, George F. Antecedents and outcomes of collaborative innovation capabilities on the platform collaboration environment [J]. International Journal of Information Management, 2018, 43 (12): 273-283.

[24] Danison F. Why growth rates differ: Post war experience in nine western countries [M]. Washington D. C. Brookings Institution Press, 1967.

[25] Doz Y L. Multinational enterprise and world competition: A comparative study of the USA, Japan, the UK, Sweden and West Germany [J]. Journal of International Business Studies, 1988, 19 (2): 301-304.

[26] Dyer H, Nobeoka K. Creating and managing a high-performance knowledge-sharing network: The Toyota case [J]. Strategic Management Journal, 2000 (3): 345-367.

[27] Duranton G. California dreamin: The feeble case for cluster policies [J]. Review of Economic Analysis, 2011, 3 (1): 3-45.

[28] Daniel D, Marci D, Bethany J. Achievement motivation and knowledge development during exploratory learning [J]. Learning and Individual Differences, 2015, 37: 13-26.

[29] Dolfsma W, Eijk René van Der. Network position and firm performance - the mediating role of innovation [J]. Technology Analysis & Strategic Management, 2017, 29 (6): 556-568.

[30] De Noni I, Ganzaroli A, Orsi L. The impact of intra- and inter- regional knowledge collaboration and technological variety on the knowledge productivity of European regions [J]. Technological Forecasting and Social Change, 2017, 117: 108-118.

[31] Feldman M, Schreuder Y. Initial advantage: The origins of the geographic concentration of the pharmaceutical industry in the mid-atlantic region [J]. Industrial and Corporate Change, 1996, 5 (3): 839-862.

[32] Feldman P, Audetsch B. Innovation in cities: Science-based diversity,

specialization and localized competition [J]. European Economic Review, 1999, 43 (2): 409-429.

[33] Fontana R, Geuna V, Matt M. Factors affecting university-industry R&D project: The importance of searching, screening and signaling [J]. Research Policy, 2006, 35 (2): 309-323.

[34] Fan P. Catching up through developing innovation capability: Evidence from China's Telecom-equipment industry [J]. Technovation, 2006 (3): 359-368.

[35] Flanagan K, Uyarra E, Laranja M. Reconceptualising the "policy mix" for innovation [J]. Research Policy, 2011, 40 (5): 702-713.

[36] Freitas I, Marques A, Silva E. University - industry collaboration and innovation in emergent and mature industries in new industrialized countries [J]. Research Policy, 2013, 42 (2): 443-453.

[37] Faccin K, Balestrin A. The dynamics of collaborative practices for knowledge creation in joint R&D projects [J]. Journal of Engineering and Technology Management, 2018, 48 (4): 28-43.

[38] Futterer F, Schmidt J, Heidenreich S. Effectuation or causation as the key to corporate venture success? Investigating effects of entrepreneurial behaviors on business model innovation and venture performance [J]. Long Range Planning, 2018, 51 (1): 64-81.

[39] Gordon R, McCann P. Industrial clusters: Complexes, agglomeration and/or social networks? [J]. Urban Studies, 2000, 37 (3): 513-532.

[40] Govindarajan V, Kopalle K. Disruptiveness of innovations: Measurement and an assessment of reliability and validity [J]. Strategic Management Journal, 2006, 27 (2): 189-199.

[41] Ghemawat P, Cassiman B. Introduction to the special issue on strategic dynamics [J]. Management Science, 2007, 53 (4): 529-536.

[42] Geoffrey T, Liu F, Li J. Identifying factors of employee satisfaction: A case study of Chinese resource-based state-owned enterprises [J]. Social Indicators Research, 2015, 123 (2): 567-583.

[43] Geiger S, Finch J, Woodside A G. Making incremental innovation tradable in industrial service settings [J]. Journal of Business Research, 2016, 69 (7): 2463-2470.

［44］Giordani E, Rullani F, Zirulia L. Endogenous growth of open collaborative innovation communities: A supply – side perspective ［J］. Industrial and Corporate Change, 2018 （4）: 745-762.

［45］Giuliani E, Balland P, Matta A. Straining but not thriving: Understanding network dynamics in underperforming industrial clusters ［J］. Journal of Economic Geography, 2018, 19 （1）: 147-172.

［46］Haken H. Synergetics: Cooperative phenomena in multi-component systems ［M］. Stuttgart: B. G. Teubner, 1973.

［47］Hagedoorn J, Roijakkers N, Kranenburg V. Inter – Firm R&D networks: The importance of strategic network capabilities for High – Tech partnership formation ［J］. British Journal of Management, 2006 （1）: 39-53.

［48］Haruo H Horaguchi. Economics of reciprocal networks: Collaboration in knowledge and emergence of industrial clusters ［J］. Computational Economics, 2008, 31 （4）: 307-339.

［49］He Z, Rayman-Bacchus L, Wu Y. Self-organization of industrial clustering in a transition economy: A proposed framework and case study evidence from China ［J］. Research Policy, 2011, 40 （9）: 1280-1294.

［50］Hurmelinna-Laukkanen P, Olander H, Blomqvist K, Panfilii V. Orchestrating R&D networks: Absorptive capacity, network stability, and innovation appropriability ［J］. European Management Journal, 2012, 30 （6）: 552-563.

［51］Haug V. Innovation and network leadership: The bureaucracy strikes back? ［J］. Information Polity, 2018, 23 （3）: 325-339.

［52］Hazır S, LeSage J, Autant-Bernard C. The role of R&D collaboration networks on regional knowledge creation: Evidence from information and communication technologies ［J］. Papers in Regional Science, 2018, 97 （3）: 549-567.

［53］Inkpen C, Tsang K. Social capital, networks, and knowledge transfer ［J］. The Academy of Management Review, 2005, 30 （1）: 146-165.

［54］Ibrahim E, Fallah H, Reilly R. Localized sources of knowledge and the effect of knowledge spillovers: An empirical study of inventors in the telecommunications industry ［J］. Journal of Economic Geography, 2009 （3）: 405-431.

［55］Jerez-Gómez P, Céspedes-Lorente J, Valle-Cabrera R. Organizational learning capability: A proposal of measurement ［J］. Journal of Business Research,

2005, 58 (6): 715-725.

[56] Karim E, Hamed T, Jafar B, Majid K. The relationship between the performance of industrial clusters and renovation of small industries [J]. Research Journal of Applied Sciences, Engineering and Technology, 2013, 5 (3): 889-897.

[57] Kenderdine T. China's industrial policy, strategic mmerging industries and space law [J]. Asia & the Pacific Policy Studies, 2017, 4 (2): 325-342.

[58] Laursen K, Salter A. Open for innovation: The role of openness in explaining innovation performance among U. K. manufacturing firms [J]. Strategic Management Journal, 2006 (2): 131-150.

[59] Lee B, Cheung F, Tsui E, et al. Collaborative environment and technologies for building knowledge work teams in network enterprise [J]. International Journal of Information Technology and Management, 2007, 6 (1): 5.

[60] Lan W, Kai W. Research on innovation capabilities of enterprises cluster based on network structure [C]. IEEE International Conference on Advanced Management Science, 2010.

[61] Lins V, Servaes H, Tamayo A. Social capital, trust, and firm performance: The value of corporate social responsibility during the financial crisis [J]. The Journal of Finance, 2017, 72 (4): 1785-1824.

[62] Lin H, Tsai S, Tarn C, et al. Erratum: Strategic fit among knowledge attributes, knowledge management systems, and service positioning [J]. Knowledge Management Research & Practice, 2016, 14 (1): 158-158.

[63] Mansfield E. International technology transfer: Forms, resource requirements, and policies [J]. The American Economic Review, 1975, 65 (2): 372-376.

[64] March G. Exploration and exploitation in organizational learning [J]. Organization Science, 1991, 2 (1): 71-87.

[65] Metcalfe S. Technology systems and technology policy in an evolutionary framework [J]. Cambridge Journal of Economics, 1995 (1): 25-46.

[66] Maskell P, Malmberg A. Localised learning and industrial competitiveness [J]. Cambridge Journal of Economics, 1999, 23 (2): 167-185.

[67] Martin R, Sunley P. Deconstructing cluster: Chaotic concept or policy panacea [J]. Journal of Economic Geography, 2003, 3 (1): 5-35.

[68] Maskell P, Lorenzen M. The cluster as market organisation [R]. Druid

Working Papers, 2003, 41 (5/6): 991-1009.

[69] Malmberg A, Power D. (How) Do (Firms in) Clusters Create Knowledge? [J]. Industry & Innovation, 2005, 12 (4): 409-431.

[70] Martin R. Roepke lecture in economic geography – rethinking regional path dependence: Beyond lock – in to evolution [J]. Economic Geography, 2010, 86 (1): 1-27.

[71] Malerba F, Mancusi L, Montobbio F. Innovation, international R&D Spillovers and the sectoral heterogeneity of knowledge flows [J]. Review of World Economics, 2013, 149 (4): 697-722.

[72] Martin G, Gözübüyük R, Becerra M. Interlocks and firm performance: The role of uncertainty in the directorate interlock – performance relationship [J]. Strategic Management Journal, 2013, 36 (2): 235-253.

[73] Martín – de C. Knowledge management and innovation in knowledge – based and high – tech industrial markets: The role of openness and absorptive capacity [J]. Industrial Marketing Management, 2015, 47 (3): 143-146.

[74] Moodysson J, Sack L. Institutional stability and industry renewal: Diverging trajectories in the Cognac beverage cluster [J]. Industry and Innovation, 2016 (5): 1-17.

[75] Mudambi R, Mudambi M, Mukherjee D, et al. Global connectivity and the evolution of industrial clusters: From tires to polymers in Northeast Ohio [J]. Industrial Marketing Management, 2016 (61): 20-29.

[76] Mariano S, Awazu Y, Carayannis E, et al. The role of collaborative knowledge building in the co – creation of artifacts: Influencing factors and propositions [J]. Journal of Knowledge Management, 2017, 21 (4): 779-795.

[77] McIver D, Lepisto A. Effects of knowledge management on unit performance: Examining the moderating role of tacitness and learnability [J]. Journal of Knowledge Management, 2017, 21 (4): 796-816.

[78] Nonaka I. A dynamic theory of organizational knowledge creation [J]. Organization Science, 1994, 5 (1): 14-37.

[79] Nonaka I, Takeuchi H. The knowledge creating company: How japanese companies create the dynamics of innovation [M]. New York: Oxford University Press, 1995.

[80] Narasimha P. Strategy in turbulent environments: The role of dynamic competence [J]. Managerial and Decision Economics, 2001, 22 (4-5): 1-212.

[81] Nielsen B. The role of knowledge embeddedness in the creation of synergies in strategic alliances [J]. Journal of Business Research, 2005, 58 (9): 1194-1204.

[82] Nieto M, Quevedo P. Absorptive capacity, technological opportunity, knowledge spillovers and innovation [J]. Technovation, 2005, 25 (10): 1141-1157.

[83] Ngar-Yin D, Hills R. Policy learning and central-local relations: A case study of the pricing policies for wind energy in China (from 1994 to 2009) [J]. Environmental Policy and Governance, 2014, 24 (3): 216-232.

[84] Nakwa K, Zawdie G. Structural holes, knowledge intermediaries and evolution of the triple helix system with reference to the hard disk drive industry in Thailand [J]. International Journal of Technology Management & Sustainable Development, 2015, 14 (1): 29-47.

[85] Njøs R, Jakobsen E. Cluster policy and regional development: Scale, scope and renewal [J]. Regional Studies, Regional Science, 2016, 3 (1): 146-169.

[86] Najafi-Tavani S, Najafi-Tavani Z, Naudé P, Oghazi P, Zeynaloo E. How collaborative innovation networks affect new product performance: Product innovation capability, process innovation capability, and absorptive capacity [J]. Industrial Marketing Management, 2018, 73: 193-205.

[87] Owen-Smith J, Powell W. Knowledge networks as channels and conduits: The effects of spillovers in the Boston biotechnology community [J]. Organization Science, 2004, 15 (1): 5-21.

[88] Porter E. Competitive strategy techniques for analyzing industries and competitors [M]. New York: Free Press, 1980.

[89] Porter E. Competitive advantage of nations [M]. New York: Free Press, 1990.

[90] Porter E. Clusters and the new economics of competition [J]. Harvard Business Review, 1998, 76 (6): 77-90.

[91] Persaud A. Enhancing synergistic innovative capability in multinational corporations: An empirical investigation [J]. Journal of Product Innovation Management,

2005, 22 (5): 412-429.

[92] Peter A Gloor. Swarm creativity: Competitive advantage through collaborative innovation networks [J]. Innovation Management Policy & Practice, 2006, 8 (4): 407-408.

[93] Provan G, Fish A, Sydow J. Interorganizational networks at the network level: A review of the empirical literature on whole networks [J]. Journal of Management, 2007 (3): 479-516.

[94] Preacher J, Hayes F. Asymptotic and resampling strategies for assessing and comparing indirect effects in multiple mediator models [J]. Behav Res Methods, 2008, 40 (3): 879-891.

[95] Pertusa-Ortega M, Zaragoza-Saez P. Can formalization, complexity, and centralization influence knowledge performance? [J]. Journal of Business Research, 2010, 63 (3): 310-320.

[96] Pentafronimos G, Karantjias A, Polemi N. Collaborative information and knowledge management environments: The "what" and "how" [J]. Or Insight, 2012, 25 (2): 105-123.

[97] Perri A, Scalera G, Mudambi R. What are the most promising conduits for foreign knowledge inflows? Innovation networks in the Chinese pharmaceutical industry [J]. Industrial and Corporate Change, 2017, 26 (2): 333-355.

[98] Ritter T, Gemünden G. Network competence: Its impact on innovation success and its antecedents [J]. Journal of Business Research, 2003, 56 (9): 745-755.

[99] Rapini S, Chaves V, Albuquerque M, et al. University-industry interactions in an immature system of innovation: Evidence from Minas Gerais, Brazil [J]. Science And Public Policy, 2009, 36 (5): 373-386.

[100] Solow M. Technical and the aggregate production function [J]. The Review of Economics and Statistics, 1957, 39 (3): 312-320.

[101] Selten R. A note on evolutionarily stable strategies in asymmetric animal conflicts [J]. Academic Press, 1980, 84 (1): 1-12.

[102] Subramaniam M, Youndt A. The influence of intellectual capital on the types of innovative capabilities [J]. Academy of Management Journal, 2005, 48 (3): 450-463.

[103] Smith G, Clark D. Existing knowledge, knowledge creation capability,

and the rate of new product introduction in High-technology firms [J]. Academy of Management Journal, 2005, 48 (2): 346-357.

[104] Serrano V, Fischer T. Collaborative innovation in ubiquitous systems [J]. Journal of Intelligent Manufacturing, 2007, 18 (5): 599-615.

[105] Seidler-de Alwis R, Hartmann E. The use of tacit knowledge within innovative companies: Knowledge management in innovative enterprises [J]. Journal of Knowledge Management, 2008, 12 (1): 133-147.

[106] Sun Y, Liu F. A regional perspective on the structural transformation of China's national innovation system since 1999 [J]. Technological Forecasting & Social Change, 2010, 77 (8): 1311-1321.

[107] Simon R. Innovation and heterogeneous knowledge in managerial contact networks [J]. Journal of Knowledge Management, 2013, 6 (2): 152-163.

[108] Sapir V, Karachyov A, Zhang M. Russian pharmaceutical companies export potential in emerging regional clusters [J]. Economy of Region, 2016 (1): 1194-1204.

[109] Srai S, Harrington S, Tiwari K. Characteristics of redistributed manufacturing systems: A comparative study of emerging industry supply networks [J]. International Journal of Production Research, 2016, 54 (23): 6936-6955.

[110] Samue D, Charles K, Fuller B, Zhang J. Knowledge. Development approaches and breakthrough innovations in technology-based new firms [J]. Journal of Product Innovation Management, 2017, 34 (4): 492-508.

[111] Silva L, Guerrini M. Self-organized innovation networks from the perspective of complex systems [J]. Journal of Organizational Change Management, 2018 (5): 962-983.

[112] Subramanian M, Bo W, Kan-hin C. The role of knowledge base homogeneity in learning from strategic alliances [J]. Research Policy, 2018, 47 (1): 158-168.

[113] Schütz F, Schroth F, Muschner A, Schraudner M. Defining functional roles for research institutions in helix innovation networks [J]. Journal of Technology Management & Innovation, 2018 (4): 47-53.

[114] Taylor A, Helfat E. Organizational linkages for surviving technological change: Complementary assets, middle management, and ambidexterity [J]. Organization Science, 2009, 20 (4): 718-739.

［115］ Tsai K, Fang W, Teresa H. Relinking cross－functional collaboration, knowledge integration Mechanisms, and product innovation performance: A moderated mediation model ［J］. Canadian Journal of Administrative Sciences, 2012, 29 (1): 25-39.

［116］ Tsai H, Hsu T. Cross－Functional collaboration, competitive intensity, knowledge integration mechanisms, and new product performance: A mediated moderation model ［J］. Industrial Marketing Management, 2014, 43 (2): 293-303.

［117］ Taddeo R, Simboli A, Ioppolo G, Morgante A. Industrial symbiosis, networking and innovation: The potential role of innovation poles ［J］. Sustainability, 2017, 9 (2): 1-17.

［118］ Tamayo-Torres J, Roehrich K, Lewis A. Ambidexterity, performance and environmental dynamism ［J］. International Journal of Operations & Production Management, 2017, 37 (3): 282-299.

［119］ Terstriep J, Lüthje C. Innovation, knowledge and relations－on the role of clusters for firms' innovativeness ［J］. European Planning Studies, 2018, 26 (11): 2167-2199.

［120］ Serrano V, Fischer T. Collaborative innovation in ubiquitous systems ［J］. Journal of Intelligent Manufacturing, 2007, 18 (5): 599-615.

［121］ Vanhaverbeke W, Gilsing V, Beerkens B, et al. The role of alliance network redundancy in the creation of core and non-core technologies ［J］. Journal of Management Studies, 2010, 46 (2): 215-244.

［122］ Vyas D, Nijholt A, Heylen D, Kröner A, Gerrit V. Remarkable objects: Supporting collaboration in a creative environment ［C］. Proceedings of the 12th ACM International Conference on Ubiquitous Computing, 2010.

［123］ Varrichio P, Diogenes D, Jorge A, Garnica L. Collaborative networks and sustainable business: A case study in the Brazilian system of innovation ［J］. Procedia-Social and Behavioral Sciences, 2012, 52: 90-99.

［124］ Vrgovic P, Vidicki P, Glassman B, Walton A. Open innovation for SMEs in developing countries: An intermediated communication network model for collaboration beyond obstacles ［J］. Innovation: Management, Policy and Practice, 2012, 14 (3): 290-302.

［125］ Victer G. The strategic implication of knowledge attributes: Understanding the conditions in which knowledge matters to performance [J]. Management Decision, 2014, 52 (3): 505-525.

[126] Valtakoski A, Järvi K. Productization of knowledge - intensive services: Enabling knowledge sharing and cross-unit collaboration [J]. Journal of Service Management, 2016, 27 (3): 360-390.

[127] Vahidi A, Aliahmadi A. Describing the necessity of multi-methodological approach for viable system model: Case study of viable system model and system dynamics multi-methodology [J]. Systemic Practice and Action Research, 2019 (1): 13-37.

[128] Wang Q, Xie J. Will consumers be willing to pay more when your competitors adopt your technology? The impacts of the supporting-firm base in markets with network effects [J]. Journal of Marketing, 2011, 75 (5): 1-17.

[129] Wei F, Sheng D, Lili W. Evolutionary model and simulation research of collaborative innovation network: A case study of artificial intelligence industry [J]. Discrete Dynamics in Nature and Society, 2018 (11): 1-13.

[130] Yli-Renko H, Autio E, Tontti V. Social capital, knowledge, and the international growth of technology-based new firms [J]. International Business Review, 2002, 11 (3): 279-304.

[131] Yang Q. Research on collaborative innovation mechanism of SMEs [M]. Berlin Heidelberg: Springer-Verlag, 2013.

[132] Ye J, Hao B, Patel C. Orchestrating heterogeneous knowledge: The effects of internal and external knowledge heterogeneity on innovation performance [J]. IEEE Transactions on Engineering Management, 2016, 63 (2): 165-176.

[133] Zacharia G, Nix W, Lusch F. An analysis of supply chain collaborations and their effect on performance outcomes [J]. Journal of Business Logistics, 2009 (2): 101-123.

[134] 阿尔弗雷德·韦伯. 工业区位论 [M]. 北京: 商务印书馆, 1997.

[135] 安娜·格兰多里. 企业网络: 组织和产业竞争力 [M]. 北京: 中国人民大学出版社, 2005.

[136] 白景坤, 丁军霞. 网络能力与双元创新的关系——环境动态性的调节作用 [J]. 科学学与科学技术管理, 2016, 37 (8): 138-148.

[137] 白洁. 长江经济带建设背景下湖北打造世界级产业集群的对策研究

[J].湖北社会科学，2017（7）：64-71.

[138] 卜心怡，张辰鸿，桑滨．顾客—企业知识协同演化研究——基于主体策略和网络结构更新视角 [J].科学学研究，2014，32（7）：1070-1080.

[139] 曹兴，王栋娜，张伟．战略性新兴产业自主技术创新影响因素及其绩效分析 [J].科学决策，2014（12）：36-47.

[140] 蔡莉，单标安，刘钊，郭洪庆．创业网络对新企业绩效的影响研究——组织学习的中介作用 [J].科学学研究，2010，28（10）：1592-1600.

[141] 蔡彬清，陈国宏．链式产业集群网络关系、组织学习与创新绩效研究 [J].研究与发展管理，2013，25（4）：126-133.

[142] 蔡猷花，陈国宏，刘虹，蔡彬清．产业集群创新网络与知识整合交互影响模型及仿真分析 [J].中国管理科学，2013，21（S2）：771-776.

[143] 蔡绍洪，俞立平．循环产业集群的内涵、机理与升级研究——构建西部生态脆弱地区绿色增长极 [J].管理世界，2016（11）：180-181.

[144] 蔡猷花，黄娟，王丽丽．产学研网络惯例、知识协同与创新绩效的关系 [J].技术经济，2017（6）：40-45.

[145] 崔蕊，霍明奎．产业集群知识协同创新网络构建 [J].情报科学，2016，34（1）：155-159，166.

[146] 陈国权，郑红平．组织学习影响因素、学习能力与绩效关系的实证研究 [J].管理科学学报，2005（1）：48-61.

[147] 陈国权．组织学习和学习型组织：概念、能力模型、测量及对绩效的影响 [J].管理评论，2007，21（1）：107-116.

[148] 陈伟丽，王雪原．产业集群网络结构与创新资源配置效率关系分析 [J].科技与管理，2009（3）：62-66.

[149] 陈国权，马萌．组织学习的过程模型研究 [J].管理科学学报，2000（3）：15-23.

[150] 陈强，赵程程．德国政府创新集群策动的演化路径研究及启示 [J].德国研究，2011（3）：57-63.

[151] 陈劲．协同创新与国家科研能力建设 [J].科学学研究，2011，29（12）：1762-1763.

[152] 陈劲，阳银娟．协同创新的理论基础与内涵 [J].科学学研究，2012（2）：161-164.

[153] 陈劲．协同创新 [M].杭州：浙江大学出版社，2012.

［154］陈国权，王晓辉．组织学习与组织绩效：环境动态性的调节作用 ［J］．研究与发展管理，2012，24（1）：52-59．

［155］陈庆华．科技园区建设的基本模式与创新发展战略研究 ［J］．科学管理研究，2014，32（4）：1-3．

［156］陈劲，赵闯．中美创新集群发展模式比较与合作战略透析 ［J］．吉林大学社会科学学报，2014，54（6）：55-62．

［157］陈伟，周文，郎益夫．集聚结构、中介性与集群创新网络抗风险能力研究——以东北新能源汽车产业集群为例 ［J］．管理评论，2015（10）：204-216．

［158］陈芳，眭纪刚．新兴产业协同创新与演化研究：新能源汽车为例 ［J］．科研管理，2015（1）：26-32．

［159］陈麟瓒，王保林．新能源汽车"需求侧"创新政策有效性的评估——基于全寿命周期成本理论 ［J］．科学学与科学技术管理，2015，36（11）：15-23．

［160］陈玮，耿曙．政府介入能否有效推动技术创新：基于两个案例的分析 ［J］．上海交通大学学报（哲学社会科学版），2015，23（3）：76-84．

［161］陈旭，赵芮．政府在产业集群技术创新中的作用机理分析 ［J］．中共四川省委党校学报，2017（4）：33-39．

［162］陈升，王京雷，谭亮．基于三阶段 DEA 的我国创新型产业集群投入产出效率研究 ［J］．经济问题探索，2019（9）：148-157．

［163］程跃．协同创新网络成员关系对企业协同创新绩效的影响——以生物制药产业为例 ［J］．技术经济，2017，36（7）：22-28，133．

［164］楚应敬，周阳敏．产业集群协同创新、空间关联与创新集聚 ［J］．统计与决策，2020，36（23）：107-111．

［165］春燕，吉根泰．产官学结合、科技创新与产业发展的驱动力——日本推动创新（知识）集群新模式 ［J］．科学管理研究，2014，32（1）：110-112．

［166］戴勇，朱桂龙，刘荣芳．集群网络结构与技术创新绩效关系研究：吸收能力是中介变量吗？［J］．科技进步与对策，2018，35（9）：22-28．

［167］邓雪．产学研联盟内组织间学习研究 ［M］．北京：中国社会科学出版社，2015．

［168］邓渝，邵云飞．联盟组合伙伴选择、双元组织学习与创新能力关系研究 ［J］．研究与发展管理，2016，28（6）：1-9．

［169］邓元慧．德国创新集群发展政策的特征与借鉴 ［J］．未来与发展，

2018，42（6）：25-30.

[170] 底晶．德国创新产业政策演进及对中国的启示 [J]．上海经济，2017，274（1）：64-79.

[171] 董津津，陈关聚，陈艺灵．协同创新如何避免价值共毁？——参与者异质性视角的模糊集定性比较分析 [J/OL]．科学学研究．[2021-05-26]．https：//doi.org/10.16192/j.cnki.1003-2053.20210525003.

[172] 董微微．创新集群的演化过程研究——基于复杂网络视角 [J]．管理现代化，2015（2）：46-48.

[173] 董睿，张海涛．产学研协同创新模式演进中知识转移机制设计 [J]．软科学，2018（11）：6-10.

[174] 范钧，郭立强，聂津君．网络能力、组织隐性知识获取与突破性创新绩效 [J]．科研管理，2011（1）：16-24.

[175] 范群林，邵云飞，尹守军．企业内外部协同创新网络形成机制——基于中国东方汽轮机有限公司的案例研究 [J]．科学学研究，2014，32（10）：1569-1579.

[176] 方晓霞．日本九州半导体产业集群的发展与借鉴 [J]．中国经贸导刊（中），2020（6）：41-43.

[177] 奉小斌．集群新创企业平行搜索对产品创新绩效的影响：管理者联系的调节作用 [J]．科研管理，2017（10）：22-29.

[178] 冯德连．加快培育中国世界级先进制造业集群研究 [J]．学术界，2019（5）：86-95.

[179] 宓泽锋，周灿，尚勇敏，马双，曾刚．本地知识基础对新兴产业创新集群形成的影响——以中国燃料电池产业为例 [J]．地理研究，2020，39（7）：1478-1489.

[180] 盖文启，张辉，吕文栋．国际典型高技术产业集群的比较分析与经验启示 [J]．中国软科学，2004（2）：102-108.

[181] 高菲，俞竹超，江山．多核式中卫型产业集群的网络结构分析——以沈阳装备制造业集群为例 [J]．产经评论，2014（5）：63-77.

[182] 高璇．战略性新兴产业协同创新系统研究 [J]．区域经济评论，2016（4）：65-69.

[183] 高长元，张晓星，张树臣．多维邻近性对跨界联盟协同创新的影响研究——基于人工智能合作专利的数据分析 [J]．科学学与科学技术管理，2021，

42（5）：100-117.

［184］葛京．战略联盟中组织学习效果的影响因素及对策分析［J］．科学学与科学技术管理，2004（3）：136-140.

［185］顾丽敏，段光．基于网络集中度的产业集群知识共享研究——以江苏省科技型产业集群为例［J］．南京社会科学，2014（9）：142-148.

［186］关祥勇，王正斌．区域创新环境对区域创新效率影响的实证研究［J］．科技管理研究，2011，31（21）：16-19，23.

［187］郭印．美国"双岸"经济带产业集群发展经验对我国沿海经济带的启示和借鉴［J］．改革与战略，2010，26（11）：172-174.

［188］郭京京，郭斌．知识属性对产业集群企业技术学习策略的影响机制研究［J］．科研管理，2013，34（12）：17-25.

［189］郭爱芳，陈劲．基于科学/经验的学习对企业创新绩效的影响：环境动态性的调节作用［J］．科研管理，2013，34（6）：1-8.

［190］郭韧，程小刚，李朝明．企业协同创新知识产权合作的动力学研究［J］．科研管理，2018（11）：107-114.

［191］郭丕斌，刘宇民．创新政策效果评价：基于行业和区域层面的分析［J］．中国软科学，2019（9）：143-149.

［192］郭立伟，叶峥．基于SEM的新能源产业集群形成影响因素实证研究［J］．科技管理研究，2020，40（9）：228-236.

［193］郭天娇，邹国庆．战略性新兴产业开放式创新模式与对策研究［J］．经济纵横，2020（3）：102-107.

［194］海本禄，张流洋，张古鹏．基于环境动荡性的联盟知识转移与企业创新绩效关系研究［J］．中国软科学，2017（11）：162-169.

［195］何郁冰，张迎春．网络类型与产学研协同创新模式的耦合研究［J］．科学学与科学技术管理，2015（2）：62-69.

［196］赫连志巍，邢建军．产业集群创新网络的自组织演化机制研究［J］．科技管理研究，2017，37（4）：180-186.

［197］贺斌．政府主导型产业集群知识共享的"门槛"效应与政策失灵［J］．中国经贸导刊（中），2020（2）：31-35.

［198］贺新杰，李娜，王瑶．联盟企业创新绩效提升的系统动力学分析——基于知识协同视角［J］．系统科学学报，2021（3）：125-130.

［199］洪银兴．论创新驱动经济发展战略［J］．经济学家，2013（1）：5-11.

［200］洪志生，薛澜，周媛．战略性新兴产业运营模式创新类型及策略研究［J］．科技进步与对策，2015，32（13）：52-58．

［201］侯光文，薛惠锋．集群网络关系、知识获取与协同创新绩效［J］．科研管理，2017，38（4）：1-9．

［202］胡园园，顾新，程强．知识链协同效应作用机理实证研究［J］．科学学研究，2015，33（4）：585-594．

［203］黄玮强，庄新田，姚爽．集群创新合作网络的自组织演化模型及其仿真研究［J］．管理学报，2012，9（10）：1475-1483．

［204］黄海霞，张治河．中国战略性新兴产业的技术创新效率——基于DEA-Malmquist 指数模型［J］．技术经济，2015，34（1）：21-27，68．

［205］黄海霞，陈劲．创新生态系统的协同创新网络模式［J］．技术经济，2016，35（8）：31-37，117．

［206］回亮澔，伍玉林．战略性新兴产业集群主体协同创新系统研究［J］．自然辩证法研究，2020，36（9）：38-44．

［207］菅利荣，王大澳．政府调控下的战略性新兴产业集群企业知识共享演化博弈［J］．系统工程，2019，37（4）：30-35．

［208］菅利荣，王大澳，王迪飞．基于反择优退出机制的战略性新兴产业集群网络演化分析［J］．情报杂志，2020，39（5）：202-207．

［209］姜永常．知识融合转化集成多元认知的协同创新机制［J］．科学学研究，2018（11）：1946-1952．

［210］姜彤彤．产学研协同创新模式及运行机制研究［J］．中国高校科技，2017（6）：61-63．

［211］江青虎，余红剑，杨菊萍．核链网互动对产业集群升级的影响［J］．科研管理，2018，39（12）：61-68．

［212］金春．战略性新兴产业与现代服务业互动融合的机理和测度——以河北省为例［J］．技术经济与管理研究，2017，110（8）：110-114．

［213］景保峰，任政坤，周霞．我国创新型产业集群科技资源配置效率研究［J］．科技管理研究，2019，39（20）：195-200．

［214］阚双，郭伏，杨童舒．多组织知识学习超网络模型及其学习绩效研究——面向复杂产品产业集群［J］．东北大学学报（社会科学版），2018，20（6）：578-585．

［215］康青松．日本创新集群的发展及启示——以九州半导体创新集群为例

[J]．科技进步与对策，2012，29（3）：57-60．

[216] 孔令丞，许建红，石明虹，谢家平．长三角科创合作，培育世界级产业群：石墨烯产业案例分析 [J]．福建论坛（人文社会科学版），2018（12）：28-34．

[217] 雷琳．美国科技型中小企业集群发展的经验与启示——以美国硅谷为例 [J]．经营与管理，2017（8）：30-33．

[218] 李民．复杂产品系统创新过程的知识创造机理及实证研究 [D]．南京：南京大学，2009．

[219] 李海超，齐中英．美国硅谷发展现状分析及启示 [J]．特区经济，2009（6）：82-83．

[220] 李扬，沈志渔．战略性新兴产业集群的创新发展规律研究 [J]．经济与管理研究，2010（10）：29-34．

[221] 李桢，刘名远．中国战略性新兴产业培育与发展支撑体系建设研究 [J]．经济与管理，2012，26（2）：5-9．

[222] 李姝．中国战略性新兴产业发展思路与对策 [J]．宏观经济研究，2012（2）：50-55．

[223] 李北伟，董微微，富金鑫．中国情境下创新集群建设模式探析 [J]．中国软科学，2012（11）：161-169．

[224] 李煜华，武晓锋，胡瑶瑛．基于演化博弈的战略性新兴产业集群协同创新策略研究 [J]．科技进步与对策，2013，30（2）：70-73．

[225] 李琪．我国战略性新兴产业的发展动向及策略 [J]．福建论坛（人文社会科学版），2013（11）：44-48．

[226] 李宇，张福珍，郭庆磊．区域创新型产业集群的网络创新机制与引导策略 [J]．宏观经济研究，2015（9）：98-107，150．

[227] 李云梅，乔梦雪．合作意愿对产学研协同创新成果转化的作用研究 [J]．科技进步与对策，2015，32（14）：17-22．

[228] 李纲，陈静静，杨雪．网络能力、知识获取与企业服务创新绩效的关系研究——网络规模的调节作用 [J]．管理评论，2017（2）：59-68．

[229] 李宇，陆艳红，张洁．产业集群创新网络的知识创造效用研究——有意识的知识溢出视角 [J]．宏观经济研究，2017（6）：96-108．

[230] 李昕．美国联邦政府鼓励区域创新集群的政策分析 [J]．全球科技经济瞭望，2017，32（7）：21-27．

[231] 李刚．创新型产业集群知识传导机理研究 [M]．武汉：武汉大学出

版社，2018.

[232] 李丹，杨建君. 关系状态、信任、创新模式与合作创新绩效 [J]. 科研管理，2018，39（6）：103-111.

[233] 李婉红，刘芳. 剥离环境因素的中国高技术产业创新效率综合测度研究 [J]. 科技进步与对策，2019，36（4）：75-81.

[234] 李柏洲，曾经纬. 知识惯性对企业双元创新的影响 [J]. 科学学研究，2019，37（4）：750-759.

[235] 厉娜，蓝洁，刘振宇，刘瑾. 青岛区市科技创新发展评价研究 [J]. 特区经济，2018（6）：86-90.

[236] 厉娜，林润辉，谢在阳. 多重网络嵌入下企业探索式创新影响机制研究 [J]. 科学学研究，2020，38（1）：169-179.

[237] 李兆友，刘冠男. 科技政策对国家高新区创新驱动发展的影响路径——一个定性比较分析 [J]. 科技进步与对策，2020，37（6）：11-18.

[238] 李金华. 我国创新型产业集群的分布及其培育策略 [J]. 改革，2020（3）：98-110.

[239] 李林，王艺，黄冕，胡芳. 政府介入与产学研协同创新运行机制选择关系研究 [J]. 科技进步与对策，2020，37（10）：11-20.

[240] 李春发，卢娜娜，李冬冬，王学敏. 企业绿色创新：政府规制、信息披露及投资策略演化 [J]. 科学学研究，2021，39（1）：180-192.

[241] 李莉，程露，林海芬，吕一博. 创新开放度分布对产业创新网络抗毁性的影响：技术群体的调节作用 [J]. 科学学与科学技术管理，2021，42（3）：85-99.

[242] 李柏洲，王雪，苏屹，罗小芳. 我国战略性新兴产业间供应链企业协同创新演化博弈研究 [J]. 中国管理科学，2021，29（8）：136-147.

[243] 梁靓. 开放式创新中合作伙伴异质性对创新绩效的影响机制研究 [D]. 杭州：浙江大学，2014.

[244] 廖名岩，曹兴. 协同创新企业知识势差与知识转移的影响因素 [J]. 系统工程，2018，36（8）：51-60

[245] 林敏，张艺民，王帅，戴淑芬，张群. 发达国家支持企业技术创新政策研究 [J]. 中国科技论坛，2015（11）：138-145.

[246] 凌峰，戚湧，朱婷婷. 战略性新兴产业创新要素供给体系与协同机制 [J]. 科技进步与对策，2016，33（22）：56-63.

［247］林春培，张振刚．基于吸收能力的组织学习过程对渐进性创新与突破性创新的影响研究［J］．科研管理，2017，38（4）：38-45.

［248］林敏．中小企业技术创新的国际镜鉴［J］．改革，2017（5）：114-123.

［249］柳卸林，段小华．产业集群的内涵及其政策含义［J］．研究与发展管理，2003（6）：55-61.

［250］刘世锦．激励创新：政策选择和案例研究［M］．北京：知识产权出版社，2008.

［251］刘志阳，程海狮．战略性新兴产业的集群培育与网络特征［J］．改革，2010（5）：36-42.

［252］刘敦虎，陈谦明，高燕妮，吴绍波．知识联盟组织之间的文化冲突及其协同管理研究［J］．科技进步与对策，2010，27（7）：136-139.

［253］刘志阳，姚红艳．战略性新兴产业的集群特征、培育模式与政策取向［J］．重庆社会科学，2011（3）：49-55.

［254］刘闲月，孙锐，林峰．知识系统创新对产业集群升级的影响研究［J］．宏观经济研究，2012（1）：54-59，72.

［255］刘丹，闫长乐．协同创新网络结构与机理研究［J］．管理世界，2013（12）：1-4.

［256］刘大勇．战略性新兴产业集群发展研究——以河南省为例［M］．北京：中国经济出版社，2013.

［257］刘刚，王岚．公平感知、关系质量与研发合作关系价值研究［J］．科研管理，2014，35（8）：25-33.

［258］刘学元，丁雯婧，赵先德．企业创新网络中关系强度、吸收能力与创新绩效的关系研究［J］．南开管理评论，2016（1）：30-42.

［259］刘满凤，李圣宏．基于三阶段DEA模型的我国高新技术开发区创新效率研究［J］．管理评论，2016，28（1）：42-52.

［260］刘伟，邸支艳．关系质量、知识缄默性与IT外包知识转移——基于接包方视角的实证研究［J］．科学学研究，2016，34（12）：1865-1874.

［261］刘敏．协同创新的内涵与基本特征——以东莞横沥模具产业协同创新发展为例［J］．科技管理研究，2017，37（2）：17-21.

［262］柳洲．产学研协同创新的"知识—文化—价值"网络耦合机制［J］．科学管理研究，2018（5）：23-26.

［263］刘建华，马瑞俊迪，姜照华．基于"结构—动力—绩效"视角的战

略性新兴产业协同创新——以日本新能源汽车产业为例 [J]. 科技进步与对策，2020，37（9）：96-104.

［264］龙跃. 基于生态位调节的战略性新兴产业集群协同演化研究 [J]. 科技进步与对策，2018，35（3）：52-59.

［265］卢全晟，龚新蜀. 发达国家产学研合作的经验及启示 [J]. 经济纵横，2010（10）：89-92.

［266］卢涛，乔晗，汪寿阳. 战略性新兴产业集群发展政策研究 [J]. 科技促进发展，2015，11（1）：20-25.

［267］卢阳春. 战略性新兴产业集群发展的资金资源整合机制研究——以四川省高端装备制造业为例 [J]. 西南民族大学学报（人文社会科学版），2015，36（3）：144-150.

［268］卢启程，梁琳琳，贾非. 战略学习如何影响组织创新——基于动态能力的视角 [J]. 管理世界，2018，34（9）：109-129.

［269］逯东，朱丽. 市场化水平、战略性新兴产业政策与企业创新 [J]. 产业经济研究，2018（2）：65-77.

［270］陆丽娜，胡峰，刘媛. 战略性新兴产业集群梯度差异与协同发展——基于江苏的数据分析 [J]. 科技管理研究，2019，39（20）：59-63.

［271］吕国庆，曾刚，马双，刘刚. 产业集群创新网络的演化分析——以东营市石油装备制造业为例 [J]. 科学学研究，2014（9）：1423-1429.

［272］马永斌，刘帆，王孙禺. 科学园区大学主导与政府主导模式的利弊分析——基于剑桥科学园与筑波科学城的对比 [J]. 科技管理研究，2010，30（6）：32-34.

［273］马文聪，朱桂龙. 环境动态性对技术创新和绩效关系的调节作用 [J]. 科学学研究，2011，29（3）：454-460.

［274］马占新，马生昀，包斯琴高娃. 数据包络分析及其应用案例 [M]. 北京：科学出版社，2013.

［275］马鸿佳，马楠，郭海. 关系质量、关系学习与双元创新 [J]. 科学学研究，2017，35（6）：917-930.

［276］马永红，张帆. 转移企业结网策略、网络结构与知识水平——基于环境不确定性视角 [J]. 中国管理科学，2017（2）：187-196.

［277］马有才，刘柱. 集群政策对产业集群升级的驱动效应研究——基于系统动力学模型 [J]. 山东科技大学学报（社会科学版），2019，21（6）：76-86.

[278] 迈克尔·波特·竞争优势 [M]. 北京：华夏出版社，1997.

[279] 孟卫东，杨伟明·联盟组合中资源整合、双元合作与焦点企业绩效关系研究 [J]. 科学学与科学技术管理，2018，39（2）：85-94.

[280] 梅莉·区域经济发展与产业集群理论 [J]. 经济问题，2009（1）：114-116.

[281] 牟绍波·战略性新兴产业集群式创新网络及其治理机制研究 [J]. 科技进步与对策，2014（1）：55-59.

[282] 倪进峰，李华·产业集聚、人力资本与区域创新——基于异质产业集聚与协同集聚视角的实证研究 [J]. 经济问题探索，2017（12）：156-162.

[283] 倪渊·核心企业网络能力与集群协同创新：一个具有中介的双调节效应模型 [J]. 管理评论，2019，31（12）：85-99.

[284] 潘雄锋·高技术产业集群创新机理研究 [D]. 大连：大连理工大学，2007.

[285] 彭纪生，刘伯军·技术创新理论探源及本质界定 [J]. 科技进步与对策，2002（12）：101-103.

[286] 邱丹逸，袁永·日本科技创新战略与政策分析及其对我国的启示 [J]. 科技管理研究，2018，38（12）：59-66.

[287] 沙振权，周飞·企业网络能力对集群间企业合作绩效的影响研究 [J]. 管理评论，2013（6）：95-103.

[288] 邵云飞，穆荣平，李刚磊·我国战略性新兴产业创新能力评价及政策研究 [J]. 科技进步与对策，2020，37（2）：66-73.

[289] 沈小平，李传福·创新型产业集群形成的影响因素与作用机制 [J]. 科技管理研究，2014，34（14）：144-148.

[290] 沈波，卢宜芳，吴甜·组织学习对知识创新的影响：以组织忘记为中介 [J]. 管理评论，2020，32（12）：135-145.

[291] 沈舒南，卢子芳·技术创新与战略性新兴产业发展关系分析及对策研究——以江苏省为例 [J]. 科技与经济，2017（3）：20-24.

[292] 施慧斌·知识协同概念分析及其心理契约研究 [D]. 沈阳：东北大学，2008.

[293] 石芝玲，和金生·基于技术能力和网络能力协同的企业开放式创新研究 [J]. 情报杂志，2011，30（1）：98-103.

[294] 侍文庚，蒋天颖·社会资本、知识管理能力和核心能力关系研究

［J］．科研管理，2012（4）：62-72．

［295］石明虹，胡茉．集群式创新的路径选择研究［J］．科学学与科学技术管理，2013，34（11）：53-59．

［296］史世伟．从德国集群政策看政府如何纠正创新合作中的市场失灵？［J］．浙江工商大学学报，2014，128（5）：73-75．

［297］司林波．装备制造业技术协同创新运行机制构建［J］．科技进步与对策，2017，34（2）：72-79．

［298］宋晶，孙永磊．合作创新网络能力的形成机理研究——影响因素探索和实证分析［J］．管理评论，2016（3）：67-75．

［299］孙卫忠，刘丽梅，孙梅．组织学习和知识共享影响因素试析［J］．科学学与科学技术管理，2005（7）：135-138．

［300］孙早，席建成．中国式产业政策的实施效果：产业升级还是短期经济增长［J］．中国工业经济，2015，328（7）：52-67．

［301］孙浩林．德国"高技术战略2025"勾画未来科技创新发展之路［J］．科技中国，2018（11）：75-77．

［302］孙国民，陈东．战略性新兴产业集群：形成机理及发展动向［J］．中国科技论坛，2018（11）：44-52．

［303］孙维武，杨晶．美国硅谷发展经验对长春新区的启示［J］．中小企业管理与科技（下旬刊），2019（4）：126-127．

［304］孙艳艳，张红，张敏．日本筑波科学城创新生态系统构建模式研究［J］．现代日本经济，2020，39（3）：65-80．

［305］田颖，田增瑞，韩阳，吴晓隽．国家创新型产业集群建立是否促进区域创新？［J］．科学学研究，2019，37（5）：817-825，844．

［306］童心，于丽英．高新技术产业集群政策有效性评价——以上海生物医药产业集群为例［J］．科学学与科学技术管理，2015，36（6）：15-25．

［307］童心，陶武杰．发达国家高新技术产业集群政策及其对我国的启示——以美日法为例［J］．改革与战略，2018，34（5）：111-117．

［308］汪秀婷．战略性新兴产业协同创新网络模型及能力动态演化研究［J］．中国科技论坛，2012（11）：51-57．

［309］佟泽华．知识协同的内涵探析［J］．情报理论与实践，2011，34（11）：11-15．

［310］佟泽华，韩春花．环境扰动对创新活动中非知识协同行为和知识协同

行为的影响［J］. 科技进步与对策, 2017（13）: 136-143.

［311］王宏起, 刘希宋. 高新技术企业战略联盟的组织学习及策略研究［J］. 中国软科学, 2005（3）: 72-76.

［312］王云飞. 产业集群中的竞争战略［J］. 企业改革与管理, 2008（4）: 7-8.

［313］王月平. 知识联盟 R&D 投入与绩效的关系——基于知识势差视角的研究［J］. 科技进步与对策, 2010, 27（9）: 133-137.

［314］王钦. 技术范式、学习机制与集群创新能力——来自浙江玉环水暖阀门产业集群的证据［J］. 中国工业经济, 2011（10）: 141-150.

［315］王松, 盛亚. 不确定环境下集群创新网络合作度、开放度与集群增长绩效研究［J］. 科研管理, 2013（2）: 52-61.

［316］王宏起, 苏萍, 王珊珊, 李玥. 基于战略性新兴产业集群的区域共享平台 O2O 服务模式［J］. 中国科技论坛, 2016（7）: 99-104.

［317］王建军, 陈思羽. 创新、组织学习能力与 IT 外包绩效关系研究: 关系质量的中介作用［J］. 管理工程学报, 2016, 30（2）: 28-37.

［318］王海军, 于兆吉, 温馨, 成佳. "产学研+"协同创新绩效评价研究——来自海尔的多案例验证［J］. 科研管理, 2017（1）: 633-640.

［319］王兴旺. 战略性新兴产业技术预测机制研究［J］. 科技管理研究, 2017, 37（18）: 89-94.

［320］王丽平, 狄凡莉. 创新开放度、组织学习、制度环境与新创企业绩效［J］. 科研管理, 2017, 38（7）: 91-99.

［321］王宏起, 杨仲基, 武建龙, 李玥. 战略性新兴产业核心能力形成机理研究［J］. 科研管理, 2018, 39（2）: 143-151.

［322］王文华, 张卓, 蔡瑞林. 开放式创新组织间协同管理影响知识协同效应研究［J］. 研究与发展管理, 2018, 30（5）: 38-48.

［323］王欢芳, 张幸, 宾厚, 李密. 共享经济背景下战略性新兴产业协同创新机制研究［J］. 科学管理研究, 2018, 36（4）: 28-31.

［324］王璐, 黄敏学, 肖橹, 周南. 社会资本、知识利用与共有协同创新绩效［J］. 科研管理, 2018（11）: 79-86.

［325］王丽, 樊杰, 郭锐, 刘汉初. 基于 DEA 方法的国家高新技术产业开发区运行效率评价［J］. 工业技术经济, 2019, 38（9）: 50-57.

［326］王欢芳, 陈惠, 傅贻忙, 宾厚. 区域高新技术产业集群创新网络结构

特征研究——基于湖南省数据 [J]. 财经理论与实践, 2021, 42 (4): 123-130.

[327] 王海花, 孙芹, 郭建杰, 杜梅. 长三角城市群协同创新网络演化动力研究: 基于指数随机图模型 [J]. 科技进步与对策, 2021, 38 (14): 45-53.

[328] 魏江. 产业集群——创新系统与技术学习 [M]. 北京: 科学出版社, 2003.

[329] 魏江, 徐蕾. 知识网络双重嵌入、知识整合与集群企业创新能力 [J]. 管理科学学报, 2014, 17 (2): 34-47.

[330] 魏津瑜, 孙学珊. "互联网+" 环境下集群创新趋势与对策研究 [J]. 科技进步与对策, 2017, 34 (6): 15-19.

[331] 韦文求, 林雄, 盘思桃, 刘洋. 地区产业集群协同创新网络模式与机制——基于广东专业镇的典型案例分析 [J]. 科技管理研究, 2018, 38 (5): 108-116.

[332] 吴贵生, 谢伟. 我国技术管理学科发展的战略思考 [J]. 科研管理, 2005 (6): 51-57.

[333] 吴翠花, 于江鹏, 杨娜. 联盟网络自主知识创造与组织绩效关系研究 [J]. 科学学研究, 2011, 29 (2): 268-275.

[334] 吴悦, 顾新. 产学研协同创新的知识协同过程研究 [J]. 中国科技论坛, 2012 (10): 17-23.

[335] 吴绍波, 顾新. 战略性新兴产业创新生态系统协同创新的治理模式选择研究 [J] 研究与发展管理, 2014, 26 (1): 13-21.

[336] 吴岩. 新创企业网络能力对创新能力的影响研究—— 基于知识管理能力的中介作用 [J]. 科学学研究, 2014 (8): 1218-1226.

[337] 吴钊阳, 邵云飞, 党雁. 产业集群协同创新网络结构演化——以 "一校一带" 模式为例 [J]. 技术经济, 2018, 37 (1): 8-17.

[338] 吴洁, 车晓静, 盛永祥, 陈璐, 施琴芬. 基于三方演化博弈的政产学研协同创新机制研究 [J]. 中国管理科学, 2019, 27 (1): 162-173.

[339] 谢永平, 党兴华, 毛雁征. 技术创新网络核心企业领导力与网络绩效研究 [J]. 预测, 2012 (5): 21-27.

[340] 解学梅, 徐茂元. 协同创新机制、协同创新氛围与创新绩效——以协同网络为中介变量 [J]. 科研管理, 2014, 35 (12): 9-16.

[341] 解学梅, 吴永慧, 赵杨. 协同创新影响因素与协同模式对创新绩效的影响——基于长三角316家中小企业的实证研究 [J]. 管理评论, 2015 (8): 77-89.

［342］肖灵机，汪明月．战略性新兴产业知识异地协同共享机制研究［J］．研究与发展管理，2016，28（3）：36-46.

［343］肖兴政，肖凯，文洋．职业院校产学研协同创新模式及对策研究［J］．四川理工学院学报（社会科学版），2019，34（6）：52-73.

［344］谢洪明，程聪，章俨，等．战略网络中组织学习与创新相关理论研究［M］．北京：中国社会科学出版社，2016.

［345］熊肖雷，李冬梅．创新环境、协同创新机制与种业企业协同创新行为——基于要素流动视角和结构方程模型的实证研究［J］．科技管理研究，2016，36（12）：158-165.

［346］徐少同，孟玺．知识协同的内涵、要素与机制研究［J］．科学学研究，2013，31（7）：976-983.

［347］许晖，李文．高科技企业组织学习与双元创新关系实证研究［J］．管理科学，2013，26（4）：35-45.

［348］徐维祥，江为赛，刘程军．协同创新网络、知识管理能力与企业创新绩效——来自创新集群的分析［J］．浙江工业大学学报（社会科学版），2016，15（1）：11-17.

［349］许慧敏，辛冲，周宇姣．组织间关系网络对二元创新的影响：基于利用式学习的中介作用［J］．技术经济，2016，35（5）：69-75.

［350］徐红涛，吴秋明．企业学习型组织的创建与研究［J］．管理世界，2018，34（1）：188-189.

［351］徐国军，杨建君，孙庆刚．联结强度、组织学习与知识转移效果［J］．科研管理，2018，39（7）：97-105.

［352］许露元，邹忠全．产业集群跨国网络结构与绩效研究——以广西与越南制造业集群为例［J］．外国经济与管理，2019（1）：102-111.

［353］薛捷．科技型小微企业的组织学习研究——系统构成及战略导向的前因作用［J］．科研管理，2019，40（5）：222-232.

［354］姚杭永，吴添祖．解构创新型产业集群［J］．今日科技，2004（12）：1，32-34.

［355］姚潇颖，卫平，李健．产学研合作模式及其影响因素的异质性研究——基于中国战略新兴产业的微观调查数据［J］．科研管理，2017（8）：1-9.

［356］晏梦灵，董小英，余艳．多层次组织学习与企业研发双元能力构建——以华为IPD系统实施为例［J］．研究与发展管理，2016，28（4）：72-86.

［357］晏艳阳，吴志超．创新政策对全要素生产率的影响及其溢出效应［J］．科学学研究，2020，38（10）：1868-1878.

［358］杨耀武，张仁开．长三角产业集群协同创新战略研究［J］．中国软科学，2009（S2）：136-139，144.

［359］杨道现．学科集群和产业集群协同创新能力评价方法研究［J］．科技进步与对策，2012（23）：132-136.

［360］杨忠泰．地方培育发展战略性新兴产业与高新技术产业差异分析［J］．科技管理研究，2013，33（11）：127-131.

［361］杨皎平，侯楠，徐雷．知识溢出与集群创新绩效：竞争程度调节效应［J］．科研管理，2015，36（6）：68-74.

［362］杨坤，胡斌，吴莹．分布式创新网络知识协同空间：概念、系统模型及研究展望［J］．科技进步与对策，2016（15）：126-131.

［363］杨坤．分布式创新网络知识协同空间的系统模型及运行载体探析［J］．中国科技论坛，2017（4）：40-47.

［364］杨春白雪，曹兴，高远．新兴技术合作创新网络演化及特征分析［J］．科研管理，2020，41（7）：20-32.

［365］弋亚群，邹明，谭国华．企业家导向、组织学习与技术创新的关系研究［J］．软科学，2010，24（8）：17-20.

［366］叶琴，曾刚．不同知识基础产业创新网络与创新绩效比较——以中国生物医药产业与节能环保产业为例［J］．地理科学，2020，40（8）：1235-1244.

［367］易明．关系、互动与协同创新：产业集群的治理逻辑——基于集群剩余的视角［J］．理论月刊，2010（8）：166-169.

［368］易加斌，张曦．国际并购逆向知识转移影响因素研究评述与展望［J］．外国经济与管理，2013，35（7）：12-22.

［369］游达明，朱思文．突破性技术创新中隐性知识吸收过程及规律研究［J］．科技进步与对策，2014，31（6）：11-15.

［370］游达明，李志鹏，杨晓辉．高新技术企业创新网络能力对创新网络绩效的影响路径［J］．科学学与科学技术管理，2015（2）：70-82.

［371］于晓丹，汪克夷，钟琦．专业技术孵化器对高新技术产业集群作用模式研究——以大连市为例［J］．科技进步与对策，2009（22）：90-94.

［372］于丽英，童心．美日法高新技术产业集群政策的比较与借鉴［J］．科技管理研究，2014，34（21）：37-40.

［373］于斌斌，余雷．基于演化博弈的集群企业创新模式选择研究［J］．科研管理，2015，36（4）：30-38．

［374］喻登科，涂国平，陈华．战略性新兴产业集群协同发展的路径与模式研究［J］．科学学与科学技术管理，2012，33（4）：114-120．

［375］俞竹超，樊治平．知识协同理论与方法研究［M］．北京：科学出版社，2014．

［376］俞立平，章美娇，王作功．中国地区高技术产业政策评估及影响因素研究［J］．科学学研究，2018，36（1）：28-36．

［377］喻登科，周子新．普适性信任、知识共享宽度与企业开放式创新绩效［J］．科技进步与对策，2020，37（1）：112-121．

［378］俞立平，龙汉，彭长生．创新数量与质量下自主研发与协同创新绩效研究［J］．上海大学学报（社会科学版），2020，37（3）：81-95．

［379］余川江，李晴，龚勤林．政策工具视角下中外智能制造产业集群政策比较研究［J］．东南学术，2021（5）：170-179．

［380］袁胜军，俞立平，钟昌标，陈钰芬．创新政策促进了创新数量还是创新质量？——以高技术产业为例［J］．中国软科学，2020（3）：32-45．

［381］曾祥炎，成鹏飞．全球价值链重构与世界级先进制造业集群培育［J］．湖湘论坛，2019，32（4）：72-79．

［382］查成伟，陈万明，唐朝永．高质量关系、失败学习与企业创新绩效［J］．管理评论，2016，28（2）：175-184．

［383］赵玉林，石璋铭，汪芳．战略性新兴产业与风险投资发展协整分析——来自中国高技术产业的经验分析［J］．科技进步与对策，2013，30（13）：53-58．

［384］赵林海．基于系统失灵的科技创新政策制定流程研究［J］．科技进步与对策，2013，30（4）：112-116．

［385］赵忠华．创新型产业集群企业网络关系特征与创新绩效关系：知识流动视角的路径研究［J］．哈尔滨商业大学学报，2013（1）：77-86．

［386］赵东霞，郭书男，周维．国外大学科技园"官产学"协同创新模式比较研究——三螺旋理论的视角［J］．中国高教研究，2016（11）：89-94．

［387］赵君丽，钟杰，王立新．"三链"视角下战略性新兴产业集群发展策略研究——以西宁碳纤维产业集群为例［J］．青海社会科学，2020（5）：96-105．

［388］张危宁，朱秀梅，柳青，蔡莉．高技术产业集群创新绩效评价指标体

系设计［J］．工业经济，2006（11）：57-60．

［389］张凤海，侯铁珊．技术创新理论述评［J］．东北大学学报（社会科学版），2008（2）：101-105．

［390］张泽一，赵坚．产业政策有效性问题的分析［J］．北京交通大学学报（社会科学版），2009，8（3）：27-31，46．

［391］张哲．基于技术扩散的产业集群创新动力研究［J］．山东社会科学，2009（2）：111-113．

［392］张浩川．论日本产业集群政策及其对我国的启示［J］．复旦学报（社会科学版），2010（4）：81-89．

［393］张洪潮，雒国．战略性新兴产业集群人才磁场效应研究［J］．科技管理研究，2013（22）：181-184，189．

［394］张庆华，彭晓英，杨姝．开放式创新环境下的企业知识服务体系研究［J］．科技管理研究，2014（19）：133-136．

［395］张治河，黄海霞，谢忠泉，孙丽杰．战略性新兴产业集群的形成机制研究——以武汉·中国光谷为例［J］．科学学研究，2014，32（1）：24-28．

［396］张杰，陈志远，杨连星，新夫．中国创新补贴政策的绩效评估：理论与证据［J］．经济研究，2015，50（10）：4-17，33．

［397］张治河，潘晶晶，李鹏．战略性新兴产业创新能力评价、演化及规律探索［J］．科研管理，2015（3）：1-11．

［398］张佳睿．美国生物医药产业发展的经验及启示［J］．商业研究，2015（12）：24-28．

［399］张敬文，李晓园，徐莉．战略性新兴产业集群协同创新发生机理及提升策略研究［J］．宏观经济研究，2016（11）：106-113．

［400］张骁，唐勇，周霞．创新型产业集群社会网络关系特征对创新绩效的影响——基于广州的实证启示［J］．科技管理研究，2016，36（2）：184-188．

［401］张红宇，蒋玉石，杨力，刘敦虎．区域创新网络中的交互学习与信任演化研究［J］．管理世界，2016（3）：170-171．

［402］张健，倪渊．制造产业集群企业知识协同理论与实践研究［M］．北京：经济科学出版社，2017．

［403］张曼，菅利荣．战略性新兴产业集群创新网络形成机制研究——基于灰靶双边匹配的决策方法［J］．工业技术经济，2017（11）：88-95．

［404］张曼，菅利荣．基于产学研跨组织知识集成的战略性新兴产业创新集

群网络研究［J］．科技管理研究，2017（10）：206-212.

［405］张敬文，吴丽金，喻林，黄婕．战略性新兴产业集群知识协同行为及促进策略研究［J］．宏观经济研究，2017（10）：74-82，168.

［406］张敬文，李一卿，陈建．战略性新兴产业集群创新网络协同创新绩效实证研究［J］．宏观经济研究，2018（9）：109-122.

［407］张路蓬，薛澜，周源，张笑．战略性新兴产业创新网络的演化机理分析——基于中国2000-2015年新能源汽车产业的实证［J］．科学学研究，2018，36（6）：1027-1035.

［408］张晨．有意识的知识溢出对创新集群衍生的影响——基于知识创造的视角［J］．科学学研究，2018，36（6）：1135-1142.

［409］张艺，许治，朱桂龙．协同创新的内涵、层次与框架［J］．科技进步与对策，2018，35（18）：20-28.

［410］张冀新，胡维丽．基于"四三结构"的战略性新兴产业创新能力非均衡判别与评价［J］．科技进步与对策，2018，35（21）：65-72.

［411］张爱琴，郭丕斌．政策工具视角下创新集群政策文本分析及对策研究——以山西为例［J］．企业经济，2018，37（9）：162-168.

［412］张冀新，王怡晖．创新型产业集群中的战略性新兴产业技术效率［J］．科学学研究，2019，37（8）：1385-1393.

［413］张冀新，李燕红．创新型产业集群是否提升了国家高新区创新效率？［J］．技术经济，2019，38（10）：112-117，127.

［414］张舰，黎文娟，赵芸芸，程楠．美国产业集群发展有哪些启示？［N］．中国电子报，2019-06-11（006）.

［415］张娜，李波．基于演化博弈的战略性新兴产业集群共生技术协同创新研究［J］．科技管理研究，2019，39（10）：146-154.

［416］张志华，王红月，杜万恒．战略性新兴产业协同创新网络影响企业创新绩效的实证研究［J］．技术与创新管理，2019，40（2）：151-157.

［417］张玉明，赵瑞瑞，徐凯歌．突破知识共享困境：线上社会网络对创新绩效的影响——双元学习的中介作用［J］．科学学与科学技术管理，2019，40（10）：97-112.

［418］张佩，赵作权．世界级先进制造业集群竞争力提升机制及启示——以德国工业4.0旗舰集群为例［J］．区域经济评论，2020（5）：131-139.

［419］张妍，赵坚．产业集聚度视角下的开发区产业集群效率分析——以兰

州新区为例 ［J］. 统计与决策，2020，36（12）：117-120.

　　［420］郑彤彤. 产学研协同创新的内涵、模式与运行机制研究 ［J］. 湖北社会科学，2017（5）：169-173.

　　［421］郑浩. 情景双元视角下知识搜寻协同对创新绩效的影响——一个有中介的调节模型 ［J］. 科技进步与对策，2018（17）：67-73.

　　［422］周叔莲，王伟光. 科技创新与产业结构优化升级 ［J］. 管理世界，2001（5）：70-78，89-216.

　　［423］周晓阳，王钰云. 产学研协同创新绩效评价文献综述 ［J］. 科技管理研究，2014（11）：45-48.

　　［424］周江华，李纪珍，刘子谓，李子彪. 政府创新政策对企业创新绩效的影响机制 ［J］. 技术经济，2017，36（1）：57-65.

　　［425］周志太. 知识经济时代协同创新网络的内涵与特性 ［J］. 社会科学研究，2019（6）：41-47.

　　［426］周阳敏，桑乾坤. 国家自创区产业集群协同高质量创新模式与路径研究 ［J］. 科技进步与对策，2020，37（2）：59-65.

　　［427］朱少英，齐二石. 组织学习中群体间知识共享行为影响因素分析 ［J］. 管理学报，2009，6（4）：478-481.

　　［428］朱平芳，徐伟民. 政府的科技激励政策对大中型工业企业 R&D 投入及其专利产出的影响——上海市的实证研究 ［J］. 经济研究，2003（6）：45-53，94.

　　［429］朱斌，欧伟强. 海峡两岸战略性新兴产业集群协同演进研究 ［J］. 科研管理，2016，37（7）：35-46.

后　　记

　　本书是在国家自然科学基金项目战略性新兴产业集群协同创新发生机理研究：基于动态演化视角（项目编号：71562022）、江西省高校人文社会科学重点研究基地项目高端装备制造创新效率测度及影响因素研究（项目编号：JD20065）的基础上形成的，非常感谢我的研究生童锦瑶、郑招兰、吴倩、王丹、吴丽金、李一卿在课题研究和书稿完成过程中所做的大量工作！向所有支持我们调研和研究并提供许多有价值的建议的企业和学者们表示衷心的感谢！本书的出版得到经济管理出版社的大力支持，在此表示深深的谢意！

　　战略性新兴产业集群协同创新具有新特点和新模式，其在运行及发展过程中还会存在许多新问题与新挑战，我们对其进行的研究还远远不够，更因为我们水平有限和时间仓促，书中不免有疏漏之处，谨在此期盼诸位同行和读者提出宝贵建议。